대학생의 '구직활동 실태'는?

▶ "형식적 구직활동 60% 이상"

한경협 조사에 따르면 취업 준비 중인 대학교 4학년 이상 및 졸업생 1,235명 중 748명인 60.5%가 **소극적 구직 상태였다. 이 중 '형식만 갖춘 의례적 구직'이 30.9%였으며, 그 뒤로 '구직활동을 거의 안 함(23.8%)', '쉬고 있음(5.8%)' 등 순으로 나타났다. 적극적 구직자들은 2024년 평균 6.3회의 입사지원을 했는데, 이중 서류전형 합격률은 22.2%로 2023년보다 6.1% 낮은 것으로 나타났다.

**소극적 구직 : 형식만 갖춘 의례적 구직, 거의 구직활동을 하지 않는 상태, 구직활동을 했으나 잠시 중단한 상태 등을 의미한다.

▶ 소극적 구직자 절반 "취직하기엔 내가 아직 부족해"

적극적 구직을 하지 않는 748명 중 46.7%는 '자신의 역량, 기술, 지식 등이 부족해 더 준비하기 위해서'라고 이유를 답했다. 이어 '전공분야 또는 관심분야의 일자리가 없거나 부족해서(18.1%)', '구직활동을 해도 일자리를 구하지 못할 것 같아서(14%)', '적합한 임금수준이나 근로조건을 갖춘 일자리가 없거나 부족해서(10.1%)' 순이었다.

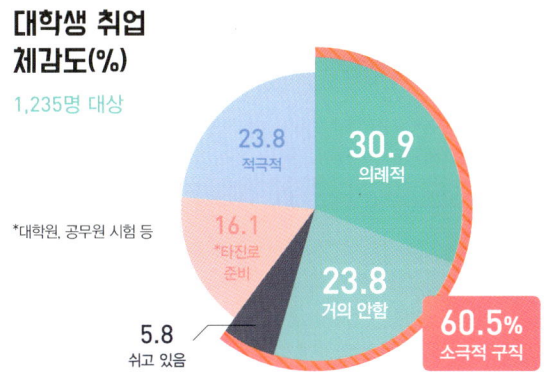

대학생의 '취업 체감도'는?

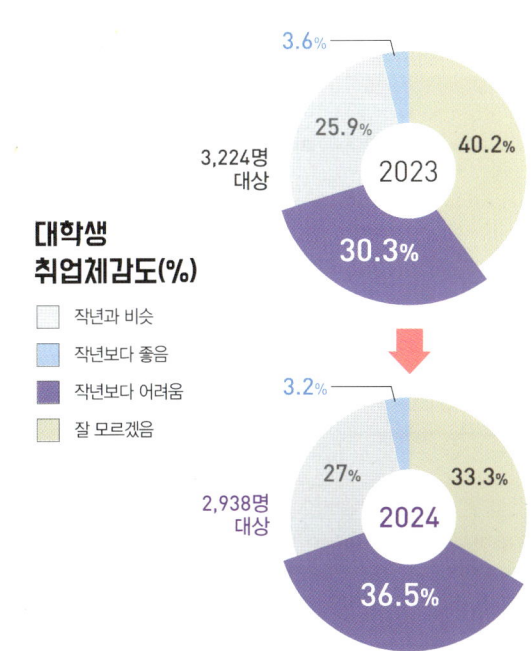

▶ "작년보다 올해 취업 더 어려워"

응답자의 36.5%는 2024년 대졸 신규채용 시장이 '작년보다 어렵다'고 응답했고, 이는 전년도 조사 때보다 6.2%p 높은 수준이었다. 반면, '작년보다 좋다'는 응답은 전년도 조사보다 0.4%p 줄어들어, 전반적으로 2024년 대졸 취업시장이 2023년보다 더 어렵다고 느끼는 것으로 조사됐다. 구직활동을 겪는 어려움으로는 '경력직 선호에 따라 신입채용기회 감소(27.5%)'가 가장 많았고, 다음으로 원하는 '근로조건에 맞는 좋은 일자리 부족(23.3%)', '실무경험 기회확보의 어려움(15.9%)' 등이 지목됐다.

▶ "고용여건 개선, 미스매치 해소 필요해"

이 밖에도 응답자들은 취업난 해결을 위한 정책과제로 '규제완화 등 기업 고용여건 개선(26.4%)'이 가장 필요하다고 답했다. 이어서 '진로지도 강화, 현장실습 지원확대 등 미스매치 해소(21.9%)', '정규직·노조에 편중된 노동시장 이중구조 완화(18.2%)' 등을 꼽았다.

공모전·대외활동·자격증 접수/모집 일정

12 December

SUN	MON	TUE	WED	THU	FRI	SAT
1 대 레드불 코리아 대학생 마케터 모집 **마감** 공 이름드리 일일산타 봉사자 모집 **마감**	2 자 한국언론진흥재단 필기 실시 공 자가운답 다이어리 공모전 접수 **마감**	3	4 자 국회사무처 방송국 필기 실시 공 COMEUP 쇼츠 임팩트 어워드 접수 **마감**	5 공 남원의 맛 통합 공모전 접수 **마감**	6 대 계단뿌셔클럽 게스트 모집 **마감** 공 코리아 무드테크 아이디어 공모전 접수 **마감**	7 자 여주도시공사·전주시설관리공단·중앙대학교 필기 실시
8 공 세명대학언론상 공모전 접수 **마감** 자 펀드투자권유자문인력·CS리더스관리사 실시	9	10 공 한국코다리 백주년 기념 봉사업 아이디어 공모전 접수 **마감**	11	12	13	14 자 한국장애인개발원 필기 실시
15 자 KBS 한국어능력시험·토익 제530회 실시	16	17	18	19 대 SK하이이닉스 청년 Hy-Five 모집 **마감** 공 문정베조벨리 청년 취업영 멘토링 모집 **마감**	20 대 희망이 자라는 열린학교 교육봉사자 모집 **마감** 공 대한민국 여재봉글대 접수 **마감**	21 대 굿뉴스코 해외봉사단 모집 **마감** 자 재경관리사·회계관리 1, 2급·검색광고마케터 실시
22 대 '나랑 운동 같이 할래?' 럿지 서포터즈 모집 **마감**	23	24	25 공 '흥무공노 부산' 나만의 우표 그리기 공모전 접수 **마감**	26 공 국제 대학생 청업교류 전 한국대표 모집 **마감**	27	28 자 한경TESAT 93회 실시
29 자 토익 제531회 실시	30	31 대 캠핑자원봉사 불런티음 멤버 모집 **마감** 공 2024 편앤스토어 아이디어 공모전 접수 **마감**				

대외활동 Focus 1일 마감
Red Bull Student Marketeer Recruitment
레드불 브랜드와 제품을 홍보하고 마케팅 활동을 펼칠 대학생 마케터를 모집한다. 서류와 그룹면접, 대면면접을 거친 후 선발하며, 참가자에게는 다양한 이벤트와 실무 교육을 제공된다.

채용 Focus 14일 실시
한국장애인개발원
장애인 복지정책을 개발하고 관련사업을 수행하는 한국장애인개발원에서 직원 정기채용을 실시한다. 채용인원은 30명이며 본원과 지역발달장애인지원센터에서 근무하게 된다.

편집부 통신

최근 Z세대 사이에서 불고 있는 '텍스트힙' 열풍을 알고 계신가요? 텍스트힙은 '글자'를 뜻하는 'Text'와 '멋있다, 개성있다'라는 뜻의 은어 '힙하다'를 합성한 신조어로, '독서를 하는 것이 멋있다'라는 의미에서 등장한 용어인데요. 스마트폰의 대중화와 더불어 이미지와 영상 중심의 콘텐츠가 범람하는 환경에서 자란 Z세대들이 비주류 문화로 전락한 텍스트 기반의 콘텐츠를 멋있다고 여기면서 생겨난 현상이라고 하죠. 이에 SNS에 자신의 독서 경험과 기록을 남겨 다른 사람들과 공유하는 것이 젊은 세대를 중심으로 유행하고 있는데요. 다만 실제로 책을 읽지는 않고 SNS에 과시하기 위해 표지만 찍어 올리거나 책을 쌓아둔 이미지만 활용하는 이들도 있고, 모형책이나 책 모양의 인테리어 소품을 구매하는 경우가 늘면서 관련 제품의 판매량이 급증했다고 합니다. 그러나 분명한 것은 과거보다 '독서'에 대한 관심이 커지고 있다는 겁니다. 여기에 지난 10월 10일 한강 작가의 노벨문학상 수상 소식이 알려지면서 텍스트힙 열풍은 더 거세질 것으로 예측됐는데요. 그동안 지속적인 독서율 감소로 어려움을 겪어 온 출판업계는 텍스트힙이 독서에 대한 진입장벽을 낮추고, 노벨문학상 수상이라는 반가운 소식까지 겹쳐 오랜만에 활기를 띠게 된 서점가를 보며 독서문화가 다시 활성화되기를 기대하고 있습니다. 텍스트힙에 대한 일부 부정적인 시선도 있지만 이를 통해 독서를 즐기는 사람들이 늘어난다면 그것만으로도 의미 있는 변화이지 않을까 싶습니다.

발행일	2024년 12월 5일	**발행인**	박영일	**책임편집**	이해욱	**편집/기획**	김준일, 이보영, 이세경, 남민우, 김유진	**등록번호**	제10-1521호
표지디자인	김지수	**내지디자인**	장성복, 채현주, 임창규, 김휘주, 고현준			**동영상강의**	조한	**마케팅홍보**	오혁종	**발행처**	(주)시대고시기획
편저	시사상식연구소	**대표전화**	1600-3600	**주소**	서울시 마포구 큰우물로 75[도화동 538번지 성지B/D] 9F			**홈페이지**	www.sdedu.co.kr
창간호	2006년 12월 28일	**인쇄**	미성아트						

※ 이 책은 저작권법에 의해 보호를 받는 저작물이므로 동영상 제작 및 무단전재와 복제를 금합니다.
※ 잘못된 책은 구입하신 서점에서 바꾸어 드립니다.

자료 한국경제인연합회

2024 대학생 취업인식도 조사

HOT - 취업대세

통계청에 따르면 2024년 8월 기준 실업자 수는 56만 4,000명으로, 이 가운데 구직기간이 6개월 이상인 장기실업자가 20.0%인 11만 3,000명에 달하는 것으로 나타났다. 이와 함께 청년 중에선 아무런 구직활동을 하지 않는 '쉬었음' 비율도 다시 증가세로 돌아섰고, 실질적인 취업목적이 아닌 '무늬만 구직활동'을 하는 이른바 '소극적 구직' 비율도 높은 추세를 보이고 있다. 이번 호에서는 한국경제인연합회(한경협)가 2024년 10월 실시한 대학생들의 취업인식도 조사결과를 통해 현 취업 전선의 실황을 살펴보도록 하자.

1 January

SUN	MON	TUE	WED	THU	FRI	SAT
			1	2 대 세종장학재단 필기 실시 공 한솔제지 인스퍼 어워드 접수 마감	3 공 경남관광박람회 전국 축제사진전 공모 접수 마감	4
5	6	7	8	9	10 공 한국세무사회 세무사 숏폼·이미지 공모전 접수 마감	11 자 사회복지사 1급 실시
12 자 CS리더스관리사·토익 제532회 실시	13	14	15	16	17	18
18	20	21 공 2024 구강보건 작품 공모전 접수 마감	22	23	24	25
26 자 토익 제533회 실시	27	28	29	30	31 공 뉴스통신진흥회 탐사·심층·르포취재물 공모 접수 마감	

공모전 Focus — 2월 마감
INSPER
한솔제지 인스퍼 어워드
인스퍼는 한솔제지의 디자인페이퍼 브랜드로 2월까지 책, 패키지, 문구류 등 종이로 디자인할 수 있는 출판·제작물을 공모한다. 종이디자인에 관심 있는 사람이라면 누구나 지원 가능하다.

자격시험 Focus — 11일 실시
사회복지사
사회복지사 1급
한국산업인력공단에서 주관하는 사회복지사 1급 시험이 11일 치러진다. 사회복지사 1급 관련 하위나 사회복지사 2급 자격을 취득한 사람 등이 응시할 수 있다. 원서접수는 Q-net에서 가능하다.

❖ 일정은 향후 조율될 수 있습니다. 참고 용으로 사용한 뒤 상세일정은 관련 누리집을 직접 확인해주세요.

대 대외활동 채 채용 공 공모전 자 자격증

2024 이슈&시사상식

VOL.205

CONTENTS

HOT ISSUE

1위	여론조작에 공천·이권 개입까지 … 명태균게이트	10
2위	미국과 세계는 어디로? 트럼프의 귀환	16
3위	'한국작가 최초' … 한강, 노벨문학상 수상	20
4~30위	최신 주요 이슈	24

간추린 뉴스		66
포토뉴스	기후재난에 떠는 이동·조립식 주택 거주자들	74
팩트체크	'키 크는 주사' 성장호르몬제제, 아무나 맞아도 될까?	76
뉴스픽!	실손보험 청구간소화 … 이익인가, 덫인가?	78
이슈평론	2023년에만 고독사 3,661명 … 사회안전망 촘촘해져야	82
세계는 지금	일본, 여왕은 없다? 여성 왕위계승 거부	84
찬반토론	노인 연령기준 상향, 반려동물 보유세	86
핫이슈 퀴즈		90
미래 유망 자격증	스포츠지도사 2급 전망 및 시험정보 소개!	92

▮ 필수 시사상식

시사용어브리핑	96
시사상식 기출문제 SBS, 뉴스1, 경인일보, 부천시공공기관, 부산광역시공무직, 대전도시공사	102
시사상식 예상문제	108
내일은 TV퀴즈왕	114

▮ 취업! 실전문제

최종합격 기출면접	LG그룹, 현대자동차그룹	118
교육청 직무능력 적성검사	울산광역시교육청, 경상남도교육청	122
한국사능력검정시험		132
면접위원을 사로잡는 답변의 기술	이직에 관한 여러 가지 질문들	142
합격으로 가는 백전백승 직무분석	구매(Buyer)	146
시대에듀 직업상담소	관세사에 대한 이모저모	150

▮ 상식 더하기

생활정보 톡톡!	비만약 위고비 열풍 … 오남용 주의하세요!	154
초보자를 위한 말랑한 경제	헌 옷 기부하고 세액공제까지! 일석이조 기부법	156
유쾌한 우리말·우리글 상식	'무궁화 꽃이 피었습니다' 놀이의 유래	158
세상을 바꾼 세기의 발명	귀차니즘으로 탄생해 모략으로 이용되다	160
지금, 바로 이 기술	한국판 스페이스X 탄생? 재사용발사체 개발 시동	162
잊혀진 영웅들	나의 영혼은 지하에서라도 싸우리 … 장진홍 의사	164
발칙한 상상, 재밌는 상식	기계보다 먼저, 기계보다 정확한	166
문화가 산책		170
3분 고전	폭노위계(暴怒爲戒)	172
독자참여마당		174

HOT
ISSUE

최신 주요 뉴스	10
간추린 뉴스	66
포토뉴스	74
팩트체크	76
뉴스픽!	78
이슈평론	82
세계는 지금	84
찬반토론	86
핫이슈 퀴즈	90
미래 유망 자격증	92

이슈&시사상식
최신 주요 뉴스

HOT ISSUE

1위

여론조작에 공천·이권 개입까지
명태균게이트

2024년 9월 5일 윤석열 대통령 부부가 2022년 6월 보궐선거와 2024년 제22대 국회의원 선거 당시 국민의힘의 국회의원 공천에 개입했다는 '뉴스토마토'의 보도로 시작된 일명 '명태균게이트'가 이제는 공천개입을 넘어 뇌물, 정치자금법 위반, 국민의힘 대통령후보 경선 및 당 대표 선거를 위한 여론조사 조작에 이권개입까지 다방면에 걸친 의혹으로 커지고 있다. 이에 윤석열 대통령은 자신과 부인을 둘러싼 여러 의혹의 해명을 위해 '대국민담화 및 기자회견'에 나섰지만, 10%대까지 떨어진 지지율 반등에는 실패했다.

명태균게이트는 경남에서 활동하는 정치브로커 명태균 씨가 대통령의 부인 김건희 여사와의 인연을 이용해 지난 4월 치러진 22대 국회의원 총선거 국민의힘 공천에 관여했다는 보도에서 시작됐다. 매체는 '현역 국회의원 두 명의 증언이 매우 구체적이고 일치한 데다 이들 중 한 명은 면책특권이 부여된 자리에서 이를 밝힐 의사도 있다고 했다'고 보도의 근거를 대고 '당시 5선 중진이었던 김영선 전 국민의힘 의원에게 지역구를 옮겨 출마할 것'을 김건희 여사가 요청했다고 전했다. 이후 관련자들의 녹취가 잇달아 공개되고, 나아가 개입정황이 담긴 대통령 부부의 목소리가 전파를 타면서 과거 '최순실게이트'처럼 대한민국을 흔들고 있다.

김건희 여사, 공천에 영향 줬나?

첫 보도의 핵심은 '2024년 제22대 국회의원 선거 당시 사전에 김영선 당시 의원의 공천배제 사실을 안 김 여사가 2월 18일 명씨에게 직접 연락해 이를 알렸고, 김 전 의원에게는 텔레그램으로 지역구를 옮겨서 출마할 것을 요청했다'는 것이다. 또한 김 전 의원은 험지출마를 명분으로 김해시 갑 출마를 선언했으나 컷오프됐고, 김 전 의원은 당시 이준석 의원이 대표였던 개혁신당을 찾아 김 여사와 주고받은 텔레그램 문자를 보여주며 개혁신당의 비례대표 자리를 두고 거래했다는 의혹을 제기했다.

명태균(왼쪽)과 김영선 전 국민의힘 의원

이후 김 여사, 김 전 의원, 명씨, 그리고 국민의힘 공천관리위원회(공관위)가 얽힌 공천개입 의혹은 윤 대통령 부부 관련 녹취록을 해당 사건과 관련된 인물들이 폭로하면서 윤 대통령 부부의 국민의힘 공천 개입에 대한 스모킹건이 쌓여갔다. 그러나 용산 대통령실은 대통령 당선 전에 잠깐 사적으로 알았을 뿐 "당선 이후에는 만난 적 없다"고 선을 그으며 수습에 나섰다.

명태균게이트 연관성 의혹

2021	
4월 7일	서울시장 보궐선거(오세훈 당선)
6월 11일	국민의힘 당 대표 선거(이준석 당선)
7월 4일	김종인·윤석열 첫 만남
7월 25일	윤석열·이준석 '치맥회동'
7월 30일	윤석열 국민의힘 입당
11월 5일	국민의힘 대선후보 경선(윤석열 확정)
12월 3일	윤석열·이준석 울산회동

2022	
3월 3일	윤석열·안철수 후보단일화
3월 9일	제20대 대통령선거
4월 22일	국민의힘 경남지사 공천(박완수)
4월 23일	국민의힘 강원지사 공천(김진태)
5월 10일	윤석열 대통령 취임식(명태균 참석) 국민의힘 경남 창원·의창 보궐선거 공천(김영선)

2024	
2월 18일	김영선, 경남 김해갑 출마선언
2월 29일	칠불사 회동(명태균, 김영선, 이준석, 천하람 참석)
3월 2일	김영선 총선 컷오프

자료 / 뉴스토마토

그러자 매체는 재보도를 통해 명씨가 국민의힘 주요 인사들과 본격적으로 친분을 형성한 것은 2021년 4·7 서울시장 보궐선거 전후라며 오세훈 현 서울시장과 김종인 전 국민의힘 비상대책위원장과의 연관성을 제기하는 한편, 국민의힘 전당대회에서 이준석 당시 당 대표 후보(현 개혁신당 의원)를 적극 지원했다고 밝혔다. 이에 대해 오 시장과 김 전 위원장은 '(명씨를) 알기는 하지만 한두 번 만난 게 전부'라며 연관성을 부인했지만, 명씨가 인터뷰에 직접 나서서 이들과의 만남을 재차 확인해주면서 국민을 설득하는 데 난항을 겪고 있다.

대통령후보 경선과정에서 여론조작 있었나?

명씨가 윤 대통령 부부와 인연을 맺은 것은 2021년 7월부터로 추정된다. 7월 4일 유력 대권주자로 거론되던 윤석열 당시 검찰총장과 김 전 위원장의 첫 만남과 같은 달 25일 윤석열·이준석 '치맥회동'의 매개체 역할을 한 것이 자신이었다고 명씨 스스로 밝혔기 때문이다. 윤 대통령의 국민의힘 입당 시기도 명씨의 조언이 근거가 됐던 것으로 전해진다.

특히 윤 대통령이 국민의힘 입당 후 본격적인 대권경쟁을 펼치면서부터는 명씨가 실제 소유자로 알려진 여론조사업체 '미래한국연구소'가 본격적으로 움직였다는 의혹이 있다. 2021년 11월 국민의힘 대선후보 경선 전 윤 대통령에게 유리하도록 여론조사 결과를 조작해 유포한 정황이 2024년 10월 15일 명씨가 당시 운영하던 연구소 직원과의 통화녹취에서 드러난 것이다. 이날 언론에 공개한 통화녹취를 보면 명씨가 외부에 공표되지 않는 비공개 여론조사에서 '윤 대통령을 지지한 특정 연령대의 응답자 수를 부풀려 최종 지지율이 원래 조사보다 높아지게 가공하라'고 직원에게 지시하는 내용이 나온다.

이와 관련해 심층탐사보도 전문매체 뉴스타파는 문제의 여론조사 원본 데이터 자료를 분석한 결과 '1,522개'의 응답완료 샘플이 아예 여론조사를 진행하지 않고서 만들어낸 '가짜샘플'로 밝혀졌다고 보도했다. 그 결과 실제 여론조사가 이뤄진 응답완료 샘플 516개를 기준으로 한 분석으로는 윤석열 후보의 지지도가 31%, 홍준표 후보가 30.4%로 차이가 '0.6%p'에 불과했지만, 가짜 조작샘플 1,522개를 더하자 윤 후보의 지지도가 33%로 2%포인트(p) 올라가고 홍 후보의 지지도가 29.1%로 1.3%p 내려가면서 두 후보 간의 격차는 '3.9%p'로 벌어졌다. 윤석열, 홍준표 후보 간 '백중세 경합' 구도가 '윤석열 후보의 우세'로 뒤바뀌어버린 것이다.

2022년 국민의힘 대선주자 TV토론회

통화가 이뤄진 시점이 2021년 9월 15일 국민의힘이 1차 경선에서 대선 후보자를 8명으로 압축하고, 10월 8일 2차 경선 통과자 발표를 앞둔 상황이었던 만큼 실제로 실행됐다면 여론조사에서 통용되는 보정* 차원을 넘는 데이터 조작이며, 당내 여론을 움직이려는 의도가 있었다면 부정선거라고 할 수 있다. 그 외에도 명씨의 미래한국연구소는 2021년 4월부터 2022년 3월 대통령선거가 있기 전까지 81차례 여론조사를 돌렸고, 이 가운데 23개의 미공표 여론조사였다는 게 직원을 통해 폭로되기도 했다. 명씨는 이 비용을 지방선거 예비후보들에게 받아 충당했고, 이 미공표 여론조사 결과가 캠프 전략회의에 자료로 활용됐다는 정황도 등장했다. 그러나 당시 국민의힘 회계보고서에는 관련 비용이 없다. 법조계에서는 만약 ==여론조사 비용을 지불하지 않았거나 공짜로 여론조사 결과를 제공받았다면 뇌물죄와 정치자금법 위반이라고 해석한다.==

여론조사 보정

응답률이 낮으면 표본구성에 편향성이 생길 가능성이 커지기 때문에 현행 여론조사 기관들은 전체 인구의 성별·나이·지역별 분포에 따라 표본구성 분포를 맞춘다. 가령 서울에 거주하는 20대 남성이 전체 인구 중 3.5%라면 1,000명의 응답표본 중 35명이 할당된다. 그런데 조사 중 응답률이 낮아 할당을 채우지 못하면 가중값을 사용해 보정한다. 그러나 가중값이 커지면 전체 집단의 평균과 큰 차이를 보일 가능성이 크다.

관련해 명씨는 여론조사 조작에 대해서는 "보정작업을 지시했을 뿐"이고, 미공표 여론조사 결과의 활용에 대해서는 "윤석열 캠프에 전달한 적 없다"고 의혹을 전면 부인했다. 그러면서도 김 여사와의 사적 친분을 과시하려는 듯 김 여사와 나눈 카카오톡 메시지를 공개해 파장을 낳았다. 이는 자신을 겨냥한 시선을 돌리고 수사방향을 돌리라는 압박을 준 것으로 풀이된다. 하지만 대화를 통해 드러난 윤 대통령을 대하는 김 여사의 태도가 문제되면서 오히려 윤 대통령의 대통령 자격이 도마에 오르게 됐다.

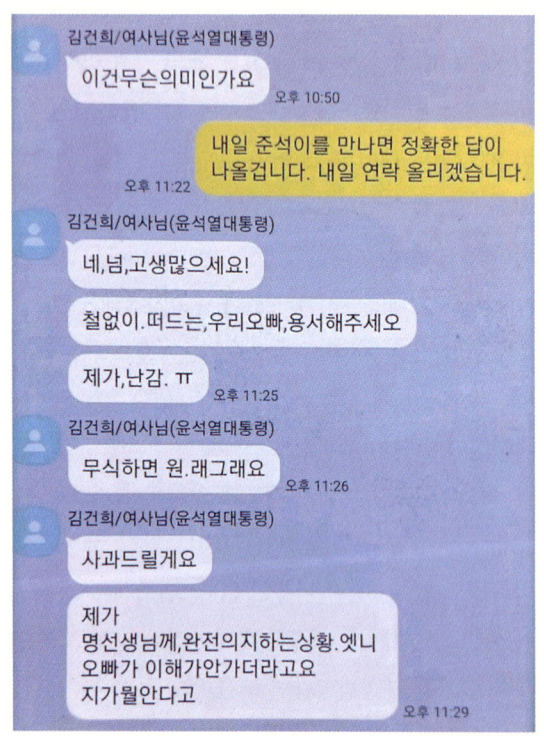

명태균 씨가 공개한 김건희 여사와의 카카오톡 대화창

2022년 6·1 보궐선거는 '명태균 전성시대'?

윤 대통령 당선 후 명씨의 행보는 더욱 거침없어진 것으로 보인다. 김 여사와의 친분을 앞세워 2022년 6·1 보궐선거와 지방선거 후보 공천에 영향력을 행사하기에 이른 것이다. 10년 만에 국회에 재입성하게 된 김영선 전 의원 외에 박완수 경남지사, 김진태 강원지사의 공천에도 명씨의 개입이 있었다는 의혹이 제기됐다.

명씨가 운영한 미래한국연구소에 여론조사 등 '컨설팅'을 의뢰했으나 정작 공천에는 실패한 인사들이 정부 유관기관에 취업한 사실도 확인됐다. 박은정 조국혁신당 의원실을 통해 중앙선거관리위원회로부터 확보한 자료를 보면 윤석열 당시 후보를 위한 여론조사 비용을 댔다는 의혹을 받는 3인 중 1인이 낙천한 뒤 대통령 직속 자문기관인 민주평화통일자문회의(민주평통) 지역 협의회장에 임명됐다.

지난해 보궐선거 직전 3월 15일 윤 대통령이 직접 주재한 '제14차 비상경제민생회의'에서 발표한 경남의 창원 국가산업단지(산단)의 부지선정에도 명씨가 개입했다는 정황이 담긴 녹취와 녹음파일이 등장했다. 산단의 최초 입지를 제안하고 부지 범위와 경계를 조정하는 과정에도 관여했으며, 국토교통부 실사단의 현장조사 때 현장을 안내하는가 하면 주변인에게 인근 토지의 구입권유도 했다. 산단 관련 기관장 임명에도 영향력을 행사했다는 의혹도 있다.

2016~2017년 촛불집회 재현되나?

사건이 확산되자 대통령이 직접 해명에 나섰다. 윤 대통령은 11월 7일 용산 대통령실에서 열린 대국민 담화·기자회견을 통해 김 여사 의혹에 대해 "과거 육영수 여사께서도 '청와대 야당' 노릇을 했다고 한다"며 "대통령이 국민 뜻을 잘 받들어서 정치를 잘

할 수 있게 대통령에 대한 아내의 조언을 국정농단화시키는 것은 정말 우리 정치문화나 문화적으로도 맞지 않는 것"이라고 일축했다. 또한 "(언론이) 침소봉대는 기본이고 없는 것까지 만들어 제 처를 악마화시킨 것"이라고 주장했다. 명씨와 주고받은 연락에 대해서는 "일상적인 것들이 많았고, (연락은) 몇 차례 없는 것으로 알고 있다"며 연관성에 대해 부인했다. 그러면서 "2027년 5월 9일, 저의 임기를 마치는 그날까지 모든 힘을 쏟아 일할 것"이라는 의지를 밝혔다. 이 때문에 일단 사과는 했지만, 의혹에 대해서는 인정도 해명도 하지 않았다는 비판의 목소리가 크다.

결국 취임 이후 내내 내리막길이었던 대통령 지지율은 명태균게이트 의혹이 불거진 후 급락, 11월 첫째 주 19%를 기록한 데 이어 둘째 주에 17%(한국갤럽, 11월 5~7일 조사)로 최저치를 경신했다. 특히 직무수행 부정평가 이유로 '김건희 여사 문제'가 19%로 3주 연속 부정평가 최상위를 기록했다. 지지율 17%는 최순실게이트로 위기에 몰린 박근혜 전 대통령의 탄핵 직전 지지율과 같은 수치다.

이런 상황에서 11월 13일에는 명씨가 대선 뒤 김 여사로부터 500만원을 받았다는 제보의 근거가 될 수 있는 돈봉투 사진을 검찰이 명씨의 휴대전화 포렌식을 통해 발견했다는 보도가 나왔다. 돈봉투에는 김 여사가 운영한 전시기획 업체 '코바나컨텐츠'라고 쓰여 있었다고 전해진다. 명씨는 김 여사로부터 받았다고 답하면서도 단순 교통비라며 대가성을 부인하지만, 대선과정에서 명씨의 기여에 대한 대가였다면 윤 대통령이 명씨가 제공했다는 여론조사를 인식하고 있었다는 뜻이 된다. 윤 대통령이 후보 시절 명씨가 시행한 81회 여론조사를 거의 무상으로 제공받았다면 정치자금법 위반 소지가 있다.

'김건희·윤석열 국정농단 규탄 및 특검 촉구 국민행동의 날'

더불어민주당을 비롯한 야당과 시민사회는 7년 만에 다시 거리로 나섰다. 대국민담화가 '변명과 거짓말'이었다며 11월 9일을 '김건희·윤석열 국정농단 규탄·특검 촉구 국민행동의 날'로 선언하고 숭례문 일대에서 주최 측 추산 30만명의 시민들과 '김건희 특검'을 외쳤다. 전국 대학교수들의 시국선언도 잇따르고 있다. "7년 전처럼 권력의 불법 행위와 지시에 대한 시민불복종운동이 시작될 것"이라는 가천대 교수들의 시국선언을 시작으로 한국외대, 한양대, 숙명여대, 인천대, 전남대, 충남대, 서울대, 중앙대, 서강대, 경희대, 동아대, 공주대, 제주대, 한라대, 국제대, 강원대 등에서 윤석열정권에 대한 경고가 빗발치고 있다.

한편 11월 9일 국립부경대에 경찰 200여 명이 학내로 진입해 학생들을 강제로 연행했다. '윤석열 퇴진 투표' 부스를 설치하고 농성을 벌였다는 이유다. 무장한 경찰의 학내 진입은 1990년대 김영삼정권 이후로 없었던 일이다. 이에 야권과 시민사회는 윤석열정부의 독재화가 빠른 속도로 진행되고 있다고 비판했다.

2위

미국과 세계는 어디로?
트럼프의 귀환

도널드 트럼프 전 미국 대통령이 11월 5일(현지시간) 치러진 제47대 미국 대통령 선거에서 승리하며 4년 만에 백악관에 재입성하게 됐다. CNN 집계에 따르면 트럼프 전 대통령과 부통령 후보인 JD 밴스 상원의원은 미 동부시간 6일 오전 5시 30분 기준으로 전체 선거인단 총 538명 중 과반인 276명을 확보해 219명에 그친 민주당 정·부통령 후보 카멀라 해리스 부통령과 팀 월즈 미네소타 주지사를 눌렀다. 트럼프 당선인은 백악관 복귀 후 집권 1기 때 추진하다가 미완에 그친 '미국 우선주의' 정책을 신속히 추진할 것으로 예상된다.

예측은 '초박빙', 뚜껑 여니 '트럼프 압승'

이번 미국 대선판에서는 전례가 없을 정도로 이변이 속출했던 만큼 주요 언론사와 선거분석 기관은 막판까지도 어느 한 쪽으로 저울을 기울이지 못한 채 '초박빙', '예측불허'라면서 깜깜이 판세식 여론조사 결과를 내놨다. 실제로 내로라하는 영미권 매체는 투표일 직전까지도 '50 대 50'이라는 헤드라인으로 지면을 도배했다.

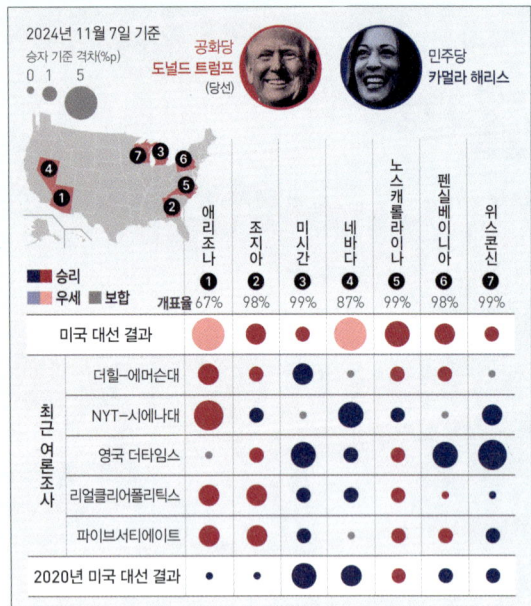

하지만 투표 다음 날인 11월 6일 새벽 공화당 소속 도널드 트럼프 전 대통령이 민주당 후보인 카멀라 해리스 부통령을 꺾고 사실상 승리를 확정지은 것으로 나왔다. 특히 대선승패를 가를 경합주라던 7개주에서 트럼프는 여론조사 결과와 달리 압도적 우위를 보였다. 막상 뚜껑을 열자 경합주를 중심으로 한 '샤이 트럼프' 표심이 2016년에 이어 이번에도 위력을 발휘한 것이지만, 사전 여론조사에서는 숨어 있던 트럼프 충성표를 읽어내는 데 실패한 셈이다. 여론조사 업계에서는 2016년 대선에서 트럼프 승리를 예측하지 못했던 것을 역대급 흑역사로 꼽는다.

트럼프가 재집권에 성공한 것은 이른바 '바이든-해리스 무능 심판론'이 먹혔기 때문인 것으로 분석된다. 1기 정부 때의 독단적 국정운영, 2020년 대선결과 부정, 1·6 의사당 폭동사태 선동, 4차례 형사기소 등의 논란으로 재집권 시 민주주의가 위기에 처할 수 있다는 해리스의 경고에도 유권자들은 대내외 정책에서 미국국민의 이익만을 우선하겠다는 트럼프의 손을 들어줬다. 바이든정부가 '바이드노믹스(바이든 경제정책)'의 성과를 부각했으나 인플레이션 등의 경제상황으로 이를 체감하지 못한 이른바 '앵그리 화이트*(Angry White, 성난 백인)'를 비롯한 유권자들이 해리스를 향해 '해고장'을 내민 것이다. 나아가 조 바이든 대통령의 후보사퇴 이후 7월 중간등판한 해리스가 정책과 비전 면에서 바이든정부와 차별화하는 데 실패했다는 점도 패배요인으로 분석된다.

앵그리 화이트

미국 정치권에서 사용되는 용어다. 여성·소수인종·성소수자를 우대하는 정책으로 일자리가 감소했다면서 불만을 품은 저학력·저소득의 백인 남성들을 일컫는다. 보수성향에 인종차별 성향을 띠고 있는 우경화된 계층이다. 2016년 미국 대선 당시에도 여성 대통령에 반대하는 앵그리 화이트 세력이 대거 트럼프에 표를 던지면서 당시 힐러리 클린턴 민주당 후보를 우세로 점친 각종 언론의 여론조사 결과를 무색하게 만들었다.

트럼프의 재집권과 '미국 우선주의'

미국 우선주의를 표방한 트럼프가 재집권하면서 미국이 주도해온 세계질서가 끝났다는 분석도 나온다. 집권 1기보다 강력한 트럼피즘을 내세우며 미국에 우군과 적군을 가리지 않는 거래적 고립주의 시대가 본격적으로 열릴 것이라는 진단이다. 트럼프는 앞서 집권 2기 청사진을 제시하면서 미국의 이익을 최우선으로 두고 더 강력한 미국 중심의 대외·산업·통상정책을 추진하겠다고 강조해왔다. 특히 무역 면에서 관세확대를 무기로 하는 보호주의 기조를 강화해 미국의 국내 제조업기반 재건을 도모할 것임을 공약했다. 이런 공약이 실현될 경우 미중관계의 불확실성은 물론, 미국과 한미자유무역협정(FTA)으로 연결된 우리나라나 유럽연합(EU)과의 파열음도 적지 않을 것으로 보인다.

아울러 국경안보 면에서 불법입국자들에 대한 대규모 추방과 남부국경 폐쇄공약이 이행될 것으로 전망되며, 바이든정부에서 강화된 기후위기대응 정책도 트럼프의 대대적인 화석에너지 개발 공약이행과 함께 급격히 동력을 잃을 가능성이 있다. 또한 대선과 함께 치러진 의회선거에서도 공화당이 4년 만에 상·하원에서 다수당 자리를 탈환하며 트럼프 2기 국정운영에 큰 힘을 싣게 됐다.

트럼프 재집권에 희비 엇갈리는 국제사회

트럼프의 귀환에 국제사회의 희비도 엇갈렸다. 국제기구, 주요국 정상들은 트럼프 당선이 확실시되자 축하인사를 쏟아내며 협력을 강조했으나 내심 안보, 무역마찰에 대한 우려와 경계심을 내비쳤다. 트럼프가 그동안 유럽의 '안보 무임승차론'이나 우크라이나 지원 회의론을 펼쳐온 만큼 북대서양조약기구(NATO, 나토), EU 등 ==동맹국들은 당장 방위비 부담 증가나 안보우산 약화를 걱정해야 할 처지다.== 서방의 전폭적 지원을 받아 온 볼로디미르 젤렌스키 우크라이나 대통령에게도 트럼프의 재집권은 반갑지 않다. 그는 "우크라이나에 대한 초당적 지지가 지속되기를 바란다"고 축하문에 호소를 담았다.

한편 베냐민 네타냐후 이스라엘 총리는 "(트럼프의) 역사적인 백악관 복귀는 미국의 새로운 시작이며 이스라엘과 미국의 위대한 동맹의 강력한 헌신"이라고 강조했다. 이스라엘은 미국과 최우방 관계이나 팔레스타인 가자지구와 레바논 무장정파 헤즈볼라에 대한 전쟁을 둘러싸고 바이든정부와 종종 불협화음을 냈다. 반면 트럼프 1기 정부 때 미국과 이스라엘은 어느 때보다 밀착해 이란을 압박했다.

방위비 증액 요구한 트럼프, 한미관계도 예측불가

한미상호방위조약하에서 2만 8,500명의 주한미군이 중요한 역할을 해온 ==한미동맹도 트럼프의 방위비 분담금 대규모 인상 요구 등으로 격랑에 휘말릴 가능성==이 있다. 앤드루 여 브루킹스연구소 동아시아정책연구센터 한국석좌는 "트럼프하에서 한미관계라는 길은 여러 이유로 더 평탄하지 않고 예측불가능할 것"이라고 밝혔다. 그는 "트럼프는 한국에 주한미군 배치에 대한 비용을 더 청구하겠다고 반복해서 말했는데, 이게 한국과 마찰을 일으킬 수 있다"고 전망했다. 실제로 트럼프는 지속해서 "한국은 머니 머신"이라며 연간 100억달러를 내게 하겠다고 큰소리 친 바 있다. 지금 우리가 내는 분담금보다 약 9배나 많은 금액이다.

국내 산업계도 트럼프 2기 행정부 출범과 함께 밀려올 충격파에 긴장하고 있다. 트럼프의 정권인수팀은 인플레이션감축법(IRA)에 근거한 전기차 보조금 폐지를 계획하는 것으로 알려졌다. 이것이 현실화하면 최근 전기차 시장 수요둔화로 어려움을 겪는 국내 전기차와 배터리 업계에 타격이 불가피하다. 국내 업계는 보조금을 겨냥해 미국 현지 생산거점 설립에 대규모 투자를 해왔기에 사업계획이 차질을 빚을 수도 있다. 아울러 미국 재무부가 트럼프 취임을 앞두고 우리나라를 다시 환율관찰 대상국으로 지정한 점도 수출로 먹고사는 국내 산업계에는 부담이다. 대미 무역흑자와 경상흑자가 환율관찰 대상국 지정을 좌우하기 때문이다. 이렇듯 트럼프 2기 미국의 통상정책이 미칠 파장이 상당할 것으로 전망돼 기업과 정부의 대책마련이 시급하다는 목소리가 나온다.

HOT ISSUE 3위

'한국작가 최초'
한강, 노벨문학상 수상

소설가 한강(53)이 한국작가 최초로 노벨문학상을 수상하며 한국문학의 새 역사를 썼다. 아시아 여성이 123년 역사의 노벨문학상을 받은 것도 이번이 처음이다. 한국인의 노벨상 수상은 지난 2000년 평화상을 탄 고(故) 김대중 전 대통령에 이어 두 번째로 24년 만이다. 문학상 선정기관인 스웨덴 한림원은 10월 10일(현지시간) 2024년 노벨문학상 수상자로 한강을 선정했다고 밝혔다. 한림원은 한강의 작품세계를 "역사적 트라우마에 맞서고 인간 생의 연약함을 드러낸 강렬한 시적 산문"이라고 표현하며 선정 이유를 밝혔다.

부커상 이어 노벨문학상으로 '거장' 반열

이날 한림원은 한강 작가에 대해 "한강은 자기 작품에서 역사적 트라우마와 보이지 않는 지배에 정면으로 맞서며 인간 삶의 연약함을 드러낸다"면서 "그는 육체와 영혼, 산 자와 죽은 자 간의 연결에 대해 독특한 인식을 지니며, 시적이고 실험적인 문체로 현대산문의 혁신가가 됐다"고 평가했다. 아시아 국가 국적의 작가가 노벨문학상을 수상한 것은 2012년 중국 작가 모옌 이후 12년 만이며, 아시아 여성으로는 최초다. 여성작가로서는 역대 18번째 노벨문학상 수상자이기도 하다.

▲ 수상소감 밝히는 소설가 한강

한강 작가는 앞서 **연작소설***집 '채식주의자' 등으로 세계적으로 한국문학의 위상을 높여온 동세대 대표 작가다. 그는 '채식주의자'로 2016년 부커상에서 영연방 이외 지역 작가에게 주는 국제 부문을 한국인 최초로 수상했다. 부커상은 노벨문학상·공쿠르상과 함께 세계 3대 문학상으로 꼽힌다. 여기에 이번에 노벨문학상까지 받으면서 명실상부 세계적인 거장의 반열에 들게 됐다. AP 통신은 봉준호 감독의 영화 '기생충'의 오스카상 수상과 넷플릭스 시리즈 '오징어 게임'의 인기, 방탄소년단(BTS)·블랙핑크 등 K팝 그룹의 성공 등을 언급하면서 한강작가의 노벨문학상 수상이 "한국문화의 글로벌 영향력이 커지고 있음을 나타낸다"고 전했다.

연작소설

여러 작가가 나누어 쓴 것을 하나의 책으로 만들거나 한 작가가 같은 주인공의 단편소설을 여러 편 써서 하나로 만든 소설을 말한다. 독립된 완결구조를 갖는 소설들이 주제와 소재, 배경 면에서 일정한 내적 연관성을 지니면서 연쇄적으로 묶여 있다는 특징이 있다. 조세희의 '난장이가 쏘아올린 작은 공', 양귀자의 '원미동 사람들', 이문구의 '우리동네' 등이 대표적인 연작소설이다.

노벨문학상 염원 현실로 … K-문학 '비상'할까

한강 작가는 1970년 11월 전남 광주의 문인집안에서 태어났다. 그의 부친은 영화로도 제작된 소설 '아제아제바라아제'를 비롯해 '새터말 사람들', '동학제' 등으로 유명한 소설가 한승원이다. 이후 서울로 올라온 그는 풍문여고를 거쳐 연세대 국문과를 졸업하고 잡지 '샘터'에서 기자로 근무하면서 1993년 계간 '문학과 사회' 겨울호에 시를 발표했다. 이듬해에는 서울신문 신춘문예 소설 부문에 '붉은 닻'이 당선되며 소설가로 데뷔했다. 이후 '여수의 사랑', '검은 사슴', '내 여자의 열매', '그대의 차가운 손', '희랍어 시간' 등 다양한 장편소설과 소설집을 발표했다.

한강 작가는 ==죽음과 폭력 등 인간의 보편적 문제를 시적이고 서정적인 문체로 풀어내는 독창적인 작품 세계를 구축했다는 평가==를 받는다. 특히 광주민주화운동을 다룬 장편 '소년이 온다'와 제주 4·3사건의 비극을 세 여성의 시선으로 풀어낸 '작별하지 않는다' 등으로 우리 현대사의 깊은 어둠과 상처를 소설로 형상화했다. 그는 소설 외에도 시집 '서랍에 저녁을 넣어 두었다', 동화 '내 이름은 태양꽃'·'눈물상자', 산문집 '가만가만 부르는 노래'·'사랑과 사랑을 둘러싼 것들' 등 다양한 분야의 작품을 내놓았다.

한강 작가의 수상경력은 화려하다. 국내에서는 이상문학상, 동리문학상, 만해문학상, 황순원문학상, 김

유정문학상 등을 수상했다. 국제적으로는 2016년 '채식주의자'·'몽고반점'·'나무 불꽃' 등 세 작품을 묶은 소설집 '채식주의자'로 부커상 국제 부문을 수상했고, 2023년에는 '작별하지 않는다'로 메디치상 외국문학상을 수상했다. 여기에 시인 고은, 소설가 황석영 등 한국작가들이 2000년대 중반부터 노벨문학상 후보로 꾸준히 거론되며 기대를 모아오다 이번 수상으로 결실을 맺게 됐다.

수상자 호명·수상 강연 모두 한국어로

앞서 10월 7일에는 마이크로RNA 발견에 기여한 미국 생물학자 빅터 앰브로스와 게리 러브컨이 생리의학상을, 8일에는 인공지능(AI) 머신러닝(기계학습)의 기초를 확립한 존 홉필드와 제프리 힌턴이 물리학상을 수상했다. 9일에는 미국 생화학자 데이비드 베이커와 구글의 AI기업 딥마인드의 데미스 허사비스 최고경영자(CEO)·존 점퍼 연구원이 화학상을 받았고, 11일에는 일본의 원폭 생존자단체 '니혼 히단쿄'가 평화상을 수상했다. 마지막 14일에는 국가 간 부의 차이를 연구해온 다론 아제모을루·사이먼 존슨 미국 매사추세츠공대 교수와 제임스 A. 로빈슨 미국 시카고대 교수가 경제학상을 수상했다. 노벨상 수상자에게는 상금 1,100만크로나(약 14억 3,000만원)와 메달, 증서가 수여되며, 시상식은 알프레드 노벨의 기일인 12월 10일 스웨덴 스톡홀름(생리의학·물리·화학·문학·경제상)과 노르웨이 오슬로(평화상)에서 열린다.

시상식에서는 한림원의 위원 한 명이 시상에 앞서 스웨덴어로 한강 작가를 소개하는 연설에 나서는데, 그간의 관례대로 수상자를 무대로 맞이하는 마지막 문장을 작가의 모국어인 한국어로 말할 것으로 보인다. 수상자는 시상식에서는 연설하지 않고 별도의 강연을 통해 전 세계 독자들에게 수상소감뿐 아니라 문학과 삶에 대한 통찰을 전하는데, 한강 작가는 이 강연도 우리말로 할 예정이라 세계의 이목이 쏠릴 스톡홀름 곳곳에서 한국어가 들리게 됐다.

한강이 불 지핀 문학 열기 … 판매량 급증

한편 노벨문학상 수상자 발표 직후 서점의 베스트셀러는 모두 한강 작가의 작품들로 도배됐다. 대한민국 역사상 첫 노벨문학상 수상에 유례없는 현상이 서점가에서 펼쳐진 것이다. 급격하게 쏠린 주문 탓에 재고가 모두 소진돼 출판사에는 증쇄 요청이 이어졌으며, 온라인서점과 대형서점들은 예약판매를 진행하는 등 물량확보에 총력을 기울였다.

노벨상 수상 발표 후 서점에 마련된 한강 작가 코너

한강 작가의 작품은 수상 소식 엿새 만에 교보문고·예스24·알라딘에서 100만부 이상 판매된 것으로 알려졌는데, 이러한 '한강 열풍'이 다른 도서의 판매에도 영향을 미친 것으로 분석됐다. 10월 24일 BC카드가 10월 10일부터 16일까지 일주일간 온·오프라인 대형서점 관련 매출 데이터를 분석한 결과 전주(10월 3~9일) 대비 39.2%, 전월 동기(9월 10~16일) 대비 44.0%, 2023년 동기 대비 31.9%가 증가했다. 관계자는 "한강 작가의 작품을 구매하기 위해 방문한 독자들이 다른 책들도 함께 구매하며 오랜만에 업계가 활기를 띠고 있다"고 전했다.

HOT ISSUE

4위

이재명 대표 1심 징역형 선고, 사법리스크 이어질 듯

이재명 더불어민주당 대표가 공직선거법 위반 사건 1심에서 의원직 상실형인 징역형의 집행유예를 선고받았다. 서울중앙지법 형사합의34부(한성진 부장판사)는 11월 15일 공직선거법 위반 혐의로 불구속 기소된 이 대표에게 징역 1년에 집행유예 2년을 선고했다. 이번 판결이 대법원 등에서 그대로 확정되면 이 대표는 <mark>공직선거법과 국회법에 따라 의원직을 상실하게 된다. 또, 선거법상 형의 집행유예 선고를 받고 그 형이 확정되면 10년간 피선거권이 상실</mark>돼 대선출마가 불가능하다. 이 대표가 첫 선고에서 징역형 집행유예를 받음에 따라 사법리스크 부담도 가중될 것으로 전망됐다.

1심 선고 공판 마친 뒤 법원 나서는 이재명 대표

이대로 징역형 확정되면 '대선출마 불가'

재판부는 이 대표가 기소된 문제 발언 가운데 '(고(故) 김문기 전 성남도시개발공사 개발1처장과) 해외에서 골프를 치지 않았다'는 발언과 성남 백현동 한국식품연구원 부지의 용도변경 특혜의혹에 대해 '국토부 협박이 있었다'는 취지의 발언 등 선거법상 허위사실 공표로 검찰이 제기한 두 가지 공소사실 모두 유죄를 인정했다. 김 전 처장 관련 발언의 경우 '해외출장 기간 중 김문기와 골프를 치지 않았다'고 한 부분은 허위사실로 유죄가 인정됐다. 재판부는 해당 발언의 허위와 고의성을 모두 인정했다. 재판부는 "함께 해외 골프를 친 행위는 기억에 남을 만한 행위"라며 "김문기는 대장동 도시개발사업과 관련해 성남도시개발공사 내 핵심 실무자였다"고 밝혔다.

법원 앞에서 열린 이재명 대표 지지집회

백현동 부지 특혜의혹 관련 발언에 대해서도 허위와 고의성이 있다고 판단했다. 재판부는 "백현동 부지에 대한 준주거지역으로의 변경은 성남시 자체적 판단에 의한 것이고, 당시 성남시장이던 피고인이 스스로 검토한 것"이라며 "용도지역 변경은 의무조항에 근거해 국토부에 의해 어쩔 수 없이 한 게 아니라 스스로 한 것"이라고 지적했다. 이어 "국토부로부터 의무조항에 근거해 용도변경을 안 해주면 직무유기의 협박을 당했다고 볼 수 없다"고 봤다.

이 대표·민주당 "도저히 수긍할 수 없다"

이 대표는 선고결과에 대해 "기본적인 사실 인정부터 도저히 수긍하기 어려운 결론"이라며 "항소*를 하게 될 것"이라고 말했다. 민주당에서도 격앙된 반응이 터져 나왔다. 당내에서는 무죄 또는 정치활동에 영향을 주지 않을 100만원 미만 벌금형 정도를 예상했으나 법원 판단은 예상과 달랐다. 당장 이번 선고를 두고 민주당에서는 '무리한 판결'이라는 주장과 함께, 검찰과 사법부를 향한 비난이 쏟아졌다. 이날 조승래 민주당 수석대변인은 "명백한 정치판결"이라며 "검찰이 시작한 윤석열 정권의 대선후보 죽이기, 정적 말살시도에 (법원이) 판결로 화답한 것"이라고 비판했다.

항소

1심 재판, 즉 지방법원의 재판에 불복해 2심(고등법원)에 상소하는 것을 말한다. 그리고 2심 재판인 고등법원의 항소 재판에도 불복해 3심(대법원)에 상소하는 것은 '상고'라고 부른다. 이렇듯 재판결과에 불복해 상급법원에 다시 재판을 요청하는 제도를 '상소제도'라고 한다. 상소란 항소와 상고를 아우르는 말이다. 이 밖에도 재판에서 판결 외에 결정·명령에 대해 불복할 때에 하는 신청은 항고다.

이 대표가 첫 재판에서 의원직 상실형을 선고받으면서 이 대표의 정치활동에 중대변수가 될 11월 25일 위증교사 혐의 사건 선고공판에도 이목이 쏠렸다. 검찰은 앞서 선거법 사건보다 센 징역 3년을 구형했다. 무죄가 나올 경우 첫 재판에서 확대된 사법리스크 충격을 완화할 수 있으나, 유죄가 선고된다면 앞서 진행된 선거법 1심에 더해 해당사건 역시 항소심을 하며 어려운 국면에 놓이게 된다. 이 대표는 이 밖에 대장동 등 각종 특혜의혹 사건과 쌍방울 대북송금 의혹 사건으로도 피고인 신분으로 1심 재판을 받고 있다.

HOT ISSUE 5위

'4년 혼돈' 끝 좌초한 금투세 … 자본과세론 압도한 증시부양론

자본시장 과세체계의 근본 틀을 바꾸는 금융투자소득세(금투세)가 숱한 논란 끝에 결국 좌초 수순을 밟게 됐다. 정부와 여당이 일찌감치 금투세 폐지 입장을 세운 상황에서 이재명 더불어민주당 대표가 11월 4일 "1,500만 주식투자자의 입장을 고려하지 않을 수가 없다"며 폐지방침을 밝힘에 따라 사실상 폐지 절차를 밟게 됐다.

'대주주 → 차익 5,000만원' 과세대상 확대 추진

금융과세 합리화 취지로 도입된 금투세는 기본적으로 금융투자상품에서 발생한 모든 소득에 세금을 매긴다는 원칙을 기반으로 한다. 원래 특정 종목을 50억원 이상 보유하거나 지분율이 일정규모 이상인 대주주에 한해 주식 매매차익(양도차익)을 과세하는데, 이런 과세대상을 일반투자자로 확대하겠다는 게 금투세의 취지다.

당초 금투세법은 대주주 여부에 상관없이 주식, 채권, 펀드, 파생상품 등 금융투자로 얻은 이익이 일정금액(주식 5,000만원, 기타 250만원)을 넘으면 초과분에 세금을 매기도록 했다. 과세표준 기준으로 양도차익 3억원 이하에는 20%, 3억원 초과분에는 25%의 세율이 각각 적용된다. 대신 증권거래세율은 대폭 낮추기로 했다. 이에 매년 단계적으로 인하해 2024년 유가증권 0.03%, 코스닥 0.18%까지 인하됐으며, 2025년엔 유가증권은 0%로, 코스닥은 0.15%로 추가인하가 예정돼 있었다. '소득이 있는 곳에 과세한다'는 조세원칙을 세우면서도 증시거래를 활성화하겠다는 취지였지만, 1,500만 개인투자자들의 반발이 이어지면서 논란이 끊이지 않았다.

문재인정부 입법 → 윤석열정부 유예 → 전면 폐지

금투세 도입을 결정한 문재인정부는 2020년 6월 국내주식 양도소득에 대해 대주주뿐 아니라 소액주주까지 과세대상을 넓히겠다는 내용의 금융세제 개편방안을 발표했다. 금융상품에 따라 천차만별인 과세방식을 '금융투자소득'으로 분류해 하나로 묶겠다는 과세체계 정비의 일환이기도 했다. 같은 해 연말 세법개정을 통해 금투세법이 마련됐고, 2년 유예기간을 거쳐 2023년 1월 시행하기로 했다.

그러나 새로운 세목 신설이라는 민감한 이슈는 결국 대선 정국의 '표심'을 넘지 못했다. 윤석열 대통령은 2022년 1월 국민의힘 대선후보로 나선 당시 페이스북에 "주식양도세 폐지"라는 한 줄 공약으로 금투세 폐지를 내세웠다. 이후 윤석열정부가 출범하면서 '금투세 유예론'에 힘이 실렸다. 정부는 경제정책방향에서 금투세 시행시기를 2025년 1월로 2년 유예하겠다는 방침을 밝혔고, 여야는 연말 국회에서 금투세 2년 유예에 합의했다. 대주주 기준을 기존대로 종목당 10억원을 유지하기로 하면서 한 걸음씩 양보하는 조건이었다.

금융투자소득세 관련 주요일지

2020년	6월	문 정부, '금융세제 개편방안'에서 금투세 도입 발표
	12월	금투세 도입(2023년) 등 소득세법 개정안 국회 통과
2022년	6월	윤 정부, '새 정부 경제정책방향'에서 금투세 도입 2년 유예 발표
	12월	금투세 도입 유예(2025년) 등 소득세법 개정안 국회 통과
2023년	1월 1일	당초 금투세 시행일
2024년	1월 2일	윤 정부, 금투세 폐지 추진 공식화
	7월 25일	윤 정부, '세법개정안'에서 예정대로 금투세 폐지 발표
	8~10월	민주당, 금투세 시행 여부 관련 논의 (당내 입장 대치)
	11월 4일	민주당, 금투세 폐지 동의

금투세 유예는 올해 들어 '폐지론'으로 업데이트됐다. 윤 대통령은 올해 1월 민생토론회를 통해 아예 금투세 폐지를 추진하겠다고 밝혔고, 정부는 '금투세 폐지'를 전제로 각종 세법개정안을 내놨다. 해외증시에 비해 한국증시가 과도하게 저평가됐다는 이른바 '코리아 디스카운트*'를 해소하고 국내 투자자를 보호하겠다는 것이다. 결국 의회의 절대다수 의석을 확보한 민주당이 '금투세 시행'이 정쟁의 대상이 될 우려가 있고, 국내 '개미투자자'들에게 미칠 영향과 주식시장의 안정화를 고려해 정부·여당의 입장을 수용하기로 하면서 금투세는 4년간 논란만 남긴 채 폐지절차를 밟게 됐다. 다만 야당은 기업 지배구조를 개선하고 주주 권리를 확대하며 투명성을 확보한다는 취지의 '주주의 충실의무 도입' 등을 담은 상법 개정안이 함께 처리돼야 한다며 여당을 압박하고 있어 논란의 여지는 남아 있다.

코리아 디스카운트

국내기업의 주가가 성장성, 유동성, 수익성 등의 측면에서 비슷한 수준의 동종업계 외국기업의 주가에 비해 상대적으로 낮게 형성돼 있는 현상을 일컫는 용어. 2000년대 초 처음 관찰된 이후 현재까지 해소되지 않고 있는 것으로 알려져 있다. 주요 원인으로는 북한과의 대치관계에 따른 지정학적 리스크와 대기업 중심의 불투명한 기업지배구조, 주식시장의 높은 변동성, 낮은 배당성향 등이 지목된다.

금투세는 신설되는 세목이라 시행이 무산되더라도 직접적인 세수감소는 없다. 다만 2년 연속 '역대급 세수펑크'에 직면한 상황에서 간접적인 세수감소는 불가피하다. 또 ==금투세가 폐지되고 현재 단계적으로 완화되고 있는 증권거래세가 대폭 인하되면 사실상 자본시장 과세기반이 취약해지는 결과==를 낳을 수 있다는 점도 우려되는 부분이다. 국회예산정책처는 세법개정안 분석보고서를 통해 금투세 폐지론과 관련, "자본시장에 대한 부정적 파급효과를 고려한 것이지만, 정책 일관성 저하 등의 부작용을 감안해 증권거래세 및 대주주 기준 등을 종합적으로 고려한 개선안 마련이 필요하다"고 밝힌 바 있다.

HOT ISSUE   6위

북한의 러시아 파병, 전 세계 안보에 먹구름 드리워

북한이 10월 15일 남북을 잇는 육로인 동해선과 경의선을 폭파시키며 한반도 긴장감을 고조시키는 한편 러시아에 대규모 병력을 파병한 사실이 확인됐다. 국가정보원(국정원)이 10월 18일 "북한이 지난 8일부터 13일까지 러시아 해군 수송함을 통해 북한 특수부대를 러시아 지역으로 수송하는 것을 포착했다"면서 "북한군의 참전개시를 확인했다"고 밝혔다. 국정원은 북한병력 1,500명이 지난 8~13일 1차로 수송된 이후 1,500여 명이 추가 파병된 것으로 파악했고, 12월께까지 파병인원은 총 1만명에 달할 것으로 내다봤다. 아울러 국정원은 러시아의 북한군 파병대가 1인당 월 2,000달러 수준이라고 파악했다.

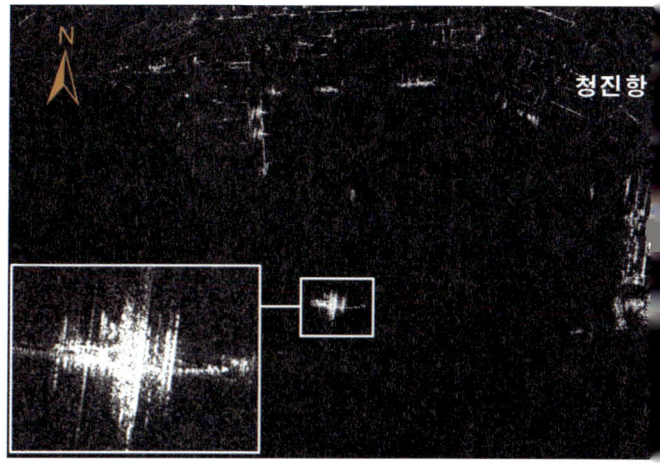

러시아로 파병되는 북한군 병력을 촬영한 위성사진

최소 1만명 북한군 병력, 전선에 배치

11월 4일(현지시간) 미국정부는 최소 1만명의 북한군이 러시아와 우크라이나 간 격전지인 러시아 쿠르스크로 이동했다고 밝혔다. 매슈 밀러 미 국무부 대변인은 이날 브리핑에서 "우리는 1만명에 달하는 북한군이 쿠르스크로 간 것으로 평가한다"고 말했다. 마르크 뤼터 북대서양조약기구(NATO, 나토) 사무총장도 10월 28일(현지시간) "북한병력이 러시아에 이송됐으며 북한군 부대들이 쿠르스크 지역에 배치됐다는 것을 확인해줄 수 있다"고 밝혔다.

뤼터 사무총장은 "북한군의 파병은 북한의 계속되는 러시아 불법전쟁 관여에 중대한 긴장 확대행위"라며 "또 다른 유엔 안전보장이사회* 결의안 위반이자 위험한 전쟁 확전"이라고 강조했다. 로이드 오스틴 미 국방장관도 앞서 10월 23일 북한파병을 공식인정하며 "이는 매우 심각한 문제이며 유럽뿐 아니라 인도·태평양 지역에도 영향을 미칠 것"이라고 우려했다. 전쟁 당사자인 볼로디미르 젤렌스키 우크라이나 대통령은 11월 5일(현지시간) 영상연설에서 북한군 병력이 우크라이나군과 전투를 벌였다고 확인하면서 "북한병사들과의 첫 전투는 세계 불안정성의 새 장을 열었다"고 말했다.

유엔 안전보장이사회

유엔(국제연합) 산하기관으로 회원국의 평화와 안보를 목적으로 설립돼 그 역할을 담당하고 있다. 흔히 '안보리'라고 부른다. 안보리는 15개국(초창기는 11개국)이 참여하고 있는데, 상임이사국은 이 중 고정멤버로 참여하는 5개국(미국, 중국, 러시아, 프랑스, 영국)을 이른다. 안보리는 어떤 국제적 현안에 대해 결의안을 마련할 수 있지만, 상임이사국 중 어느 한 국가라도 거부권을 행사하면 결의안은 채택될 수 없다.

트럼프 재선에 한국의 우크라 지원 기류 바뀔 듯

우리 정부는 북한의 러시아 파병이 사실로 드러남에 따라 대응에 나섰다. 김태효 국가안보실 제1차장은 10월 22일 "정부는 북한의 전투병력 파병에 따른 러북 군사협력의 진전 추이에 따라 단계적 대응조치를 실행해나갈 것"이라며 북한병력이 실제 전투에 참여할 경우 우크라이나에 대한 무기지원이 본격적으로 검토되리라는 점을 시사했다.

한편 10월 31일 김용현 국방부 장관은 우리나라의 무기지원 기준에 대해 "북한군의 전선투입 여부에 따라 정하는 것은 아니고 전체적인 전황의 문제"라며 "'국제사회와 보조'를 맞춰 결정하겠다"고 설명했다. 그러면서 우크라이나에 참관단이나 전황분석단을 파견하겠다고 밝혔다. 그는 "이라크전을 비롯해 각종 전쟁 시 참관단이나 전황분석단 등을 쭉 보내왔다"며 "특히 우크라전의 경우 북한군이 참전하기 때문에 북한군의 전투동향 등을 잘 분석해서 향후 우리 군에 유용한 정보로 활용할 수 있다"고 말했다.

미국 국방부에서 기자회견하는 한미 국방장관

그러나 우크라이나 전쟁종식을 공언해온 도널드 트럼프 전 대통령이 2024년 미 대선에서 승리함에 따라 바이든행정부 기조에 맞춰 우크라이나 지원을 검토해오던 정부의 입장에도 중대변수가 생겼다. 트럼프 당선인이 지금과 같은 무기 및 자금지원 방식으로는 전쟁을 끝낼 수 없다며 비판적 입장을 견지해왔기 때문이다. 트럼프 당선인 입장에서는 '한국의 무기지원'은 전쟁을 계속 끌고 가게 하는 방편이라는 점에서 부정적으로 볼 가능성이 있다. 정부 기류도 미국 대선이 가까워지면서 미묘하게 달라지는 분위기가 감지됐다. 앞서 김 국방부 장관이 언급한 '국제사회와 보조'도 미국 대통령 당선인의 의중도 고려하겠다는 의미로 해석될 수 있다.

우크라이나가 공개한 보급품 받는 북한군 추정 병력

HOT ISSUE

7위

한국, '채권 선진클럽' 합류 … 세계국채지수 편입 성공

우리나라가 세계 3대 채권지수 중 하나인 세계국채지수(WGBI ; World Government Bond Index) 편입에 성공했다. 2022년 9월 관찰대상국(Watch List) 지위에 오른 지 네 번째 도전만이다.

WGBI는 '선진국채지수' … 한국 국채평가 격상

영국 파이낸셜타임스스톡익스체인지(FTSE) 러셀은 10월 8일(현지시간) 한국을 WGBI에 편입할 계획이라고 밝혔다. WGBI에는 26개(한국 포함) 주요국이 포함돼 있으며, 북미지역에서 미국·캐나다 등 3개국, 유럽 15개국이 편입돼 있고 아시아에서는 일본·호주·중국 등과 함께 이번 한국 편입결정으로 총 8개국이 포함됐다. WGBI 편입을 위해서는 '국채 발행잔액 500억달러 이상', '신용등급 S&P 기준 A- 이상', '시장접근성 레벨2(0~2 레벨)'의 세 가지 요건을 만족해야 하는 등 기준이 까다로워 WGBI에 편입되면 '선진 국채클럽'으로 꼽힌다.

WGBI를 관리하는 FTSE 러셀은 런던 증권거래소 그룹(LSEG)의 자회사로 스탠더드앤드푸어스(S&P) 다우존스, 모건스탠리캐피털인터내셔널(MSCI) 등과 함께 세계 최대 시장지수 산출기관 중 하나다. 추종자금이 2조 5,000억~3조달러(3,362조 5,000억~4,035조원)로 추정되는 만큼 주요 연기금 등 글로벌 투자자의 신뢰도도 높다. 이 때문에 ==우리나라가 WGBI에 편입됐다는 건 그만큼 한국국채에 대한 글로벌 투자자들의 평가와 신뢰도도 높아졌다는 뜻==이 된다.

실제 편입은 유예기간을 거쳐 내년 11월께 이뤄지며 1년간 분기별로 편입비중이 확대된다. 우리나라의 편입비중은 편입국가 중 9번째로 큰 규모다. 이로써 우리나라는 세계 3대 채권지수 가운데 대상에 해당하는 2개 지수에 모두 편입됐다. 2002년 블룸버그-바클레이스 글로벌 국채지수(BBGA)에 편입됐고, 나머지 JP모건 신흥국 국채지수(GBI-EM)는 신흥국이 대상이라 우리나라는 소득기준 초과 등으로 제외된다.

80조대 자금유입 … 조달비용 낮아지고 외환 안정

WGBI 편입으로 외국인 자금의 유입 증가가 기대되는 가운데 이는 정부의 재정운용에도 도움이 될 것이라는 낙관적 전망이 나온다. WGBI에서 우리나라가 차지하는 비중은 10월 기준 추산 2.22%에 달하는데, WGBI 추종자금을 고려하면 최소 560억달러(약 75조원)의 자금이 우리 국채시장에 유입될 것으로 보인다. 저출산·고령화 등으로 국고채 발행규모가 앞으로 증가할 것으로 예상되는 가운데 자금유입만큼 발행 여력이 추가로 생긴다는 의미이기도 하다. 대규모 자금이 들어와 국고채 금리가 낮아지면 국고채 금리를 기반으로 하는 회사채 금리가 낮아지는 효과가 있어 기업의 자금조달비용도 낮아질 수 있다. 아울러 환율안정 효과도 기대해볼 수 있다. 국고채 투자를 위한 원화수요가 늘면 외환시장 수급에도 긍정적인 영향을 미칠 것으로 예상된다.

다만 전문가들은 <mark>국채시장으로의 외국인 자금 증가로 인해 채권시장의 변동성이 커지는 점은 우려되는</mark> 부분이라고 지적한다. 채권보유자가 외국인이므로 정부의 재정정책에 대한 영향도 덜 받기 때문에 국가신용도가 하락하거나 상환에 어려움을 겪는 상황이 되면 곧바로 이들로부터 무리한 상환요구에 시달리게 될 수 있다. 실제로 우리 정부는 1997년 외환위기(IMF) 당시 이러한 상황을 이미 한 번 겪은 바 있으며, 잦은 외채위기가 발생하는 남미나 2011년부터 시작된 유럽의 재정위기*에서도 유사한 상황이 발생하고 있다. 특히 우리나라처럼 대외의존도가 높고 지정학적 리스크가 큰 나라의 경우 시장안정성에 대한 외국인들의 신뢰가 높지 않다. 따라서 정부는 시장상황에 따라 언제든 순식간에 거액이 빠져나가고 국채가격이 폭락해 재정위기가 발생할 수 있다는 사실을 인지하고 지속적인 모니터링과 함께 최악의 상황에 대비할 필요가 있다.

유럽 재정위기

2010년 5월경 발생한 그리스의 구제금융을 계기로 남유럽국가들의 국가채무 문제가 연쇄적으로 불거지면서 유럽 전체로 경제위기가 확산한 사건이다. 2008년 미국발 금융위기의 여파로 직면한 유동성 위기와 당시 부동산시장의 거품 붕괴로 인해 실물경제가 위태로워졌고, 원래 재정상태가 좋지 않던 남유럽국가들이 가장 먼저 타격을 입었다. 여기에 그간 재정통합이 되지 않은 채 유로존에 단일환율이 적용되면서 지속된 국가 간 불균형 심화와 관리장치 결여 등 누적돼온 구조적 문제들이 겹치며 유로존 전체로 위기가 확산했다.

HOT ISSUE

'정년연장 vs 재고용' 사회적 대화 어디쯤 왔나 … "연초 결론 목표"

초고령사회 진입을 앞두고 고령자 '계속고용*' 해법 찾기가 중요한 과제로 떠올랐다. 최근 일부 정부부처와 지방자치단체에서 공무직 정년의 65세 연장 관련 논의가 활발해지면서 사회적 대화기구인 경제사회노동위원회(경사노위)에서의 계속고용 관련 노사정 대화에 거는 기대도 커졌다. 노동계와 경영계 간 시행방법을 두고 입장차가 여전히 큰 가운데 경사노위는 이르면 내년 1분기에는 결론을 도출한다는 목표로 속도를 내고 있다.

계속고용제도

정년을 채운 뒤에도 계속 일할 수 있도록 한 제도로 퇴직 후 재고용, 법적 정년연장, 정년폐지 등이 해당한다. 현재 법적 정년은 60세로 규정돼 있는데, 최근 저출생·고령화에 따른 노동 공급부족 문제에 대응하기 위해 그 필요성이 대두되고 있다. 계속고용을 시행할 경우 근로자들은 은퇴 이후 국민연금 수령까지의 소득공백을 해소할 수 있고, 기업은 업무경험이 풍부하고 숙련된 근로자를 통해 생산성 향상과 인력 채용비용 절감 등의 효과를 누릴 수 있다.

8차례 회의 열고 격론 … 내년 1분기 결론 목표

10월 30일 경사노위와 노동계 등의 발표에 따르면 지난 6월 경사노위 산하에 구성된 '인구구조 변화 대응 계속고용위원회'는 현재까지 총 8차례의 전체회의를 열고 논의를 이어왔다. 노동계와 경영계, 정부·공익위원 등 총 12명의 위원은 전문가 발제 등을 통해 관련 쟁점과 해외사례 등을 공유한 데 이어 최근 두 차례 회의에서는 정년연장과 임금체계 개편 방안에 대한 노사 각각의 입장을 확인했다. 11월 공익위원 발제와 토론 이후 12월 12일 공개토론회를 열고 노사정과 공익위원 각각의 의견을 공론화하는 과정을 거칠 예정이다.

10월 27일에 열린 계속고용위원회 1차 전체회의

경사노위법에 따른 위원회의 임기는 내년 6월까지인 1년으로 필요시 연장할 수 있지만 가능하면 임기 내에 속도를 높여 결론을 내겠다는 구상이다. 국민연금 개혁 논의 속에 은퇴 이후 연금 수급연령까지의 공백을 해소하기 위한 정년연장 논의도 동시에 이뤄져야 하는 상황인 데다 최근 행정안전부와 대구시의 공무직 정년연장으로 사회적 관심도 높아졌다. 정부 역시 지난 7월 발표한 '역동경제 로드맵'에서 사회적 대화를 바탕으로 한 계속고용 로드맵을 하반기 중 마련하겠다고 밝힌 만큼 연내, 늦어도 내년 초반엔 결과물이 도출돼야 하는 상황이다.

입장차 여전 … 경사노위 간담회 놓고 노동계 반발

초고령사회 경제성장 동력 확보와 노인빈곤 해소 등을 위해 고령자 고용이 필요하다는 점에는 노사정 모두 뜻을 같이한다. 그러나 방법에서는 차이가 있다. 노동계는 60세인 법정 정년을 65세 등으로 일괄 상향해야 한다고 주장한다. 이 과정에서 임금조정의 경우 개별사업장 사정에 따라 노사합의를 통해 정해야 한다는 게 기본입장이다. 반면 일괄적인 정년연장 대신 사업장에서 자율적으로 계속고용 방식을 택할 수 있어야 한다는 게 경영계 입장이다. 재고용의 경우 보통 임금삭감이 수반되기 때문에 대다수의 기업들은 정년연장보다 퇴직 후 재고용을 선호한다.

이러한 입장차로 노사정 논의에서는 정년연장과 재고용을 포괄하는 용어인 '계속고용'을 사용하고 있다. 국내 노인빈곤이 심각한 가운데 연금수급 개시 연령이 65세까지 점차 상향된다는 점, 최근 청년 비정규직 비율이 역대 최고수준을 나타내는 등 청년고용의 질이 좋지 않다는 점 등도 계속고용 논의에 있어 고려해야 할 부분이다.

이처럼 양측이 입장차를 좁히지 못한 가운데 경사노위가 한 언론사와 비공식 계속고용 간담회를 열면서 한국노동조합총연맹(한국노총)이 반발하는 등 '신경전'도 벌어졌다. 한국노총은 "한국노총이 배제된 이 간담회에서 노동계가 요구하는 정년연장 방식이 아닌 경영계가 주장하고 있는 임금체계 개편과 재고용 등이 논의됐다"며 "공식 회의체 논의가 진행되는 와중에 비공식경로로 간담회를 진행한 것에 심각한 유감을 표한다"고 말했다. 한국노총은 10월 29일 경사노위에 공문을 보내 "경사노위가 비공식 논의채널을 통해 일방의 주장에 힘을 실어준다면 한국노총은 경사노위 참여를 다시 한 번 검토할 수밖에 없다"며 사과와 재발방지를 촉구하기도 했다. 이에 경사노위는 "경사노위 차원이 아니라 언론사가 주최한 좌담회인데 오해가 있었다"며 일방의 주장에 힘을 실어줬다는 건 전혀 사실이 아니라고 해명했다.

HOT ISSUE

SK하이닉스, 최대 분기실적 올라 … 영업이익, 삼성 반도체 제쳤다

인공지능(AI) 열풍에 반도체시장에서 실적 양극화가 두드러지는 가운데 SK하이닉스가 2024년 3분기에 사상 최대 실적을 냈다. SK하이닉스는 AI칩 생태계를 주도하는 엔비디아의 공급망에 일찌감치 합류해 기술리더십을 유지하면서 AI 붐의 수혜를 톡톡히 보고 있다.

영업이익 7조원 돌파 … 삼성 DS는 4조원 밑돌아

10월 24일 SK하이닉스 연결기준 3분기 영업이익이 7조 300억원으로 잠정 집계됐다. 전 분기의 5조 4,685억원보다 28.6% 늘어난 수준이다. 영업이익은 시장 전망치였던 6조 8,000억원대를 큰 폭으로 웃돌면서 분기 기준 사상 최대치를 새로 썼다. 특히 이번 영업이익은 경쟁사이자 세계 메모리 1위 업체인 삼성전자의 반도체 사업부 디바이스솔루션(DS) 부문을 추월한 것이라 의미가 더 크다.

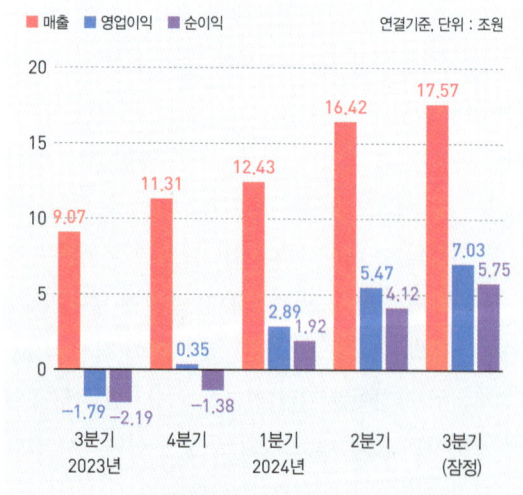

자료 / SK하이닉스

SK하이닉스가 영업이익에서 삼성전자 DS부문을 앞선 것은 양측 모두 흑자를 낸 분기 기준으로 올해 1분기(SK하이닉스 2조 8,860억원, 삼성전자 1조 9,100억원)에 이어 두 번째다. 삼성전자의 3분기 영업이익은 9조 1,834억원인데, 이 중 DS부문 영업이익은 3조 8,600억원을 기록했다. 당초 잠정실적 발표 이후 시장에서 예측한 4조 2,000억원보다 낮은 수치다.

글로벌 경기침체 장기화로 스마트폰과 PC 등 전방 정보기술(IT) 수요회복이 지연되면서 최근 레거시(범용) 메모리 가격은 하락세로 돌아섰다. 이 같은 업황 둔화에도 SK하이닉스는 AI 붐에 수요가 폭증한 고성능 D램인 고대역폭메모리*(HBM)에서 주도권을 잡아 수익성 차별화와 실적방어가 가능했다. SK하이닉스는 AI 학습과 추론용으로 쓰이는 엔비디아의 그래픽처리장치(GPU)에 탑재되는 HBM을 사실상 독점 공급해오며 'HBM 강자' 입지를 굳혔다. 지난 3월 HBM 5세대인 HBM3E 8단을 업계 최초로 납품한 데 이어 최근에는 12단 제품도 최초로 양산을 시작해 공급을 앞두고 있다.

> **고대역폭메모리**
> D램 여러 개를 수직으로 쌓아 D램보다 데이터 처리속도를 대폭 상향시킨 고대역폭 반도체를 말한다. D램을 여러 층으로 쌓으면 기반 면적당 훨씬 높은 용량을 확보할 수 있어 대용량의 데이터 처리가 가능해진다. 다만 생산공정이 복잡하고 높은 수준의 기술이 필요한 탓에 판매단가가 높아 머신러닝이나 고성능 컴퓨팅 분야에서만 주로 사용됐다. 그러나 최근 인공지능을 비롯한 관련 서비스의 확산으로 고성능 반도체 수요가 급증하면서 각광받고 있다.

AI 거대 물결 … 반도체산업 '부익부 빈익빈' 심화

SK하이닉스의 호실적으로 확인했듯 최근 글로벌 반도체업계의 실적 향방은 AI가 가르고 있다. 특히 현재 AI칩 수요를 독식하는 엔비디아의 공급망에 합류했는지가 관건이다. 엔비디아 AI칩을 사실상 독점 생산하는 세계 1위 파운드리(반도체 위탁생산) 업체인 대만 TSMC도 이번 3분기에 최대 실적을 썼다. TSMC의 3분기 순이익은 3,252억 6,000만대만달러(약 13조 8,000억원)로 작년 동기보다 54.2% 급증했으며, 시장 전망치였던 3,000억대만달러도 뛰어넘었다.

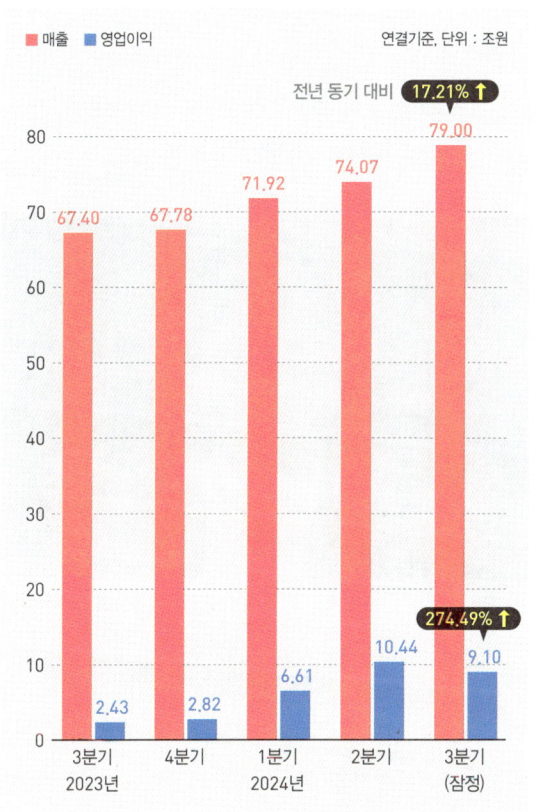

자료 / 금융감독원 전자공시시스템

반면 반도체 수요가 AI로 쏠리고 기존 IT 수요침체는 길어지면서 AI 반도체에서 주도권을 놓친 업체들은 상대적으로 고전을 면치 못하고 있다. 대표적인 업체가 삼성전자다. 수요가 둔화하는 기존 레거시 D램이 주력이고 수요가 급증하는 HBM에서는 SK하이닉스에 주도권을 내주며 후발주자가 됐다. 삼성전자는 공격적으로 HBM 기술개발과 사업화에 힘을 쏟고 있으나 아직 엔비디아 공급망에 들어가지 못했다. 현재 삼성전자는 HBM3E 8단과 12단 제품을 엔비디아에 납품하기 위해 퀄(품질) 테스트를 진행 중이나 통과가 예상보다 늦어지고 있다.

SEDEX 2024 SK하이닉스 부스에 전시된 AI 특화 반도체

또 삼성전자는 TSMC와 직접 경쟁하는 파운드리 부문에서도 실적 부진이 길어지고 있다. 파운드리와 시스템LSI(설계)를 포함하는 삼성전자 비메모리 부문은 수주 부진과 낮은 가동률 등에 3분기에 1조원 이상의 적자를 낸 것으로 추정된다. 이승우 유진투자증권 리서치센터장은 "반도체산업의 부익부 빈익빈이 더욱 심화되고 있다"며 "AI라는 거대한 물결에 잘 올라탄 기업들과 그렇지 않은 기업 간 운명이 갈리고 있는 것"이라고 진단했다.

HOT ISSUE 10위

의협·전공의·야당, 모두 빠진 반쪽짜리 여야의정 협의체 가동

의료개혁 과제와 의정갈등 해소방안을 논의하기 위한 '여야의정 협의체'가 11월 11일 더불어민주당과 전공의 단체가 빠진 가운데 가동을 시작했다. 협의체는 12월 말까지 성과를 내는 것을 목표로 주 2회 회의를 열고, 의료계 요청사항인 사직 전공의 복귀 및 한국의학교육평가원 자율성 보장 방안 등을 논의하기로 했다. 이날 첫 회의에는 정부에서 한덕수 국무총리와 이주호 사회부총리 겸 교육부 장관 등이, 당에서 이만희·김성원·한지아 국민의힘 의원, 의료계에서는 이진우 대한의학회(의학회) 회장과 이종태 한국의과대학·의학전문대학원협회(KAMC) 이사장이 참석했다.

여야의정 협의체 1차 회의

협의체에 민주당 빠져 … "당사자 없인 실효성 없어"

전공의 단체와 야당이 모두 불참한 가운데 의료계 측 대표자들은 이날 의대 정시선발을 앞두고 의대정원 문제에 대한 우려를 다시 한 번 제기한 것으로 전해졌다. 1차 회의 후 한지아 의원은 "2025년·2026년도 의대정원에 대한 구체적인 부분은 이야기하지 않았지만, 의제에 제한이 없다는 원론적인 부분을 이야기했다"고 설명했다. 한편 국민의힘은 야당인 민주당을 향해서 "국민건강을 위해 이해득실을 따지지 말고 참여해달라"며 참여를 압박했다.

그러나 민주당은 '의료계의 추가참여'와 '정부의 태도변화'를 협의체 참여의 전제조건으로 제시했다. 민주당 의료대란대책특위 위원장인 박주민 의원도 한 언론 인터뷰에서 "의료계 입장을 받아 2025년도 정원규모를 논의테이블에 올릴 수 있어야 한다. (협의체에 참여한 의료계) 단체 두 곳도 내년 정원에 대한 논의가 빠지면 진정성 있는 논의가 어렵다는 입장"이라고 말했다.

의협회장 탄핵에 갈등해소 희망의 실마리도

협의체를 바라보는 의료계 내부의 시선도 엇갈린다. 전공의와 의대생의 수련과 교육을 각각 책임지는 의학회와 KAMC는 더는 현 사태를 방치할 수 없다는 절박함과 위기감으로 협의체에 참가했다는 입장이다. 그러나 전공의 측은 2025년도 의대정원을 논의하지 않는 한 대화할 수 없다고 주장한다.

박단 대한전공의협의회 비대위원장

박단 대한전공의협의회(대전협) 비대위원장은 SNS에 협의체 출범을 "무의미"하다고 혹평했다. "지금이라도 모집 정지를 하든, 7개 요구안* 일체를 수용하든 뭐라도 해야 앞으로 다가올 혼란을 조금이라도 수습할 법하다"고 강조했다. 수업거부 중인 의대생 측 또한 마찬가지다. 교육부가 지난 10월 29일 각 대학이 의대생의 휴학을 자율적으로 승인하게 함으로써 의대생들의 마음을 돌리려 했으나, 의대생 모임인 대한의과대학·의학전문대학원 학생협회는 "허울뿐인 협의체에 참여할 의향이 없다"고 공개적으로 비판했다.

전공의 7개 요구안

지난 2월 전공의 측이 정부의 의료개혁안에 맞서 제시한 7개 요구안을 말한다. 의대증원계획 및 필수의료 정책패키지 전면 백지화, 과학적 의사수급 추계기구 설치, 수련병원의 전문의 인력채용 확대, 불가항력적 의료사고에 대한 법적부담 완화, 전공의 수련환경 개선, 전공의 대상 부당한 명령 전면철회, 업무개시명령 전면폐지 등이다. 이중 4개안은 정부의 정책패키지에도 이미 담겨 있는 사안이었으나, 의대증원 백지화 등의 요구사항은 정부의 개혁안과 정면충돌해 수용되지 못했다.

다만 11월 11일 임현택 대한의사협회(의협) 회장이 '막말' 논란에 따른 의사 명예실추와 전공의 등과의 불화를 이유로 탄핵되면서 갈등개선에 대한 기대감도 조심스레 나오고 있다. 그동안 정부의 의대정원 확대에 강경히 반대해온 임 회장이 전공의들의 비토로 물러나면서 새 의협 지도부와 전공의 단체의 관계가 개선될 경우 의료계의 협의체 추가참여 등을 통해 의정갈등 실마리가 풀릴 수 있다는 것이다.

탄핵이 가결된 임현택 대한의사협회 회장

의협은 정관에 따라 60일 이내에 보궐선거를 치러야 하며, 비대위가 구성돼 차기 집행부 선출 때까지 공백을 메운다. 비대위나 차기 집행부의 성향에 따라 달라지겠지만, ==장기화한 의정갈등 국면에서 의사사회의 피로도도 높은 만큼 지금까지의 투쟁방식과는 다른 방향을 모색할 것==이란 점은 분명해 보인다. 전공의들이 협의체에 불참하기로 한 입장에 당장 변화를 기대하기 힘들 수는 있지만, 의협과 협력해 좀 더 전향적인 접근법을 택한다면 지리한 의정대치 국면에도 돌파구가 마련될 가능성이 있다.

HOT ISSUE **11위**

일본여당 조기총선 참패 … 여소야대 속 '식물내각' 위기

10월 27일 일본 중의원 선거(총선)에서 참패한 자민당 총재 이시바 시게루가 어렵사리 총리직을 유지하게 됐다. 그러나 여당인 자민·공명당이 과반의석 확보에 실패한 총선결과로 인해 중의원(하원)이 여소야대 구조로 재편됨에 따라 이시바 내각의 향후 국정운영이 쉽지 않을 것이라는 평가에 직면했다. 2012년 후쿠시마 원전사고 직후 옛 민주당에서 정권을 탈환한 뒤 자민당이 누려온 '1강 체제' 국정운영에 제동이 걸린 셈이다.

자민당 등 여당, 15년 만에 과반의석 확보 실패

이시바 시게루 일본 총리는 11월 11일 열린 **특별국회***에서 중의원 결선투표 및 참의원(상원) 투표를 거쳐 다시 총리로 지명됐다. 지난 8월 기시다 후미오 전임 총리가 재선 출마 포기를 선언하면서 치러진 자민당 총재선거에서 8명의 후보를 결선까지 치르며 제치고 전 방위대신 이시바 시게루가 총재로 당선되면서 과반 정당의 총재로 총리가 됐지만, 한 달여 만인 10월 27일 총선에서 자민·공명당이 과반의석 확보에 실패하면서 위기에 몰렸다.

특별국회

중의원 해산으로 인한 총선거 뒤 소집하는 임시국회로서 회기는 양원 일치의 의결로 정하며, 2회까지 연장할 수 있다. 내각제인 일본에서는 총선에서 과반의석을 차지한 정당의 총재가 총리가 된다. 그러나 어느 정당이나 정당연합도 과반의석을 차지하지 못한 경우 특별국회를 열어 총리 지명 선출을 위한 중의원 결선투표를 진행한다. 이번 결선투표는 일본 역사상 5번째이며, 마지막 결선투표는 30년 전인 1994년에 있었다.

이번 총선에서 여당인 자민·공민당 연합은 자민당이 191석, 공명당이 32석으로 총 215석을 차지해 중의원 465석의 과반인 233석에 못 미쳤다. 총선 전 279석이었던 것을 감안하면 참패라고 할 수밖에 없다. 반대로 제1야당인 입헌민주당(148석)과 제3야당인 국민민주당(28석) 등이 의석을 크게 늘렸지만, 어느 당도 과반의석을 차지하지 못했다는 사실에는 변화가 없었다. 결국 총리 지명 1차 중의원 투표에서 누구도 과반표를 얻지 못했고, 상위 2명을 대상으로 한 결선투표에 따라 최다 의석을 보유한 자민당 총재 이시바 총리가 재선출됐다.

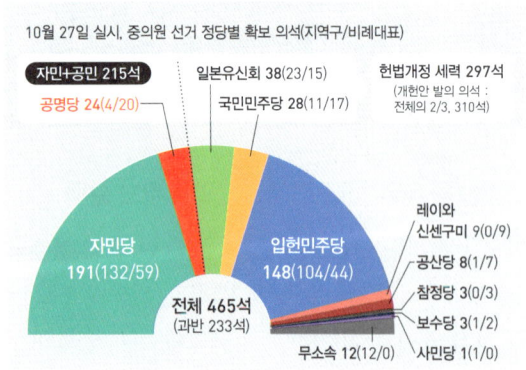

강요받는 국정 … 야당 뭉치면 내각 불신임도 가능

자민·공명당이 총선에서 과반의석을 놓친 것은 옛 민주당에 정권을 넘겨준 2009년 이후 15년 만이다. 지난해 연말 불거진 자민당 '비자금 스캔들' 파문과 고물가에 따른 실질임금 감소 등으로 민심이 여당에 등을 돌린 결과로 분석된다. 여당이 과반을 놓치면서 일본정계는 연정확대, 정권교체, 이시바 총리 퇴임 등 다양한 시나리오를 둘러싸고 권력투쟁과 세력결집을 벌일 것으로 전망됐지만, 총리 재선출에 성공하면서 일단 한숨을 돌린 모양새다. 그러나 이번에 재편된 정치구도는 다시 총선을 치르거나 자민·공명당이 다른 정당을 끌어들여 연립정부를 확대하지 않으면 해소하기 힘든 데다가 '비자금 스캔들'에 대한 심판여론이 남아 있는 현 상황에서 이시바 총리가 다시 중의원을 조기해산하고 총선을 다시 추진하기는 당분간 어렵다는 게 중론이다.

총선결과를 보고 있는 이시바 시게루 일본 총리(왼쪽)

결국 이시바 내각은 여소야대 구도에서 야당과 협력하면서 외줄타기 하듯 국정을 운영해나갈 수밖에 없다. ==야당의 협력을 못 얻으면 예산안도, 법안도 통과시킬 수 없으며, 야당이 뭉쳐 내각 불신임을 결의하면 내각이 총사퇴해야 할 처지에 몰릴 수도 있다.== 일단 자민당은 연합정부 구성까지는 아니지만 정책협력 의사를 밝힌 국민민주당에 손을 내밀고 있다. 국민민주당은 정책협력의 전제조건으로 자당의 핵심

공약인 '103만엔의 벽' 개선을 요구해 이미 여당과 협의를 개시한 상태다. 103만엔의 벽은 현재 일본의 근로소득자 면세기준 103만엔(약 937만원)을 의미하는 것으로 국민민주당은 국민이 손에 쥐는 실수령액을 늘리자는 취지로 이 기준을 178만엔(약 1,620만원)으로 올리자고 주장하고 있다. 다만 자민·공명당과 국민민주당의 관계가 느슨한 협력체제여서 자민당은 언제든 등을 돌릴 수도 있는 국민민주당의 눈치를 봐야 하는 상황이다.

HOT ISSUE

12위

로제 '아파트' 글로벌 돌풍 … 빌보드·영국 싱글차트 상위권

걸그룹 블랙핑크의 로제와 세계적인 팝스타 브루노 마스의 듀엣곡 '아파트(APT.)'가 영국 오피셜 싱글차트 '톱 100'에서 2위를 차지했다. 이로써 로제는 영국 싱글차트*에서 가장 높은 순위를 기록한 K팝 여성 솔로가수로 기록됐다.

영국 싱글차트

영국의 오피셜 차트 컴퍼니가 집계하는 음악 순위차트로 1969년 설립된 이후 현재까지 장수하고 있다. 공식명칭은 '오피셜 싱글차트(Official Singles Chart)'이며, 판매량과 다운로드 수, 스트리밍 수치 등을 기반으로 영국에서 가장 많이 소비된 노래가 순위에 오른다. 미국의 빌보드차트가 다소 보수적이고 변화에 둔감하다고 평가되는 반면 영국의 오피셜 싱글차트는 상대적으로 변화에 더 민감하다는 평가를 받는다.

영국 싱글차트 2위 … K팝 여성가수 최고기록

11월 1일(현지시간) 공개된 순위에 따르면 로제의 '아파트'는 지지 페레즈의 '세일러 송(Sailor Song)'에 이어 2위에 올랐다. '아파트'는 앞선 10월 25일 차트에 4위로 처음 진입한 뒤 1위에 도전했으나 순위를 두 계단 끌어올린 데 만족해야 했다. K팝 가수가 이 차트 정상에 오른 사례는 2012년 싸이의 '강남스타일'이 유일하다.

'아파트'는 12월 6일 공개되는 로제의 첫 솔로 정규앨범 '로지(rosie)'의 선공개 곡으로 우리나라 젊은이들이 즐겨 하는 술자리게임 중 하나인 '아파트 게임'에서 영감을 얻어 만들어졌다. 이 게임은 참가자들이 양손을 포개 쌓아 올린 뒤 맨 아래서부터 손을 하나씩 빼다가 술래가 처음 외친 특정 숫자(층수)에서 손을 빼는 사람이 벌주를 마시는 놀이다. 로제는 스튜디오에서 작업하던 스태프들과 아파트 게임을 즐기다가 곡 작업을 시작하게 됐다고 말한 바 있다. 술게임을 응용해 '아파트 아파트'를 반복하는 중독적이고 독특한 후렴구와 경쾌한 밴드사운드를 앞세워 공개 직후부터 대중적인 인기를 끌었다. 틱톡 등 사회관계망서비스(SNS)에서는 외국 팬들이 '아파트'라는 한국어 발음을 따라 하는 영상 챌린지가 유행하기도 했다.

브루노 마스와 듀엣곡 '아파트'를 발표한 로제(더블랙레이블 제공)

빌보드 '글로벌' 차트 3주 연속 1위 … 상승세 기대

앞서 10월 29일(현지시간) 세계 양대차트로 꼽히는 빌보드가 발표한 순위에서는 메인 싱글차트 '핫 100'

에서 8위, '글로벌(미국 제외)'과 '글로벌 200' 차트에서 각각 1위를 기록했다. 또한 뮤직비디오는 음원 공개 11일 만에 유튜브 조회수 2억회를 돌파했다. 이중 '핫 100'은 미국 빌보드의 여러 차트 중 '메인차트'로 스트리밍 데이터와 라디오 방송점수(에어플레이), 판매량 데이터를 종합해 순위가 산출된다. 지금까지 K팝 여성 아티스트가 '핫 100'에서 달성한 최고순위는 블랙핑크가 지난 2020년 셀레나 고메즈와 함께 부른 '아이스크림(Ice Cream)'으로 기록한 13위였다. 로제는 '아파트'의 히트로 자신이 만든 종전 '핫 100' 기록을 경신하게 됐다.

전문가들은 이 곡이 ==팝 시장의 주류문화에서 벗어난 '신선한 파격'으로 세계적인 유행을 거뒀다고 평가==했다. 브루노 마스와 로제가 평소 이미지에서 벗어난 곡을 소화한 것도 주효했다는 설명이다. 김영대 대중음악평론가는 "주류를 이루는 청자들은 익숙하지 않은 문화적 코드가 담기다 보니 특이하게 받아들이는 측면이 있다"며 "단어의 뜻을 이해하는지를 떠나 일단 신선하고 참신하기 때문에 사람들이 호기심을 갖게 되는 것"이라고 말했다. 또한 "차트에서의 순위는 경쟁곡이나 발매시기 등 운적인 요소가 크게 작용하기에 2위만으로도 충분한 성공"이라며 "이 곡은 팬덤 화력을 바탕으로 초반에 성공을 거둔 뒤 하락세를 그리는 경향을 따르지 않고 있다. 따라서 향후 몇 주간 상승세를 이어갈 것이라고 기대할 수 있다"고 말했다.

한편 로제를 비롯해 블랙핑크 멤버인 제니와 리사, 지수 역시 팀 활동에 이어 솔로가수로서도 두각을 드러내고 있다. 제니는 지난 10월 발표한 솔로곡 '만트라(Mantra)'로 로제와 국내외 음원차트에서 선의의 경쟁을 벌이고 있다. 리사 역시 솔로곡 '록스타(ROCKSTAR)'로 9월 미국의 유명 대중음악 시상식 '2024 MTV 비디오 뮤직어워즈'에서 '베스트 K팝' 상을 받았다. 지수의 경우 지난해 발표한 '꽃'이 최근 유튜브 뮤직에서 재생수 10억회를 돌파하는 기록을 세웠다.

블랙핑크

HOT ISSUE — 13위

중국 반간첩법으로 한국인 구속 … 한국인에 대한 단기비자 면제조치도

중국에서 '개정 반(反)간첩법' 시행 이후 한국인이 처음 구속된 것으로 알려져 해당 법의 내용에 관심이 쏠린다. 외교 소식통에 따르면 중국 안후이성 허페이시에 거주하는 한국교민 50대 A씨가 지난해 말 간첩혐의로 체포됐다. 이후 사건을 넘겨받은 중국검찰은 수개월 전 A씨를 구속했으며, 수사당국은 중국의 한 반도체 기업에서 근무한 A씨가 반도체 관련 정보를 한국으로 유출했다고 의심하는 것으로 알려졌다.

중국당국에 권한 집중된 개정 반간첩법
중국의 반간첩법은 기존 5개장 40개 조항에서 6개장 71개 조항으로 많은 부분이 개정됐으며, 형법상 간첩죄(경미한 경우 징역 3~10년, 사안이 엄중하면 무기징역·사형도 가능)와 국가기밀누설죄(경미한 경우 5년 이하 징역, 최대 무기징역 가능)의 하위법 개념이다. 특히 간첩행위에 '기밀정보 및 국가안보와 이익에 관한 문건·데이터 등에 대한 정탐·취득·매수·불법 제공'을 명시한 것이 가장 주목되는 부분이다.

중국최고인민검찰원 홈페이지

법 적용범위와 국가안보기관의 권한도 확대됐다. 간첩조직 등이 중국의 국민, 조직 또는 기타 조건을 활용해 시행하는 제3국을 겨냥한 간첩활동이 중국 국가안보를 위협하는 경우에도 적용이 가능하다. 또 간첩행위 혐의자의 문서·데이터·자료·물품의 열람 및 수거 권한과 신체·물품·장소 검사의 권한이 법에 명시됐고, 관련 개인과 조직에 대해서는 협조 의무가 부여됐다. 간첩행위에 대한 행정처분도 강화돼 간첩행위를 했거나 간첩죄가 성립되지 않는 경우에도 행정구류 등 처분이 가능해졌다.

그런데 문제는 무엇이 '안보'나 '국익'과 관련된 것인지, '중국의 국가안보'를 위협하는 것인지 규정할 권한이 중국당국에 있다는 점이다. 한국 교민사회도 반간첩법 적용이 '귀에 걸면 귀걸이, 코에 걸면 코걸이'식이 될 수 있다고 걱정해왔는데, 이번 한국인 첫 구속을 계기로 우려가 커졌다.

중국당국, 한국 무비자 대상 포함시켜

한편 중국의 한국과의 관계개선 의지를 보여주는 소식도 들렸다. 중국 외교부는 11월 1일 홈페이지를 통해 11월 8일부터 한국 등 9개국 일반여권 소지자를 대상으로 내년 12월 31일까지 '일방적 무비자* 정책'을 시행한다고 밝혔다. 중국이 한국을 무비자 대상에 포함한 것은 이번이 처음이다. 최근 북러 밀착과 한국교민 간첩혐의 체포 등으로 한중관계에 변수가 늘어난 상황에서 중국이 관계개선 의지를 보여줬다는 해석이 나왔다.

> **비자**
>
> 방문하고자 하는 상대국의 정부에서 입국을 허가해주는 일종의 허가증으로 '사증'이라고도 한다. 입국의 종류와 목적, 체류자격 및 체류기간 등이 명시된다. 우리나라의 비자에는 1회만 입국할 수 있는 단수비자와 2회 이상 입국할 수 있는 복수비자가 있다. 유효기간은 단수의 경우 발급일부터 3개월이며, 복수의 경우에는 그 종류에 따라 각각 다르다.

중국의 이번 조치에 따라 우리나라를 비롯한 9개국 일반여권 소지자는 비즈니스, 여행·관광, 친지·친구 방문, 환승 목적으로 15일 이내 기간 동안 중국을 방문할 경우 비자를 발급받지 않아도 된다. 이번 발표는 주중 한국대사관에서도 사전에 알지 못했을 만큼 전격적으로 이뤄진 것으로 전해졌다. 중국은 작년 말부터 순차적으로 무비자 시범정책 적용국가를 확대해왔다. 중국이 상호협정 없이 비자를 면제하는 국가는 20개국이었다. 브루나이, 말레이시아(아시아)와 호주, 뉴질랜드(이상 오세아니아)를 제외하면 프랑스, 독일, 이탈리아, 네덜란드, 스페인 등 모두 유럽국가였다. 이번 발표로 이 목록에는 유럽 8개국과 우리나라가 더해졌다.

일각에서는 한국교민이 체포돼 장기구금 중인 사실이 최근 한국매체들에 잇따라 보도돼 한국사회의 대

(對)중국 정서가 악화하고 있는 상황이 영향을 준 것 아니냐는 관측도 나온다. 다만 중국 관영매체는 '확대 해석'을 경계한다는 입장을 내놨다. 다즈강 헤이룽장성 동북아연구소 연구원은 11월 4일 환구시보에 실은 기고문에서 "서방 일부매체가 양국 간 무비자 정책 차이를 대대적으로 떠들면서 인터넷상 일부 급진적 메시지를 확대하는 것에 경각심을 가져야 한다"고 주장했다. 그러면서 "한국 무비자 정책은 30년을 맞은 양국관계를 더 발전시키기를 기대하는 각별한 마음을 보여주는 것"이라고 강조했다.

HOT ISSUE 14위

'유상증자 카드'에 칼 빼든 봉금감원 … 고려아연 경영권 분쟁 향방은

고려아연 경영권을 놓고 최윤범 고려아연 회장 측과 영풍·MBK파트너스 연합이 경영권 분쟁을 벌이는 가운데 고려아연이 경영권 방어를 위해 추진한 일반공모 **유상증자***에 대해 금융당국이 부정거래 가능성을 의심하며 정정을 요구했다. 금융감독원(금감원)은 11월 6일 공시를 통해 앞서 10월 30일 제출된 고려아연의 증권신고서가 투자자에게 중대한 오해를 일으킬 수 있는 경우 등에 해당해 정정신고서 제출을 요구했다고 밝혔다.

유상증자

증자란 기업이 회사의 주식총수를 늘려 자본금을 늘리는 행위를 말한다. 이때 자본금은 주식 수로 표현되며, 주식을 어디서 가져오냐에 따라 무상증자와 유상증자로 나뉜다. 무상증자는 실질자산이 증가하지 않고 주식자본만 늘어나는 반면, 유상증자는 신주발행이 실질적인 자산의 증가로 연결된다.

'묘수'로 던진 유상증자 카드가 '자충수' 되나

금감원은 "고려아연이 제출한 증권신고서를 검토한 결과 유상증자 추진경위 및 의사결정 과정, 주관사의 기업실사 경과, 청약한도 제한배경, 공개매수신고서와의 차이점 등에 대한 기재가 미흡한 부분을 확인했다"고 설명했다. 이어 "투자자들의 투자판단을 위한 충분한 정보가 제공되도록 정정요구를 통해 보완을 요구했다"고 덧붙였다. 이에 따라 고려아연이 신고한 일반공모 유상증자는 즉시 효력이 정지됐다. 정정요구를 받은 기업은 원칙적으로 3개월 안에 정정신고서를 제출해야 한다. 제출하지 않는 경우 유상증자 계획은 철회된 것으로 간주한다.

자본시장현안 관련 브리핑 중인 함용일 금융감독원 부원장

앞서 고려아연은 자사주 소각 후 발행주식의 20%에 달하는 보통주 373만 2,650주를 주당 67만원에 일반공모 형태로 신규발행한다고 공시했다. 조달금액은 2조 5,000억원으로 이 가운데 2조 3,000억원은 차입금 상환 목적으로 쓰겠다고 했다. 고려아연은 주주 기반 확대와 개방적인 경영구조를 마련하기 위한 결정이라는 명분을 내세웠으나, ==시장에서는 경영권 분쟁에서 우위를 점하기 위해 회사가 돈을 빌리고 빚은 주주가 갚는다는 비판==이 나왔다. 특히 고려아연이 자사주 공개매수가 끝나기 전 유상증자를 계획했고, 이를 제대로 공시하지 않았다는 의혹이 일며 금융당국이 조사에 나섰다. 시장 안팎의 반발에

금융당국까지 칼을 빼 들자 결국 고려아연은 11월 13일 유상증자 결정을 전격 철회한다고 발표했다.

75년 동업 뒤로 … '돌아올 수 없는 강'

고려아연은 글로벌 1위 비철금속 제련기업으로서 전자, 반도체, 자동차, 이차전지 등 국내 첨단산업에 기초소재를 공급하는 공급망 핵심역할을 담당하고 있다. 고(故) 장병희·최기호 창업주가 함께 세운 영풍그룹의 핵심계열사로 지난 75년간 영풍그룹과 동업관계가 유지돼왔다. 고려아연은 최씨 일가가, 영풍그룹과 전자계열사는 장씨 일가가 각각 담당해왔는데, 2022년 최윤범 고려아연 회장이 취임한 이후 두 일가 간 지분매입 경쟁이 벌어지며 갈등이 수면 위로 떠올랐다.

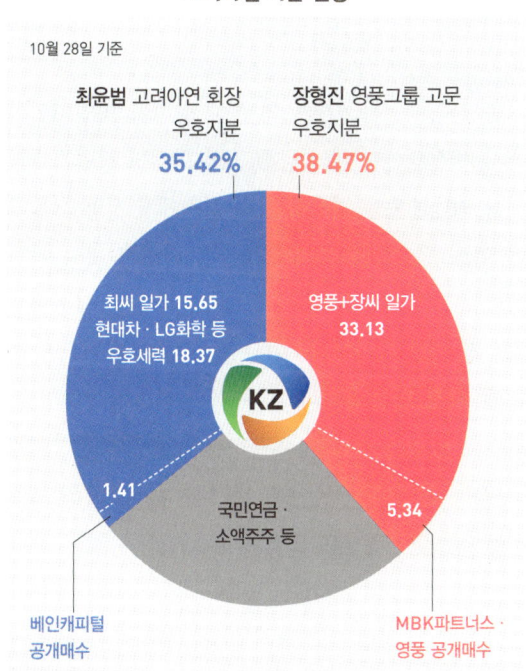

자료 / 금융감독원 전자공시시스템

최 회장은 고려아연을 이차전지 소재, 자원순환 사업, 신재생에너지 및 그린수소 등 3대 신사업을 주축으로 재편하는 '트로이카 드라이브'를 강하게 걸고 있다. 재계에서는 주력사업이 부진한 영풍이 고려아연에 현금배당을 늘릴 것을 요구했으나, 고려아연이 이를 받아들이지 않고 오히려 '트로이카 드라이브'를 위해 장기투자에 집중하면서 갈등이 촉발한 것으로 보고 있다.

양사 갈등은 9월 13일 영풍이 사모펀드 운용사 MBK파트너스와 손잡고 고려아연 경영권 확보를 위한 공개매수를 진행한다고 밝히면서 극에 달했다. 영풍·MBK 측은 "최 회장 취임 후 무분별한 투자 등으로 부채가 늘어나고 고려아연의 수익성도 하락하고 있다"며 이를 정상화하겠다고 주장한 반면, 고려아연은 "지분 공개매수는 영풍이 기업사냥꾼 MBK파트너스와 결탁해 일방적으로 진행하는 적대적·약탈적 인수·합병(M&A)"이라며 반발했다. 그러나 10월 진행된 수조원 단위의 공개매수 싸움을 통해서도 양측 모두 확실한 과반을 확보하지 못하면서 향후 경영권 분쟁은 이르면 연말로 예정된 주주총회에서의 본격적인 의결권 확보 대결로 전환할 것이라는 전망이 나왔다.

HOT ISSUE 15위

신세계 '한 지붕 두 가족' 마침표 … 이마트-백화점 계열분리

신세계그룹이 10월 30일 이마트와 신세계백화점의 계열분리를 공식 발표했다. 신세계그룹은 이날 정기 임원인사에서 정유경 총괄사장이 신세계 회장으로 승진했다고 밝혔다. 이에 10년 넘게 이어져 온 '한 지붕 두 가족' 체제가 막을 내리며 실질적인 독자경영의 길을 가게 됐다.

정용진 신세계그룹 회장(왼쪽)과 정유경 신임 신세계 회장

2011년 이마트 분리 후 계열분리 밑작업 '차근차근'

이번 계열분리 선언은 신세계그룹이 그동안 보여온 행보를 고려하면 이미 예정된 수순이었다는 게 업계의 대체적인 시각이다. 신세계그룹은 지난 2011년 이마트가 신세계에서 인적분할해 별도 법인으로 출범하면서 외형적으로 사실상 두 개의 지주회사 형태로 운영돼왔다. 이후 그룹을 일군 이명희 총괄회장의 장남인 정용진 회장은 대형마트와 슈퍼, 편의점, 복합쇼핑몰, 전자상거래(이커머스), 호텔, 건설사업을 주력으로 키웠고 동생인 정유경 회장은 백화점, 아웃렛, 면세점, 패션·뷰티 등을 안착시켰다.

정용진·정유경 회장은 2016년 각각 보유하고 있던 신세계와 이마트 주식을 맞교환하며 얽혀 있던 지분구조를 정리해 '분리경영 체제'의 완성도를 높였다. 뒤이어 2019년 이마트와 신세계가 실질적인 지주사 역할을 할 수 있도록 이마트 부문과 백화점 부문을 신설하는 등 계열분리를 위한 밑작업이 시작됐다. 실제 이마트와 신세계 간에는 이후 영업, 재무, 인사 등에서 서로 관여하지 않는다는 게 불문율처럼 인식돼온 것으로 알려졌다. 2020년에는 이명희 총괄회장이 이마트·신세계 지분을 두 사람에게 각각 증여하면서 최대주주가 됐다. 2021년에는 정용진 회장이 보유하던 광주신세계 지분을 신세계에 양도하며 지분정리를 사실상 마쳤다.

현재 이마트와 신세계가 공동으로 지분을 보유한 업체는 SSG닷컴(쓱닷컴)이 유일하다. SSG닷컴 지분은 계열분리 작업이 진행되는 과정에서 신세계가 보유지분을 이마트에 양도하는 등의 방식으로 정리되지 않겠느냐는 관측이 나온다. 마찬가지로 승계와 계열분리, 지배구조 개편의 마무리 작업에서 이명희 총괄회장이 보유한 이마트·신세계 나머지 지분도 정용진·정유경 회장에게 각각 상속하는 수순으로 갈 것이라는 전망이 많다.

"더는 미룰 수 없다" … 본업 경쟁력 강화 승부수

신세계그룹이 현시점에서 계열분리를 선언한 배경도 주목받는다. 그간 그룹 내부에서는 상당히 오래전부터 계열분리를 준비해온 것으로 알려졌다. 하지만 지난 2020년부터 2년여간 이어진 코로나19와 이커머스(전자상거래) 업체의 급성장으로 본업인 오프라인 유통업의 실적 악화가 이어지며 적절한 시점을 찾지 못한 것으로 알려졌다.

그룹 안팎에서는 이마트의 올해 상반기 영업이익이 흑자로 전환하는 데 성공했고, 백화점도 상반기까지 사상 최대매출을 기록하는 등 실적에서 선방함에 따라 어느 정도 계열분리의 명분을 확보한 것이 아니겠냐는 의견이 나왔다. 이명희 총괄회장과 정용진·정유경 회장 사이에 '더 이상 늦출 수 없다'는 공감대 속에 실적 반등의 청신호가 커진 지금이 적기라는 판단이 있었을 것이라는 분석이다. ==이마트와 신세계가 각각 본업에 더 집중해 탄탄한 경영기반을 구축하겠다는 전략적 의미==도 명확해 보인다.

업계에서는 경영 리스크(위험)를 분산하고 남매가 선의의 경쟁을 통해 동반성장의 시너지효과를 누릴 수 있다는 점에서도 이번 계열분리 선언을 긍정적으로 보는 위기다. 다만 신세계그룹이 법규상 모든 요건을 해소하고 친족독립경영*을 신청하기까지의 시간과 공정위 심사기간 등을 고려하면 실제 계열분리가 완성되기까지 수년은 걸릴 것이라고 재계는 전망한다. 법적으로 계열분리를 하려면 우선 해당 기업이 친족독립경영 신청을 한 뒤 공정거래위원회(공정위)의 심사를 받아야 한다. 공정위는 심사과정에서 상호 보유지분이 있는지, 임원 겸임이나 상호 채무보증 또는 자금대차가 있는지, 과거 내부거래로 제재를 받은 사실이 있는지 등을 따지게 된다.

독립경영인정제도

기업 집단의 동일인(총수)의 친족 또는 임원이 회사를 독립적으로 경영하는 것이 인정될 경우 그 회사를 기업 집단에서 제외하고 친족을 동일인과 관련된 자에서 제외하는 제도다. 이때 친족의 범위는 배우자와 4촌 이내 혈족, 3촌 이내 인척으로 분류되며, 동일인 혼외자의 생부·생모는 '기타친족'으로 분류된다. 친족독립경영을 신청하는 경우 양자 간 상호 보유지분이 상장사는 3% 미만, 비상장사는 10% 미만이어야 한다는 공정거래법상 요건을 만족해야 한다.

년 사이 가상화폐에 친화적인 행보를 보여왔다. 그는 대선 유세과정에서 재선에 성공하면 바이든행정부의 가상화폐 규제를 완화하겠다고 약속했다. 또 "미국을 가상자산의 수도로 만들겠다", "비트코인을 전략자산으로 비축하겠다" 등의 발언을 내놨고, 가상화폐산업을 적극적으로 육성하는 '친(親)비트코인 대통령', '가상화폐 대통령'이 되겠다고 공약했다.

11월 12일 가상자산거래소 업비트 시세전광판 모습

특히 트럼프 당선인이 '취임 첫날 가상화폐 규제에 앞장섰던 게리 겐슬러 증권거래위원회(SEC) 위원장을 해임하겠다'고 공언한 것은 가상화폐 업계에 큰 호재로 받아들여졌다. 가상화폐 관할 당국이 SEC에서 연방거래위원회(FTC)로 바뀔 가능성도 거론된다. 트럼프캠프 내에도 친가상화폐 인사들이 포진해 있다. J.D 밴스 부통령 당선인은 가상화폐를 보유하고 있으며, 트럼프정권 인수위원회 공동위원장 하워드 루트닉도 가상화폐기업 테더가 지분을 보유한 투자업체를 이끌고 있다.

HOT ISSUE 16위

가상화폐 르네상스 오나…
'트럼프 효과'에 날개 달았다

비트코인 가격이 파죽지세로 치솟으며 가상화폐 시가총액이 3년 만에 3조달러를 돌파했다. ==도널드 트럼프 전 미국 대통령의 재집권에 이어 미국 의회 지형도 가상화폐에 우호적으로 바뀐 데 대한 기대감== 때문이다. 업계에서는 '가상화폐 르네상스', '가상화폐 황금기'에 대한 기대가 커지고 있다.

규제완화 기대감에 비트코인 사상 첫 8만달러 돌파

11월 10일(현지시간) 파이낸셜타임스(FT)·월스트리트저널(WSJ) 등에 따르면 트럼프 당선인은 한때 암호화폐 산업을 '사기'라고 비난했지만, 최근 1~2

선거에 돈 쏟아부은 가상화폐 업계, '정치세력' 부상

바이든행정부하에서 규제받아온 가상화폐 업계는 약 1년 전부터 이번 대선과 연방 상·하원의원 선거를 통해 가상화폐에 대한 워싱턴 정가의 분위기를 바꾸기 위해 노력해왔다. 특히 미국 의회 지형을 바꾸기 위해 천문학적 자금을 쏟아부었다.

코인베이스를 비롯한 가상화폐 업체들은 1년 전 가상화폐에 비판적인 정치인을 겨냥한 슈퍼팩*(Super PAC, 정치자금 모금단체)인 페어셰이크에 1억 7,000만달러(약 2,369억원) 규모 자금을 지원했다. 이 단체는 이번 선거에 1억 3,500만달러(약 1,880억원)를 지출했으며, 암호화폐에 비판적인 상원 은행위원회 위원장 셰러드 브라운 의원(민주) 등의 낙선을 이끌어냈다. AP통신 집계에 따르면 가상화폐에 친화적인 슈퍼팩이 지지한 후보 58명 가운데 최소 54명이 당선됐으며, 로비단체 '스탠드위드크립토'는 이제 미국 의회에서 가상화폐에 우호적인 정치인이 284명, 비판적인 정치인이 132명 수준인 것으로 보고 있다.

> **슈퍼팩**
> 미국의 억만장자들이 모여 만들어진 민간 정치자금단체를 말한다. 대선캠프에 소속되지 않고 외부에서 선거 지지활동을 벌이며, 합법적으로 무제한 모금이 가능하다는 특징이 있다. 다만 독자적으로 돈을 모금해 특정 후보나 정당을 위해 쓸 수 있게 하자는 취지에 따라 지지 후보·정당과의 직접 접촉 및 협의는 금지하고 있다.

세계 최대 가상화폐 거래소 바이낸스의 리처드 텅 최고경영자(CEO)는 FT와의 인터뷰에서 트럼프의 당선이 미국 내 가상화폐 수용의 전환점이 될 것이라는 기대가 커지고 있다면서 황금기의 시작이라고 했다. 또 이번 선거를 "가상화폐 업계의 대승"으로 평가하면서 향후 규제당국의 태도 변화가 있을 것으로 예상했다.

이처럼 ==가상화폐 업계에 대한 장밋빛 전망 속에 대표적인 '트럼프 수혜자산'인 비트코인 가격은 사상 최고가 행진==이 이어졌다. 트럼프의 대선 승리에 이어 공화당이 연방 상·하원까지 모두 장악하는 '레드 스위프(Red Sweep, 공화당 싹쓸이)'가 현실화한 가운데 비트코인 가격은 미국 동부시간 11월 10일 사상 처음으로 8만달러선을 넘어선 데 이어 13일에는 사상 최고가인 9만 3,000달러선을 찍었다. 솔라나와 이더리움 가격은 일주일 전 대비 30%가량 올랐다. '대선 일등공신' 일론 머스크 테슬라 최고경영자(CEO)와 관련 있는 도지코인도 일주일 사이 92.81% 급등했다.

자료 / 코인베이스, 연합인포맥스

가상화폐 전문매체 더블록에 따르면 스탠다드차타드은행 애널리스트 제프 켄드릭은 연말까지 비트코인이 손쉽게 10만달러에 도달할 수 있을 것으로 예상하면서 연말이나 내년 1월 트럼프 당선인 취임 전 12만 5,000달러 가능성도 있다고 봤다.

HOT ISSUE 17위

스타십 추진체 귀환 성공 … 한 걸음 가까워진 우주여행

일론 머스크가 이끄는 미국의 우주기업 스페이스엑스(SpaceX)가 우주선 **스타십***(Starship)의 1단계 추진체(부스터)를 발사한 자리로 되돌아오게 하는 데 성공한 데 이어 다섯 번째 지구궤도 시험비행마저 성공적으로 마무리하며 주요 목표를 달성했다. 특히 부스터가 발사대로 귀환하면서 재사용이 가능해져 발사체 발사비용도 대폭 줄일 것으로 전망돼 화성 개척 및 이주에 대한 기대도 커지고 있다.

스타십

미국의 우주탐사기업 스페이스X가 화성을 개척해 인류가 이주할 수 있게 한다는 목표 아래 80~120명의 사람이 한 번에 탈 수 있도록 개발하고 있는 우주선이다. 스페이스X의 CEO 일론 머스크는 스타십으로 2년 후 화성 무인착륙, 4년 후 화성 유인착륙을 시도할 수 있을 것이라고 호언하고 있다. 스타십은 미국 항공우주국(NASA)의 달 착륙 프로젝트인 '아르테미스' 계획 중 여성과 유색인종 우주비행사를 달에 착륙시키겠다는 3단계 임무에도 사용될 예정이다.

상상이 현실이 되다

스타십은 스페이스X가 개발 중인 차세대 우주발사체다. 스타십을 지구 저궤도로 쏘아 보내기 위한 높이 71m의 1단 로켓 '슈퍼헤비(Super Heavy)'와 2단 로켓이자 우주선인 높이 50m의 '스타십'으로 구성돼 있다. 이중 슈퍼헤비의 높이는 아파트 23층 높이와 맞먹는다. 1단과 2단을 합친 총 길이는 120m로 1960년대에 아폴로 우주선을 달에 보냈던 새턴5 로켓보다 10m가 더 높다.

스페이스X는 10월 13일 오전 7시 25분(현지시간) 텍사스주 남부 보카치카 해변의 우주발사시설 '스타베이스'에서 스타십을 발사했다. 스타십의 5차 시험비행이었다. 스타십은 발사 약 3분 만에 전체 2단 발사체의 아랫부분인 슈퍼헤비 로켓이 상단 우주선 스타십에서 순조롭게 분리됐고, 발사 약 7분 후에는 슈퍼헤비가 우주에서 지구로 돌아와 수직착륙하는 데 처음으로 성공했다. 2단 우주선인 스타십도 예정대로 비행을 마치고 별 파손 없이 인도양 해역의 목표지점에 성공적으로 입수했다.

▲ 스타십의 1단 로켓인 '슈퍼헤비'의 귀환

특히 슈퍼헤비로 불리는 1단 로켓의 수직착륙을 두고 우주 역사상 큰 기술적 진전이라는 평가가 나온다. 슈퍼헤비는 스타십과 분리된 뒤 지상에 가까워지면서 엔진을 재점화해 역추진하는 방식으로 속도를 급격히 줄인 뒤 서서히 수직으로 하강, 젓가락 모양의 로봇팔을 장착한 모습이 영화 속 괴수 고질라와 비슷하다고 해서 '메카질라(Mechazilla)'로 불리는 발사대로 돌아왔다. 이때 슈퍼헤비는 메카질라에 설치된 로봇팔 사이에 정확하게 들어갔으며, 메카질라는 젓가락으로 집듯 슈퍼헤비의 상단부를 안정적으로 잡아 고정시켰다.

시간·비용 절약 … 달 유인착륙에 대한 기대도

이날 시험비행에서 추진체인 슈퍼헤비는 발사대로, 우주선인 스타십은 인도양의 예정된 위치로 회수됐다. 스페이스X는 2015년부터 지난 9년 동안 소형

팰컨9 로켓의 1단계 추진체를 지구로 회수해 재활용해왔다. 그러나 이들 추진체들은 발사대에서 몇 마일 떨어진 바다에서 회수해 바지선 등으로 발사대까지 가져와야 했고, 그나마도 부분 파괴되기도 해 일부만 재사용하기도 했다. 그럼에도 스페이스X는 일부나마 재사용으로 인해 수백만달러에 달하는 발사비용을 아낄 수 있었고, 재발사까지의 시간도 크게 절약할 수 있었다.

바다에서 바라본 스타십 발사

이번 성공으로 스타십의 두 가지 주요 부분, ==위성이나 승객을 실어 나를 스타십 우주선과 이를 밀어 올려주는 추진체 모두를 온전히 회수하겠다는 스페이스X의 목표에 한 걸음 다가갔다는 평가==가 나온다. 추진체가 발사했던 자리로 되돌아오면 신속한 재사용이 가능해지기 때문이다. AP통신이 "30분 만에 재발사가 가능할 수도 있다"고 내다본 것처럼 향후 스타십이 하루에 여러 차례 비행하는 것도 가능해진다는 의미다.

스페이스X의 엔지니어링 매니저인 케이트 타이스도 생방송 해설에서 "첫 시도에서 슈퍼헤비 부스터를 발사대에 붙잡는 데 성공했다"며 "오늘은 공학 역사에 기록될 날"이라고 말했다. 머스크 또한 비행이 끝난 직후 X(옛 트위터)에 "스타십의 두 가지 목표가 모두 달성됐다"며 "오늘 다행성족을 향한 큰 발걸음을 내디뎠다"고 평가했다. 한편 국내기업인 LG에너지솔루션이 스타십에 배터리를 공급할 예정이라는 소식이 전해지면서 관심이 커지고 있다.

HOT ISSUE 18위

스페인, 대홍수 피해 막심 … '정부 늑장대응' 논란도

폭우로 인한 홍수에 210명 이상이 숨진 스페인에서 정부가 1만여 명의 군경인력을 투입해 생존자 구조 및 복구 작업에 나서고 있다. 스페인정부는 평시 최대규모 군 동원으로 사태수습에 나섰지만, 막대한 피해에 국민들의 분노는 커지고 있다.

스페인 발렌시아 중심가의 수해현장

전례 없는 기습적·폭력적 폭우

스페인 남동부 지역에 10월 29일(현지시간) 내린 기습 폭우로 200명이 넘게 사망했다. 특히 폭우와 함께 토네이도가 발생하고 우박도 떨어진 탓에 피해가 더욱 늘어난 것으로 알려졌다. 가장 큰 피해를 입은 지역은 인구 500만 이상이 거주하는 발렌시아다. 폭발적인 홍수로 마을들은 물에 잠기고 파괴됐으며, 주요 고속도로 사용이 어려워지면서 지역 간 이동도 불가능했다. 남부 말라가 인근에서는 300명이 탑승한 고속열차가 탈선했고 항공편 운항도 한때 중단됐다. 속출한 사망자에 법원 건물이 임시 영안실로 사용됐다고 CNN은 전했다.

스페인 기상청 발표에 따르면 피해가 집중된 발렌시아의 경우 8시간 동안 내린 비가 지난 20개월 치 강수량보다 많다. 발렌시아 서쪽 치바에는 밤새 4시간여 만에 318mm 이상의 비가 내렸다. 통상적인 10월 강수량(72mm)의 4배가 넘는 수치다.

기상학자들은 이번 폭우가 이 시기에 주로 나타나는 기후현상인 **고타프리아***(Gotafria, 차가운 물방울)와 연관됐을 가능성이 있다고 BBC에 설명했다. 이베리아반도에서 발생한 차가운 공기가 지중해의 따뜻하고 습한 공기와 만나 강력한 비구름을 형성하면서 폭우가 발생했다는 것이다. 또한 지구온난화에 따른 기후변화도 이번 홍수에 영향을 줬다고 분석했다. 기후변화의 영향으로 강우, 가뭄, 폭풍, 더위, 추위 등 기상현상이 극단화하고 그 빈도도 높아졌다는 것이다.

고타프리아

콜드드랍(Cold Drop)의 스페인어다. 고타프리아 현상은 지중해성 기후의 특징 중 하나로 가을에 스페인의 지중해 연안이나 프랑스 일대에 발생하는 영향이 큰 폭우를 가리킨다. 지중해의 따뜻한 바다로 육지의 찬 공기가 내려와 만나면서 불안정한 대기를 형성함에 따라 강한 폭풍을 동반한 폭우가 발생한다. 독일의 기상학자가 처음 창안한 이래 1980년대부터 영향이 큰 폭우를 지칭하는 말로 사용돼왔다.

정부 '늑장대응'이 참사 키워 … 시민들 '분노'

이번 폭우는 1973년 10월 홍수로 300명이 사망한 이후 최악의 인명피해를 낳았다. 사태 발생 5일이 지나면서 급류에 휩쓸려간 자동차 내부와 물에 잠긴 건물 등에서 이뤄지는 수색작업 중에 사망자가 계속 발견됨에 따라 사망자는 217명을 넘어섰다. 극한 상황이 이어지며 일부 구조활동이 정상적으로 전개되지 못하는 가운데 페드로 산체스 스페인 총리는 3일간의 국가애도기간을 선포했다.

하지만 스페인 재난관리 당국의 늑장대응으로 재난을 피할 수 있는 시간을 놓쳤다는 사실이 알려지면서 시민들의 분노가 커졌다. 스페인 기상청이 '적색경보'를 발령했는데도 지역주민에게 ==긴급 재난 안전 문자가 발송된 건 12시간이 지나서였던 까닭이다. 또한 사태 발생 직후 당국은 피해규모를 정확히 파악하지 못한 채== 구조와 지원에 우왕좌왕하는 모습을 보였다.

발렌시아 주지사 퇴진을 요구하는 시위대

시민들의 분노는 11월 4일 큰 피해를 입은 발렌시아 지역을 방문한 펠리페 6세 스페인 국왕 부부를 비롯해 산체스 총리 및 정부 지도자들에게 쏟아졌다. 위로를 전하려던 국왕 부부 주위로 욕설과 비명을 지르는 시위대가 몰려들었고, "살인자", "부끄러운 줄 알라" 등의 비난이 쏟아졌다. 일부 시위대는 진흙과 돌을 투척하기도 했다.

분노는 결국 대규모 시위로 이어졌다. 11월 9일 수만명에서 10만명 이상으로 추산되는 주민이 카를로스 마손 발렌시아 주지사의 퇴진을 요구하며 발렌시아 거리를 행진했다. 현지언론은 오후 6시부터 시작된 시위에 약 13만명이 참가한 것으로 집계했다. 아울러 AFP 통신은 발렌시아 외에도 마드리드와 알리칸테 등 여타 도시에서도 유사한 시위가 진행됐다고 전했다.

HOT ISSUE 19위

맞벌이 부부 육아휴직 2년 → 3년 … 배우자 출산휴가도 20일로 확대

이르면 2025년 2월부터 맞벌이 부부는 부부 합산 최대 3년의 육아휴직을 사용할 수 있다. 배우자의 출산휴가도 10일에서 20일로 확대된다. 국회는 9월 26일 본회의를 열어 이 같은 내용의 남녀고용평등과 일·가정 양립지원법 개정안 등을 처리했다. 고용노동부는 연내 하위법령 정비 등을 신속히 추진해 공포일로부터 4개월 후인 내년 2월 중순부터 개정안이 시행되도록 할 방침이다.

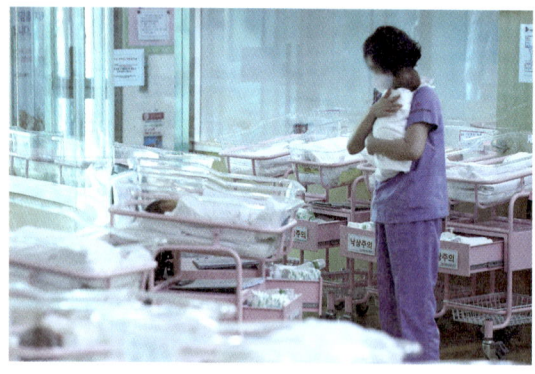

육아휴직 3년으로 확대 … 최대 4번 분할사용 가능

개정안에 따르면 육아휴직 기간은 현행 총 2년에서 부모별 1년 6개월씩 총 3년으로 확대됐고 사용기간 분할도 2회에서 3회로 늘어났다. 현재는 8세 이하 또는 초등학교 2학년 이하 자녀를 둔 남녀 근로자는 자녀 1명당 최대 1년씩, 부부 합산 2년의 육아휴직을 쓸 수 있다. 그런데 개정안이 시행되면 부모가 각각 육아휴직을 3개월 이상 사용하는 경우 부모 한 사람당 1년 6개월씩 육아휴직을 쓸 수 있게 된다. 부부가 모두 육아휴직을 쓰는 경우가 아니더라도 한부모가정이나 중증 장애아동의 부모는 육아휴직을 1년 6개월까지 사용할 수 있다.

분할이 3회로 늘어나면서 육아휴직을 필요에 따라 총 4번에 나눠 쓰는 것도 가능하다. 총 20일로 늘어나는 배우자 출산휴가 역시 출산일로부터 120일 이내에 3회 분할사용이 가능하도록 규정을 완화했다. 현재는 출산 후 90일 이내에 10일을 쓸 수 있다. 우선지원 대상기업(중소기업) 근로자에 대해서는 정부의 출산휴가 급여지원 기간을 4일에서 20일로 확대한다. 난임치료 휴가는 현행 3일(유급 1일)에서 6일(유급 2일)로 늘어난다. 또 육아기 근로시간 단축대상 자녀의 연령을 현행 8세에서 12세로 확대하는 내용도 포함됐다.

육아휴직 미사용기간은 2배 가산해 육아기 근로시간 단축에 쓸 수 있다. 가령 1년의 육아휴직을 사용하지 않은 경우 육아기 근로시간 단축을 최대 3년까지 쓸 수 있는 셈이다. 현행 3개월인 최소 사용단위는 1개월로 단축한다. 아울러 임신기 근로시간 단축 기간은 현행 '12주 이내 36주 이후'에서 '12주 이내 32주 이후'로 확대하고 조기진통, 다태아 임신 등 고위험 임신부는 의사의 진단에 따라 임신 전체기간에 근로시간 단축을 사용할 수 있게 된다. 이전에 육아휴직을 모두 사용한 근로자도 아직 육아휴직대상 연령의 자녀가 있을 경우에는 늘어난 기간을 적용받을 수 있다.

양육비 선지급제도 도입 … 급여 상향 내년부터

국가가 한부모가정에 양육비를 먼저 지급한 뒤 비양육자로부터 나중에 받아내는 '양육비 선지급제*' 도입근거를 담은 양육비이행법 개정안도 이날 함께 처리됐다. 양육비 선지급제의 대상은 중위소득 150% 이하 한부모가정으로 자녀 1인당 월 20만원을 18세까지 지원한다. 양육비 선지급 이후 비양육자의 동의 없이도 금융정보를 포함한 소득·재산 조사를 가능하게 하는 등 선지급금 회수 관리체계를 강화하는 내용도 개정안에 포함됐다. 해당 개정안은 준비과정을 거쳐 내년 7월 1일부터 시행된다.

양육비 선지급제

비양육자가 양육자에게 양육비를 주지 않을 경우 국가가 나서서 양육자에게 양육비를 선지급하고 이를 비양육자로부터 환수하는 제도다. 한부모가정 등에서 발생하는 양육비 미지급 문제를 해결하기 위해 도입된 것으로 일부 선진국에서는 일찌감치 시행되고 있다. 이들 국가의 사례를 보면 선지급금의 회수율은 높지 않은 편이나, 사회경제적 사각지대에 놓여 있는 아이들을 사회안전망 안에 포함시켜 보호하는 데 의의를 두기 때문에 사실상 회수율에 크게 의미를 두지 않는다.

한편 고용노동부는 10월 8일 남녀고용평등법·고용보험법·고용산재보험료징수법 하위법령 일부개정령안을 10일부터 입법예고한다고 밝혔다. 이에 따르면 육아휴직 근로자에 대한 급여 상한액이 현재 월 150만원에서 내년부터는 1~3개월차 월 250만원, 4~6개월차 200만원, 7개월차 이후부터 160만원으로 오른다. 육아휴직을 1년 사용한다고 했을 때 현재 급여는 최대 1,800만원이지만, 내년부터 2,310만원으로 510만원 늘어나는 것이다.

아울러 육아휴직 급여의 25%를 떼서 복귀 6개월 후에 주던 사후지급금도 폐지돼 휴직기간 중에 전액 지급받을 수 있게 된다. 이 같은 급여 상향은 2025년 1월부터 적용되지만, 그 전에 휴직을 시작하더라도 내년에 쓴 육아휴직 기간에 대해서는 인상된 급여를 적용받을 수 있다. 또 중소기업 근로자가 육아기 근로시간 단축 등을 쓸 때 정부가 기업에 주던 대체인력 지원금과 업무분담 지원금(월 최대 20만원)이 내년부턴 육아휴직에도 적용된다. 대체인력 지원금 수준은 월 80만원에서 120만원으로 인상된다.

HOT ISSUE **20위**

'대왕고래' 시추 초읽기, 첫 시추위치 확정

'대왕고래'로 알려진 동해 심해가스전 개발을 위한 첫 탐사시추 프로젝트의 작업 시작이 초읽기 단계에 들어갔다. 개발주체인 한국석유공사(석유공사)가 정부당국과 조율을 거쳐 첫 시추해역 선정을 사실상 확정했고, 시추선 웨스트카펠라호도 11월 중 우리나라로 출발할 것으로 관측됐다. 시추선은 12월 중순부터 대왕고래 유망구조 해역에서 작업을 시작할 예정이다. 내년 상반기까지 나올 첫 탐사시추 결과는 대왕고래 프로젝트의 사업성을 우선 가늠할 첫 분수령이 될 전망이다.

석유공사, 산업부에 시추계획 승인신청

11월 6일 자원개발 업계에 따르면 산업통상자원부(산업부)는 최근 석유공사로부터 대왕고래 가스전 첫 탐사시추 계획 승인신청 관련서류를 받았다. 석유공사는 그간 산업부와 긴밀한 협의를 거쳐 첫 탐사시추 해역의 세부좌표를 포함한 종합 시추계획안을 마련해왔기 때문에 업계에서는 이번에 제출된 계획이 원안에 가깝게 승인될 가능성이 높은 것으로 보고 있다.

관련법령상 석유공사는 시추 1개월 전까지 구체적인 개발계획을 수립해 산업부 장관에게 신청해야 한다. 업계 관계자는 "석유공사는 시추 1개월 전까지 산업부에 신청서를 접수하면 되고, 이후 산업부 장관의 승인이 언제인지는 시추일정에 영향을 주지 않는다"며 "알려진 대로 12월 중순께 시추 시작이 가능할 것"이라고 전했다. 산업부는 11월 중으로 안덕근 산업부 장관 주재로 민간전문가들이 함께 참여한 가운데 '동해 심해가스전 개발 전략회의'를 열고 시추계획을 심의해 최종 허가할 계획을 밝혔다.

안덕근 산업통상자원부 장관

시추위치 확정, 석유·가스 부존 여부 확인

석유공사가 산업부에 제출한 계획상으로 첫 탐사시추 해역 위치는 앞선 전망대로 가스·석유가 매장된 곳으로 기대되는 7곳의 유망구조 중 대왕고래 유망구조 안에 있는 특정해역으로 정해졌다. 동해 심해가스전 개발사업과 관련해 석유공사는 자문사인 **액트지오***사의 도움을 받아 기존에 확보한 물리탐사 결과를 분석해 대왕고래, 오징어, 명태 등 해양생물의 이름이 붙은 7개의 유망구조를 발견한 상태다. 첫 탐사시추 대상으로 낙점된 ==대왕고래는 이 중에서도 석유·가스 매장량이 가장 많을 것으로 추정돼 지구상 가장 큰 생물의 이름이 붙었다.==

액트지오

미국의 심해탐사 전문업체로 동해 심해가스전의 물리탐사 심층분석을 맡았다. 그러나 이 업체가 사실상 비토르 아브레우 고문의 '1인 기업'이라고 할 만큼 영세한 규모인 데다 법인 영업세 체납까지 밝혀지면서 신뢰성에 의구심을 낳았다. 또한 세금체납으로 법인자격이 4년간 정지된 상태였음에도 한국석유공사가 계약을 체결해 논란이 됐고, 나아가 개인절세를 위해 만든 '페이퍼컴퍼니'가 아니냐는 의혹까지 불거졌다. 아브레우 고문은 대왕고래 프로젝트 발표 이후 종적을 감춘 것으로 알려졌다.

석유공사는 첫 탐사시추 위치로 선정된 곳에서 해수면 아래 1km 이상 깊이 대륙붕 해저까지 파 내려가 암석시료를 확보한 뒤 이를 분석해 석유·가스 부존 여부를 판단할 계획이다. 탐사시추 작업 수행의 핵심장비인 시추선 웨스트카펠라호는 12월 10일께 부산항에 도착해 보급 후 대왕고래로 이동한 뒤 12월 중순께 본격적인 작업에 나설 계획인 것으로 전해졌다. 해양시추업체인 시드릴사 소속 드릴십인 웨스트카펠라호는 길이 748.07ft(228m), 너비 137.8ft(42m), 높이 62.34ft(19m) 규모로 최대 시추깊이는 3만 7,500ft(1만 1,430m)에 달한다. 석유공사와 정부는 대왕고래 프로젝트 사업성을 가늠할 첫 분수령인 탐사시추 결과가 이르면 내년 상반기까지 나올 수 있을 것으로 기대한다.

HOT ISSUE **21위**

'최강 KIA' 짜릿한 뒤집기로 7년 만에 한국시리즈 우승

'호랑이 군단' KIA 타이거즈가 7년 만에 다시 한국시리즈 정상에 올랐다. 정규리그 1위 팀인 KIA는 10월 28일 광주 기아챔피언스필드에서 열린 2024 신한 SOL 뱅크 KBO 한국시리즈(KS, 7전 4승제) 5차전에서 1-5로 뒤지다 중반 이후 맹렬한 추격전을 펼쳐 7-5로 삼성 라이온즈에 역전승했다. 이로써 종합전적 4승 1패를 기록한 KIA는 2017년 이후 7년 만에 <mark>정규리그와 한국시리즈 통합우승을 차지했다. 또한 KBO리그 최다 우승팀인 KIA는 팀 통산 12번째 우승컵을 품에 안았다.</mark>

한국시리즈 5차전에서 승리한 뒤 기뻐하는 KIA 선수들

KIA, 1-5로 끌려가다 7-5로 대역전승

호남을 연고로 하는 구단인 타이거즈는 해태(KIA의 전신) 시절이던 1983년과 1986~1989년(4회), 1991년, 1993년, 1996~1997년(2회) 등 9차례 우승했고, KIA로 바뀐 이후에도 2009년과 2017년 한국시리즈 정상에 올랐다. 반면 KIA에 이어 최다 우승 2위 팀인 삼성은 그동안 8차례(1985년 전후기 통합우승 포함) 우승했지만, 10개 구단 최다인 11번째 한국시리즈 준우승에 그치며 아쉬움을 삼켰다.

경기 초반을 주도한 건 1회초 '**백투백***(Back-to-Back) 홈런'을 터뜨리며 3-0으로 앞선 삼성이었다. 연속타자 홈런은 앞선 3차전에 이어 두 번째이며 역대 한국시리즈 통산 10번째다. KIA가 공수 교대 뒤 반격에 나서며 1점을 만회했으나 삼성은 3회초 또다시 투런홈런(2점)을 날려 5-1로 달아나면서 KIA의 선발투수로 나선 양현종을 조기강판시켰다. 그러나 정규리그 1위 팀 KIA의 뒷심이 매서웠다. 3회말 연속 안타로 2-5로 따라붙은 데 이어 KIA의 두 번째 투수로 나선 김도현이 효과적인 투구로 삼성 타선을 봉쇄한 가운데 5회말 터진 홈런으로 3-5로 맹추격했다. 여기에 삼성 투수 김윤수가 밀어내기 볼넷과 폭투로 실책을 저지르자 2루 주자였던 박찬호가 재빨리 홈을 파고들어 5-5 동점을 만들었다.

백투백 홈런

선행 타자가 홈런을 기록한 뒤 바로 다음 타순의 타자가 연속으로 홈런을 치는 것을 일컫는다. 3타자 연속홈런은 '백투백투백', 4타자 연속은 '백투백투백투백' 홈런이라고 한다. 그러나 4타자 이상 연속홈런이 흔한 경우는 아니다. 실제로 4타자 연속홈런은 100년이 넘는 역사를 가진 MLB조차 그 기록이 많지 않으며, 1971년 일본프로야구에서 나온 5타자 연속홈런은 세계기록으로 오른 후 아직 깨지지 않았다.

기세가 오른 KIA는 6회말 공격에서 기어코 전세를 뒤집었다. 상대팀 투수의 실책에 더해 타자들이 안타를 쳐내며 마침내 6-5로 역전에 성공했다. 승기를 잡은 KIA는 '필승조'로 불리는 투수진을 총동원해 팀 승리를 지켰다. 8회초 2사(2아웃) 만루 위기에서는 마무리 투수 정해영이 등판해 삼성 이재현을 뜬공(플라이 아웃)으로 처리하고 급한 불을 껐다. 위기에서 벗어난 KIA는 8회말 연이은 안타로 7-5로 달아나면서 승기를 잡은 뒤 9회초 삼성의 마지막 타자 김성윤을 헛스윙 삼진으로 돌려세우며 마침내 우승을 확정했다.

한국시리즈 불패신화로 KBO 최다 12회 축배

이번 한국시리즈에서 17타수 10안타, 타율 0.588의 맹타를 휘두른 KIA 김선빈은 4차전에서 만루홈런을 날린 팀 동료 김태군을 제치고 한국시리즈 최우수선수(MVP)로 선정됐다. 올 시즌 개막 직전 갑자기 KIA 사령탑에 오른 이범호 감독은 2005년 삼성의 선동열 감독과 2011년 역시 삼성 류중일 감독에 이어 역대 세 번째로 취임 첫해 통합우승을 차지한 감독이 됐다. 또 이날 42세 11개월 3일인 이범호 감독은 선동열(42세 9개월 9일) 감독에 이어 역대 두 번째 최연소 우승감독이 됐다.

MVP를 수상한 김선빈(왼쪽)과 사령탑 이범호 감독

안방인 광주에서 벌인 5차전에서 승리하면서 KIA는 1987년 이후 37년 만에 홈팬들 앞에서 한국시리즈 우승 세리머니를 펼치는 기쁨도 만끽했다. KIA는 전신 해태 시절을 포함해 한국시리즈에 12번 올라 단 한 번의 실패 없이 모두 우승 샴페인을 터뜨려 불패신화를 이어갔다.

HOT ISSUE 22위

국민연금 가입자 감소세 … 올해 들어 40만명 가까이 줄어

국민연금 가입자가 지난해 말보다 40만명가량 감소한 것으로 나타났다. 저출생·고령화로 인한 인구구조 변화로 의무가입의 대상이 줄어든 탓이다.

가입 시작연령 44만명·상한연령 82만명

11월 1일 국민연금공단의 '국민연금 공표통계'에 따르면 2024년 7월 기준 국민연금 가입자 수는 2,199만 762명으로 작년 12월 말(2,238만 4,787명) 대비 39만 4,025명 감소한 것으로 나타났다. 가입유형별로 보면 직장인인 사업장가입자는 올해 7월 기준 1,478만 5,403명으로 작년 12월(1,481만 2,062명)보다 2만 6,659명 감소했고, 개인가입자인 지역가입자는 638만 8,100명으로 작년 12월(671만 4,114명)보다 32만 6,014명 줄었다.

국민연금 가입 상한연령인 59세가 지난 후에도 가입기간을 연장해 보험료를 납부하는 '임의계속가입자'는 같은 기간 53만 4,010명에서 49만 3,518명으로 4만 492명 감소했다. 27세 미만 무소득자나 전업주부 등으로 가입의무가 없지만 국민연금에 가입한 '임의가입자'는 7월 말 기준 32만 3,741명으로 작년 12월(32만 4,601명)보다 860명 줄었다.

이처럼 <mark>가입자가 줄어든 것은 저출생·고령화로 인한 인구구조 변화가 가장 큰 원인</mark>으로 꼽힌다. 현재 국민연금 의무가입대상은 18~59세이며 가입자는 60세가 되기 전까지 보험료를 납부해야 한다. 즉, 상대적으로 인구가 많은 59세의 가입기간이 종료되고 숫자가 적은 18세가 새로운 국민연금 가입자로 들어오면서 가입자 총수가 감소한 것이다. 올해 7월 기준 국민연금에 가입할 수 있는 18세(2006년생)는 44만 1,564명인 반면, 국민연금 가입 상한연령인 59세(1965년생)는 82만 3,116명이다.

기초연금 40만원, "국민연금 가입의욕 약화 우려"

가입자 감소와 고령인구 증가로 국민연금 기금고갈이 현실화하는 가운데 국민연금 폐지를 원하는 청년층의 비율이 30%에 달한다는 조사결과도 나왔다. 연금개혁청년행동이 10월 13일 '여론조사공정'에 의뢰해 만 18세 이상 남녀 1,001명을 대상으로 설문조사를 진행한 결과 2040세대의 약 30%가 국민연금 폐지를 원한다고 답변했다. 또 절반 이상은 정부가 추진 중인 보험료율 인상에 반대하는 것으로 조사됐다. 높은 보험료를 부담하면서도 노후에 충분한 연금혜택을 받지 못할 가능성이 커지면서 국민연금에 대한 부정적인 인식이 확산한 탓이다.

보건복지부가 지난 9월 4일 국민연금심의위원회를 열어 심의·확정한 '연금개혁 추진계획'에서 현재 월 최대 30만원인 기초연금*을 월 40만원으로 단계적으로 인상하겠다고 밝히자 청년층의 반발이 거셌던 것 역시 같은 맥락에서 이해할 수 있다. 정부는 2026년 기준 중위소득 50% 이하 등 저소득 노인부터 기초연금을 40만원으로 인상한 후 2027년에는 지원대상을 전체로 확대하기로 했다. '기초연금 40만원 인상'은 윤석열 대통령의 대선 공약사항이지만, 전문가들 사이에서는 이에 대한 부정적 의견이 꾸준히 제기돼왔다. 막대한 재정을 투입하는 데 비해 노인빈곤 완화 효과가 의심스럽고, 재정적으로 지속이 가능하지 않을뿐더러 중하위 소득계층의 국민연금 가입동기를 떨어뜨릴 수 있으며, 젊은 층의 근로의욕을 낮출 수 있는 등 갖가지 부작용을 낳을 수 있다는 것이다.

기초연금

65세 이상의 소득 하위 70% 노인에게 세금으로 마련한 재원으로 매달 일정금액을 지급하는 노후소득 보장제도의 하나로 국민연금의 사각지대를 완화하려는 취지로 도입됐다. 보험료, 즉 기여금을 한 푼도 내지 않았어도 자격요건만 충족하면 받을 수 있어 소득이 적은 노인의 만족도가 높다.

자료 / 보건복지부

실제로 국민연금연구원의 '기초연금 수준과 국민연금 가입유인의 관계'란 연구보고서를 보면 2020년 4월 1~16일 국민연금 가입자 1,000명을 대상으로 기초연금 수준에 따른 국민연금 가입의향을 설문조사한 결과 기초연금액이 오를수록 국민연금 가입 거부의향도 더 강해졌다. 특히 기초연금이 40만원까지 인상될 경우 전체 응답자의 33.4%가 국민연금 가입을 중단할 의향이 있다고 답했다. 전문가들은 현행 기초연금제도가 급격한 저출산·고령화로 인해 재정적으로 계속 유지하기 어렵다고 진단하고 있으며, '노인빈곤 문제 해결'이라는 원래의 목적을 달성하기 위해서라도 수급대상과 수급액 조정 등 대책이 마련돼야 한다고 목소리를 높였다.

HOT ISSUE 23위

연세대 수시논술 문제 유출 논란 … 대학 측 "공정성 훼손 없어"

10월 13일 열린 연세대 2025학년도 수시모집 자연계열 논술시험에서 시험지 배부 실수로 문제가 사전에 유출됐다는 논란이 불거졌다. 대학 측은 시험의 공정성이 훼손될 만한 행위는 파악되지 않았다고 거듭 밝혔으나 논란이 확산하자 의혹을 해소하기 위해 경찰에 수사를 의뢰했다.

감독관 실수로 문제지 미리 배부했다가 회수

연세대 등에 따르면 전날 열린 수시모집 자연계열 논술시험에서 시험지가 시험 시작 1시간여 전에 교부되는 일이 발생했다. 시험은 오후 2시에 시작될 예정이었지만, 한 고사장에서는 그보다 앞선 낮 12시 55분께 수험생들에게 시험지를 나눠준 것으로 드러났다. 대학은 이날 감독위원 대면조사를 통해 당시 감독위원이 시험시간을 오후 1시로 착각해 문제지를 미리 나눠준 것으로 파악했다. 대학 측에 따르면 해당 감독위원은 수험생들의 휴대전화를 수거한 뒤 문제지와 답안지를 배부했고, 10~15분이 지나 실수를 인지한 뒤 회수했다고 진술했다.

연세대 수시모집 논술시험을 마친 수험생들

그런데 일부 온라인 커뮤니티에서는 학생들의 휴대전화를 수거하기 전에 시험지가 배부되면서 문제가 유출됐다는 논란이 일었다. 한 커뮤니티에는 단답형 1번에 나온 도형을 언급하는 글이 게시되기도 한 것으로 알려졌다. 이와 별개로 해당 논술시험 중 4-2번 문항에서는 기호 'b'가 'a'로 잘못 표기돼 학교 측이 시험종료 30분 전에 이를 공지하고 시험시간을 20분 연장하는 일도 있었다.

이러한 사실이 알려진 직후 입시 관련 커뮤니티 등에서는 시험이 공정하지 않았다는 학부모와 수험생들의 불만과 함께 재시험을 요구하는 목소리가 나왔다. 대학 입학처는 이날 홈페이지에 입장문을 내고 시험문제 유출 의혹을 부인했다. 입학처는 문제지가 실수로 배부된 뒤 회수될 때까지 연습지로 가려져 있었으며, 학생들이 문제를 직접 온라인으로 공유할 수 없는 상황이었다고 해명했다. 이어 시험 시작 전, 또는 시험 도중 촬영된 것처럼 인터넷에서 공유된 문제지는 시험종료 이후 수험생에 의해 불법적으로 촬영된 것이라고 부연했다.

또 시험 시작 전 감독관이 문제지의 매수, 파본 등을 확인하는 과정에서 일부 학생이 문제지 속 도형을 봤다는 주장에 대해서는 "시험 시작 전 문제지가 배부된 사안과 무관한 부분이며, 사실상 그 도형이 있다는 인상을 인지했다고 하더라도 문제를 파악할 수 없으므로 공정성을 해치는 정보가 아니다"라며 선을 그었다.

수험생 "재시험 필요" vs 대학 "개인 부정행위"

학교 측의 해명에도 해당 시험을 치른 수험생 중 18명은 10월 21일 연세대를 상대로 논술시험 무효확인 소송과 효력정지 **가처분*** 신청을 냈다. 이에 같은 달 29일 열린 첫 심문기일에서 시험의 공정성 훼손 여부를 놓고 대학 측과 수험생 측이 법정에서 치열한 공방을 펼쳤다. 수험생 측 소송대리인은 "이 시험은 다른 시험을 보지 않고 100% 논술로 뽑는 것이기 때문에 수능과 맞먹는 관리가 필요하다"며 "그 정도의 관리가 없었다면 공정성이 침해돼 효력정지가 돼야 한다"고 주장했다. 이어 감독관의 부주의로 인한 시험지 배부 실수에 대해 "허술한 관리·감독으로 공정성이 침해당했기 때문에 재시험을 이행하는 결정을 내려달라"고 덧붙였다.

> **가처분**
> 금전채권이 아닌 특정물의 급여·인도를 목적으로 하는 청구권에 대한 집행을 보전하거나 다툼이 있는 권리관계에 대해 임시지위를 정하기 위해 법원이 행하는 일시적인 명령을 뜻한다. 판결 확정 후 강제집행이 되기까지 많은 시간이 소요되므로 그 기간에 피해가 커질 우려가 있는 경우 재판청구 전 혹은 청구와 동시에 법원에 신청할 수 있다. 금전채권 또는 금전으로 환산 가능한 채권을 보전하기 위한 '가압류'와 구별된다.

반면 연세대 측은 시험과정에서 공정성이 훼손될 정도의 행위는 없었다고 강조했다. 아울러 재시험 주장에 대해 "재시험 실시 여부는 사립교육기관인 연세대가 광범위한 재량에 의해 결정해야 할 사항"이며 무엇보다 성실하게 규정을 지켜 자신의 실력대로 시험에 임해 합격점수를 얻은 수험생들이 재시험을 보면 돌이킬 수 없는 피해를 보게 된다"고 반박했다. 이에 대해 재판부는 11월 15일 수험생 측이 제기한 시험 효력정지 가처분 신청을 수용하면서 "후속절차의 진행을 논술시험 재이행 청구 사건의 판결 선고 시까지 중지한다"고 결정했다.

HOT ISSUE **24위**

건강보험에 미지급된 국고지원금, 18년간 22조원 육박

건강보험 재정의 안정성을 위해 정부가 국민건강보험공단에 줘야 하는데 주지 않은 법정 국고지원금이 22조원에 육박하는 것으로 나타났다. 10월 23일 국회 보건복지위원회 소속 전진숙 더불어민주당 의원이 건강보험공단에서 받은 '건강보험 법정 지원금 및 실제 지원금 현황' 자료에 따르면 정부는 2007년부터 올해까지 매년 건강보험에 법적으로 지급해야 할 국고지원금을 덜 지원하는 방식으로 18년간 총 21조 6,700억원을 주지 않았다.

역대 모든 정부서 국고지원 비율 어겨

정부는 건강보험법과 건강증진법에 따라 2007년부터 해당 연도 '건강보험료 예상수입액의 20%'에 상당하는 금액을 14%는 일반회계(국고)에서, 6%는 담뱃세(담배부담금)로 조성한 건강증진기금에서 지원해야 한다. 이에 따라 정부는 2007~2024년 기간 건강보험료 수입의 20%에 해당하는 149조 7,032억원을 지원해야 했지만, 실제 지원금액은 128조 332억원에 그쳤다.

자료에 따르면 역대 모든 정부가 법으로 정해진 국고지원 비율을 지키지 않았다. 그간 정부는 건강보험료 인상률과 가입자 증가율, 가입자 소득증가율 등 ==보험료 예상수입액을 산정하는 3가지 핵심변수를 모두 반영하지 않고, 보험료 인상률만 반영해 건강보험 지원규모를 추계하는 식의 편법==을 써가며 연례적으로 축소 지원해왔다. 이런 방식으로 법정 지

자료 / 건강보험공단, 전진숙 더불어민주당 의원

원액 기준(보험료 예상수입액의 20%) 이명박정부는 16.4%, 박근혜정부는 15.3%, 문재인정부는 14% 정도만 지원했다.

제15차 건강보험정책심의위원회

윤석열정부 역시 출범 후 '건보재정 20% 국고지원' 법 규정을 한 번도 준수하지 않았다. 윤석열정부는 2025년 예산을 짜면서 일반회계와 건강증진기금을 합쳐 국고지원금 12조 6,000억원을 편성했는데, 법정 국고지원 비율로 따지면 14.4%에 불과해 국고지원금은 '20% 상당 금액' 지원이라는 법정 기준에 또다시 미달했다. 이전 정부와 마찬가지로 임기 내 이뤄진 모든 예산안 편성에서 건보재정에 대한 법정 국가지원 책임을 다하지 못하고 있는 것이다.

"건강보험 재정에의 국고지원 확대해야"

사회보험방식의 건강보험제도를 시행하는 국가들의 건강보험에 대한 국고지원 비중은 우리나라보다 훨씬 높다. 입법·정책 전문 연구분석기관인 국회입법조사처는 "국민의 생명과 건강을 보장하는 사회안전망이자 정부 보건의료정책 목표달성을 위한 주요한 수단인 건강보험 재정의 특성을 고려할 때 국고지원을 확대해야 한다"고 말했다. 이를 위해 법정 지원 비율을 준수하고, 특히 현재 '해당연도 보험료 예상수입액의 20%'로 ==애매모호하게 돼 있는 지원기준을 '지지난해 보험료 수입액 또는 지출액의 20%'로 변==

경하는 등 불분명한 지원규정을 명백하게 만들 필요가 있다고 지적했다.

나아가 **일몰제***(日沒制, 법률이나 각종 규제의 효력이 일정기간 지나면 자동으로 없어지게 하는 제도)로 운영되는 건보재정에 대한 국고지원 규정을 폐지하는 방안도 검토해야 한다고 입법조사처는 주문했다. 건보에 대한 국고지원 법률규정은 2016년 12월 31일 만료될 예정이었으나, 1년간 한시적으로 연장된 뒤 2022년 12월 31일까지로 다시 5년 늦춰졌다. 그러다가 국회에서 여야가 법 개정에 실패하며 더 연장되지 못하고 2022년 말 일몰됐다. 하지만 지난해 3월 여야가 건보 국고지원을 2027년 12월 31일까지 5년 더 연장하는 내용의 건강보험법과 건강증진법 개정안에 합의하면서 가까스로 살아났다.

> **일몰제**
> 아침에 해가 뜨고 시간이 흐르면 해가 지듯이 일정시간이 지나면 법률이나 규제·조항의 효력이 자동으로 종료되는 제도를 말한다. 1976년 미국의 콜로라도주 의회에서 최초로 제정됐으며, 해당 법률에 대한 행정부의 감독과 책임의식을 증대하기 위해 시작됐다.

HOT ISSUE **25위**

영국 노동당 공약파기 논란 속에 보수당은 첫 흑인여성 대표 선출

지난 7월 정권을 탈환한 영국 노동당이 집권 후 첫 예산안을 놓고 증세하지 않겠다는 공약을 깼다는 지적이 이어지고 있는 가운데 보수당은 영국 역사상 주요 정당으로는 처음으로 흑인여성을 대표로 선출하며 분위기 쇄신을 꾀하고 있다.

공약 깬 것 아냐? … '증세 예산안' 비판 커져

11월 2일(현지시간) 영국언론에 따르면 노동당 정부가 10월 30일 연 400억파운드(71조원) 증세와 차입 확대를 통해 5년간 1,000억파운드(178조원) 공공지출을 발표하자 공약파기 논란이 커졌다. 그 결과 선데이타임스와 싱크탱크 '모어 인 커먼(More in Common)'의 설문조사에서 이번 증세에서 가장 큰 비중을 차지하는 **국민보험(NI) 고용주 부담금 인상이 증세하지 않겠다는 노동당의 공약을 깬 것**이라는 응답자가 49%나 됐다. 노동당 정부가 국민보건서비스(NHS) 개선을 앞세우지만 NI 부담금 인상은 일반의(GP) 병원이나 요양원 운영에 타격을 가할 것이라는 지적도 나왔다. 이런 분위기는 i뉴스와 BMG 리서치가 예산안 발표 직후 실시한 여론조사에도 그대로 반영돼 총선 이후 처음으로 노동당 지지율이 28%로 하락해 보수당(29%)에 밀렸다.

세금 인상계획을 설명하는 키어 스타머 영국 총리

비판이 이어지자 키어 스타머 영국 총리는 여론 달래기에 나섰다. 스타머 총리는 2일 일간 파이낸셜타임스(FT) 기고에서 "우리가 단순히 세금을 부과하고 지출한다고 번영을 이룰 수 없듯 공공서비스 개선도 단순한 지출로는 안 된다"고 말했다. 그러면서 "그래서 개혁은 우리 정부 의제에서 필수적 기둥이다. 삐걱거리는 중앙 국가와 우리 경제를 개혁할 것"이라며 "오만한 규제기관, 제 기능 못 하는 기획체제와 같은 장애물을 밀어버릴 것"이라고 강조했다. 이는 스타머정부가 공공부문의 재정확보를 위해 추가 증세와 차입에 의존할 수 있다는 우려를 불식하고 투자자들에게 경제개혁 의지를 보여주려 하는 발언이라고 FT는 풀이했다.

보수당 새 대표에 '첫 흑인여성' 베이드녹 선출

집권 이후 첫 위기에 직면한 노동당에 맞서는 제1야당 보수당은 11월 2일 전국 당원투표로 진행된 당 대표 경선에서 케미 베이드녹 전 기업통상부 장관을 선출했다. 베이드녹 신임 보수당 대표는 영국 주요 정당의 첫 흑인 당수이자 보수당에서는 인도계인 리시 수낵 전 총리 이후 두 번째 비백인 대표다. 또한 마거릿 대처, 테리사 메이, 리즈 트러스 전 총리에 이어 네 번째 여성 대표다.

케미 베이드녹 신임 보수당 대표(가운데)

베이드녹은 보수당 내에서도 우파성향이 짙은 인물로 분류된다. **넷제로***(Net-Zero) 목표나 트랜스젠더의 권리보장에 회의적 입장이며, 경선과정에서도 "출산수당이 과도하게 지출되고 있다"고 주장하는가 하면 이민문제와 관련해 "모든 문화가 동등하게 유효한 것은 아니다"라고 발언해 논란을 빚기도 했다. 직면한 과제도 만만치 않다. 베이드녹 대표는 앞으로 개인적 문제에 더해 보수당 대표로서도 지난 7월 총선에서 당 역사상 1832년 이후 최악의 참패를 맞은 만큼 다음 총선(2029년)에서 정권을 되찾기 위해서는 수년간에 걸친 당내 분열과 스캔들, 경제적 혼란 등으로 무너진 지지율을 회복해야 한다.

넷제로

온실가스(GHG)의 배출량(+)과 흡수량(-)을 같게 함으로써 순(Net) 배출을 0(Zero)으로 만들자는 것이다. 즉, 이산화탄소 배출량을 줄이는 것 외에도 온실가스를 줄여야 달성할 수 있다. '기후변화에 관한 정부 간 패널(IPCC)'이 지구 생태계에 심각한 피해를 방지하고 지구온난화의 가장 파괴적인 영향을 제한하기 위해 세운 '금세기 중반까지 지구 기온이 산업화 이전 대비 1.5℃를 초과하지 않는다'는 기준을 근거로 한다.

그러나 현실은 여야 모두에게 만만치 않다. 블룸버그통신에 따르면 12개월 연속 감소세인 영국기업의 채용공고가 10월에 더 큰 폭으로 감소했다. 10월 정규직의 임금상승도 더욱 둔화해 상승 폭이 2021년 2월 이후 가장 작게 나타났다. 이는 ==실업증가와 실질임금 감소로 이어져 사회문제가 되고 있다. 20대 영국청년들의 경제적 독립이 점점 늦어지고 있는 것==이 대표적인 사례다. 고물가, 실업, 임금 감소 등의 영향으로 재정적 압박을 가장 크게 받고 있는 청년들이 주택 구입의 여력이 없어 독립을 미루고 있으며, 독립했더라도 주거비를 비롯해 전기·수도 요금을 부모에게 의존하는 것으로 나타났다.

HOT ISSUE **26위**

'전당대회 돈봉투' 대법 첫 '유죄'…
송영길 징역 9년 구형

더불어민주당 '전당대회 돈봉투 의혹'에 연루돼 재판에 넘겨진 윤관석 전 의원에게 유죄가 확정됐다.

2023년 4월 불거져 당을 흔들었던 돈봉투 의혹과 관련해 나온 대법원의 첫 유죄판결로 송영길 전 민주당 대표(현 소나무당 대표) 등 다른 연루자들의 재판에도 영향을 줄 것으로 보인다. 대법원 2부(주심 오경미 대법관)는 정당법 위반 혐의로 기소된 윤 전 의원에게 징역 2년을 선고한 원심판결을 10월 31일 확정했다.

윤관석 전 더불어민주당 의원

윤관석 징역 2년 확정, '녹취록'이 핵심증거

윤 전 의원은 2021년 5월 민주당 전당대회를 앞두고 송 전 대표의 당선을 위해 당내 현역의원들에게 제공할 목적으로 경선캠프 관계자들로부터 6,000만원을 수수한 혐의로 기소됐다. 혐의는 캠프 핵심관계자였던 강래구 전 한국수자원공사 상임감사위원이 윤 전 의원의 요구를 송 전 대표의 보좌관이었던 박용수 씨에게 전달했고, 박씨는 2021년 4월 27~28일 300만원씩 든 봉투 20개를 윤 전 의원에게 제공했다는 것이다. 윤 전 의원은 캠프관계자들과 협의해 돈봉투를 마련했을 뿐 지시하거나 요구하지 않았고, 자신은 전달자에 불과하다며 혐의를 부인했다.

그러나 1심과 2심 법원은 윤 전 의원이 구체적으로 제공 액수 등을 정하는 등 충분한 재량을 행사했다고 보고 징역 2년을 선고했다. 윤 전 의원이 불복했으나 대법원의 판단도 마찬가지였다. 하급심 법원은 재판과정에서 제출된 이정근 전 민주당 사무부총장의 통화 녹취록을 유죄의 핵심증거로 삼았다. 하급심 법원에 이어 대법원에서도 이 녹취록의 신빙성이 인정된 셈이어서 수사·재판 중인 다른 사건에도 영향이 불가피할 것으로 보인다.

1심 결심공판 출석하는 송영길 전 민주당 대표

송영길 전 대표에게는 징역 9년 구형

한편 검찰은 송 전 대표에게 징역 9년을 구형했다. 2024년 1월 초 기소한 이후 10개월 만이다. 검찰은 11월 6일 서울중앙지법 형사21부 심리로 열린 송 전 대표의 정당법·정치자금법 위반 혐의 사건 1심 결심공판*에서 징역 9년과 벌금 1억원의 유례없는 중형 선고를 재판부에 요청했다.

> **공판**
>
> '공개재판'의 줄임말이다. 광의의 개념으로는 검사의 공소제기부터 소송종결까지의 모든 절차를 뜻하나, 좁게는 공판기일에 행해지는 절차만을 의미하기도 한다. 민사재판에는 공판이라는 용어를 사용하지 않으며, 오직 형사재판에만 적용된다. 사실상 공판은 형사재판과 동일한 용어로 쓰인다.

검찰은 송 전 대표가 자신의 정치활동을 지원·보좌하는 외곽조직인 사단법인 '평화와 먹고사는문제 연구소(먹사연)'를 통해 정치자금을 수수한 혐의와 관련해 "법인인 먹사연으로 기부를 유도해 정치자금법 규제를 탈피하는 등 후원금 한도 규제 회피를 위한 탈법적 수단을 사용했다"고 주장했다. 또 전당대회 과정에서 금품을 제공한 혐의에 대해서는 "불법 선거자금을 수수하고 제공해 당 대표에 당선됐고, 이 범행의 최대수혜자"라며 "경선과정에서 당선을 위해 부외 선거자금이 수수되고 사용되는 것을 승인·용인했다"고 말했다.

반면 송 전 대표는 최후진술에서 "먹사연은 정책연구조직"이라며 "먹사연의 회계에 대해서는 제가 보고받은 사실도 없고 알려고 하지도 않았다"고 반박했다. 전당대회 금품제공 혐의에 대해서도 "이미 대의원 투표가 진행되고 선거의 반이 지나간 날에 매표하겠다고 돈봉투를 나눠준다는 말이냐"며 "수많은 사람이 오가는 선거사무실에 누가 돈봉투를 갖고 오가겠느냐"고 반문했다. 송 전 대표 측 변호인도 "먹사연은 정당이나 선거조직과 인적·물적 유대관계가 있지 않다"며 "먹사연의 후원금은 정치자금으로 볼 수 없다"고 변론했다.

HOT ISSUE 27위

유럽을 넘어 남미까지 … 세계 접수 중인 중국 자동차

유럽의 전기차시장을 장악해가고 있는 중국 자동차 업체들이 미국, 유럽 등 서구 업체들을 몰아내고 중남미시장까지 세를 확대하고 있다.

브라질에 공격적 투자 … 분기매출도 테슬라 추월

월스트리트저널(WSJ)은 비야디(BYD)를 비롯한 중국의 자동차업체들이 세계시장 공략을 위해 미국의 뒷마당으로 여겨지던 중남미에 앞다퉈 진출하고 있다고 11월 3일(현지시간) 보도했다. 미국의 포드자동차가 100년 넘게 운영해오다가 2021년 폐쇄해버린 브라질 공업도시 카마사리의 공장을 중국 BYD가 지난해에 인수, 지역 일대를 BYD의 중남미 지역 허브로 탈바꿈시키고 있다. BYD는 카마사리 공장에 10억달러에 가까운 자금을 투입해 올해 12월 가동을 앞두고 있으며, 내년에 15만대를 생산하고 2028년에는 30만대까지 생산량을 늘릴 계획이다.

중남미는 전체 인구가 6억 5,000만명으로 전기차 배터리 제조에 필수인 리튬의 핵심 생산지역이기도 하다. 중국 전기차 선두기업인 BYD는 멕시코에도 공장을 건설 중이며, 콜롬비아와 칠레 등에는 전기버스를 수출할 계획인 것으로 전해졌다. 특히 2억명 인구의 브라질은 이미 BYD의 가장 큰 해외시장이다. 브라질 자동차 수입 제조업협회에 따르면 올해 1~9월 ==브라질에서 약 5만 1,000대의 BYD 차량이 판매됐다. 전체 수입차의 약 72%다. 작년 같은 기간에 비해서는 8배 넘게 늘었다.== 이런 경영실적에 힘입어 BYD는 처음으로 분기매출에서도 세계 1위 전기차업체 미국 테슬라를 제쳤다.

BYD만이 아니다. 창청자동차(GWM)도 브라질 상파울루주 이라세마폴리스에 있던 메르세데스-벤츠 브라질 공장을 인수해 브라질 진출을 준비 중이다. 오는 2032년까지 18억달러를 투자해 중남미 지역 허브로 만든다는 방침이다.

중국에 대한 지나친 의존은 경계해야

일단 브라질정부는 중국업체의 공장건설이 브라질 경제에 도움이 되기를 기대하는 모양새다. 카마사리가 있는 브라질 북동부 바이아주의 데이비슨 마갈하이스 고용담당관은 BYD 공장이 이 지역에서 약 1만 5,000개의 직간접 일자리를 창출하기를 희망한다고 말했다. 포드 공장 폐쇄로 사라진 일자리 9,000개보다 훨씬 많은 수치다. 최근 브라질 산업부도 성명을 내고 "BYD가 브라질에서 전기자동차 생산을 위한 투자를 강화해 일자리와 소득을 창출하기를 희망한다"고 밝혔다.

그러나 일부에서는 지나친 중국 의존에 경계심도 드러낸다. 중국은 지난 2009년 미국을 제치고 브라질의 최대 무역상대국이 됐는데, 그로 인해 브라질은 값싼 중국산 제품이 유입되면서 급격한 탈산업화를 겪고 있다. 브라질 국내총생산에서 제조업이 차지하는 비중이 1985년 36%에서 2023년 11%로 감소했기 때문이다.

중국의 시장점유를 고민하는 것은 브라질만이 아니다. 유럽은 중국 전기차업체들의 주요 수출국이다. 미중갈등으로 인해 북미지역 수출이 어려운 중국 자동차업체들이 유럽시장을 공략했기 때문이며, 유럽 역시 그동안은 중국산 전기차에 장벽을 두지 않았다. 그 결과 유럽자동차산업협회(ACEA)에 따르면 유럽연합(EU)의 전기차 판매에서 중국산 자동차의 시장점유율은 2020년 2.9%에서 지난해 21.7%로 급등했다.

결국 EU는 중국산 전기차에 최고 45.3%의 관세폭탄으로 본격적으로 견제에 나섰다. 중국정부의 보조금으로 싼값에 수출되는 전기차 때문에 역내 산업이 피해를 보고 있다는 것이 판단의 근거다. 그러나 관세를 부과하더라도 중국산 전기차의 가격경쟁력이 크게 떨어지지 않을 것이라는 의견도 나온다. 미국이 중국산 전기차에 100% 관세*를 부과한 것과 비교하면 이번 EU의 관세율 자체는 높은 편이 아닌 데다가 중국산 전기차가 상대적으로 크게 저렴하기 때문에 관세를 더 부과하더라도 가격차이가 상쇄될 정도라고 보기는 어렵기 때문이다.

미국의 대중국 관세

미국 바이든행정부는 2024년 5월 중국의 과잉생산과 '불공정한 무역관행'에 대응한다며 철강과 알루미늄, 반도체, 전기차, 태양광 패널 등 180억달러(약 24조 6,000억원) 상당의 중국산 수입품에 대해 관세를 인상하겠다고 발표, 9월 27일부터 순차적으로 시행하고 있다. 이에 따라 중국산 전기차에 대한 관세는 25%에서 100%로, 리튬이온 전기차 배터리에 대한 관세는 7.5%에서 25%로 높아졌다. 멕시코 등을 통한 우회수출도 차단하겠다는 방침이다.

중국 자동차업체 BYD 행사장

HOT ISSUE **28위**

기다림과 정성으로 빚은 한국의 장, '인류무형유산 등재' 확실시

콩을 발효해 된장과 간장을 만들어 먹는 우리의 장(醬) 문화가 유네스코*(UNESCO) 인류무형문화유산에 등재될 것이 확실시된다. 11월 5일 유네스코와 국가유산청에 따르면 유네스코 무형문화유산 보호 정부 간 위원회(무형유산위원회) 산하 평가기구는 '한국의 장담그기 문화(Knowledge, beliefs and practices related to jang making in the Republic of Korea)'를 심사해 '등재 권고' 판정을 내렸다.

유네스코

세계유산과 무형문화유산, 세계기록유산 등을 선정하고 보존하는 국제기구로 국가 간 교육·과학·문화 보급 및 교류를 위해 설립된 유엔 산하의 전문기구다. 제2차 세계대전이 끝난 1945년 11월 영국 런던에서 열린 유네스코 창설 준비회의에서 44개국 정부 관계자들에 의해 '유네스코 헌장'이 채택되고 이듬해인 1946년 11월 20개국이 헌장 비준서를 영국정부에 기탁함으로써 창설됐다.

평가기구 '등재' 권고 … 확정되면 23번째 유산

유네스코는 문화 다양성의 원천인 무형유산의 중요성을 널리 알리고 무형유산 보호를 위한 국가적·국제적 협력과 지원을 도모하고자 인류무형문화유산 제도를 운용하고 있다. 평가기구는 등재 신청서가 제출된 유산을 심사하고 그 결과를 '등재(Inscribe)', '정보 보완(등재 보류, Refer)', '등재 불가(Not to inscribe)' 등으로 구분한다. 우리 정부가 신청한 '한국의 장담그기 문화'는 '등재' 판단을 받았다.

평가기구 측은 한국의 장 문화에 대해 "밥, 김치와 함께 ==한국 음식문화의 핵심=="이라고 언급하며 "==집마다 (맛이나 방식이) 다르며 각 가족의 역사와 전통을 담고 있다=="고 밝혔다. 평가기구는 심사결과를 발표한 뒤 이를 무형유산위원회에 권고하는데, 그간의 사례를 봤을 때 '등재 권고' 판정이 뒤집히는 경우는 거의 없다. 최종 등재 여부는 12월 2~7일 파라과이의 수도 아순시온에서 열리는 제19차 무형유산위원회 논의를 거쳐 결정된다.

오랜 역사 속 중·일과는 다른 독창성 지녀

장은 한국음식의 맛과 정체성을 결정하는 중요한 요소로 꼽힌다. 지역이나 장의 종류에 따라 조금씩 달랐으나 보통 겨울이 시작되는 입동(立冬)을 전후해 메주를 만들었고, 정월~3월 무렵 장을 담가 음식에 썼다. 또 집마다 독특한 맛을 내는 장은 한 집안의 역사와 전통을 상징하는 음식이기도 하다. 대대로 이어져 온 씨간장을 고이 보관하거나 장독 주변에 나쁜 기운이 들어가지 않도록 금줄을 치고 버선을 거꾸로 붙여놓는 것도 이런 이유에서다.

장담그기는 고대부터 오랫동안 폭넓게 전승되는 전통 음식문화 중 하나로 장이라는 음식뿐 아니라 재료를 준비해 장을 만드는 전반적인 과정을 아우른다. 삼국시대부터 장을 만들어 즐겨 먹었다고 알려져 있으며, 조선시대에는 왕실에서 장을 보관하는 창고인 장고(醬庫)를 두고 '장고마마'라 불리는 상궁으로 하여금 관리하게 할 정도로 장을 중시했다.

콩을 발효해 먹는 문화권 안에서도 한국의 장은 독특하다는 평가를 받는다. 장을 담글 때는 콩 재배, 메주 만들기, 장 만들기, 장 가르기, 숙성과 발효 등의 과정을 거치는데 중국이나 일본과는 제조법에서 차이가 있다. 특히 메주를 띄운 뒤 된장과 간장이라는 ==두 가지 장을 만들고, 지난해에 사용하고 남은 씨간장에 새로운 장을 더하는 방식은 한국만의 독창적인 문화로 여겨진다.== 이런 점을 인정받아 2018년 국가무형유산으로 지정됐다.

한편 우리나라는 '종묘제례 및 종묘제례악(2001년)'을 시작으로 가장 최근에 등재된 '한국의 탈춤(2022년)'까지 인류무형문화유산 대표목록 총 22건을 보유하고 있으며, 중국, 프랑스 등에 이어 세계에서 5번째로 인류무형문화유산 종목을 많이 보유한 국가로 분류돼 2년에 한 번씩 등재심사를 받고 있다. 2026년에는 '한지 제작의 전통지식과 기술 및 문화적 실천'이 등재에 도전할 예정이다.

HOT ISSUE 29위

'여혐' 논란 휩싸인 네이버웹툰 … 거세진 불매운동 속 사면초가

네이버웹툰의 여성혐오(여혐) 콘텐츠 방관 논란이 커지면서 회원탈퇴와 환불 등 독자들의 거센 반발이 이어졌다. 네이버웹툰이 공식 사과문까지 내놨지만, 여론이 악화하면서 이용자들은 '혐오표현 검열기준을 공개하라'며 트럭시위까지 펼쳤다.

일간이용자 10%↓ … 부적절 마케팅으로 여론 악화

10월 22일 웹툰업계에 따르면 최근 네이버웹툰이 여성혐오 콘텐츠를 방관했다는 지적 속에 온라인을 중심으로 불매운동이 진행됐다. 인터넷 커뮤니티에서는 네이버웹툰 쿠키(웹툰 열람용 전자화폐) 환불과 회원탈퇴 등을 인증하는 글이 줄을 이었고, 실제로 일간이용자 수가 줄어든 것으로 나타났다. 모바일 애플리케이션(앱) 조사업체 모바일인덱스에 따르면 네이버웹툰의 일간활성이용자(DAU, 안드로이드 기준)는 종전 220만~230만명에서 불매운동 후 200만~210만명 수준으로 10% 가량 감소했다.

논란은 지난 9월 말 네이버웹툰이 주최한 2024 지상최대공모전에서 '이세계 퐁퐁남'이라는 아마추어 웹툰이 공모전 1차 심사를 통과하면서 촉발됐다. 이 웹툰은 39세 남성이 아내에게 배신당하고 이혼하는 과정에서 재산을 잃은 뒤 다른 세계로 넘어간다는 내용인데, 여러 남성과 연애하던 여성이 맨 마지막에 경제적 조건만으로 결혼한 남성을 뜻하는 '퐁퐁남'을 제목에 그대로 가져다 썼다. 여기서 '퐁퐁남'은 여성들이 경제적 이득을 위해 남성을 이용한다는 편견과 성적인 뉘앙스가 담긴 여성혐오적 신조어다. 해당 작품이 아마추어 플랫폼인 도전만화에서 연재되다가 공모전 1차 심사를 통과하자 여성이용자 중심의 커뮤니티에서 반발의 목소리가 제기됐다.

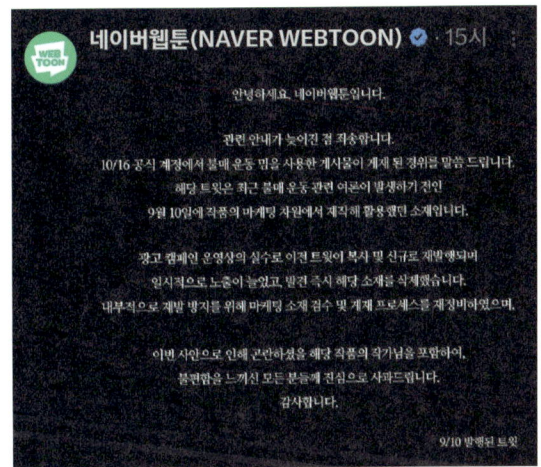

X에 게재된 네이버웹툰의 사과문

여기에 네이버웹툰의 부적절한 마케팅으로 여론은 더 악화됐다. 10월 16일 네이버웹툰이 엑스(X, 옛 트위터) 공식계정으로 웹툰 '소꿉친구 컴플렉스'를 홍보하며 "소꿉친구 컴플렉스 불매합니다. 불티나게 매입하기, 불처럼 뜨겁게 매입하기"와 같은 문구를 사용했기 때문이다. 이에 최근 벌어진 불매운동에 대한 조롱이 아니냐는 지적이 나왔다. 네이버웹툰은 이 마케팅 콘텐츠가 불매운동이 벌어지기 전인 9월 10일 제작·공개됐고, 노출도가 낮아 자동으로 재발행된 것이라고 해명하고 공식 사과문을 게재했다. 아울러 불매운동을 조롱한다는 오해를 산 마케팅 콘텐츠를 삭제하고, 재발방지를 약속했다.

이용자들, '검열기준 공개' 요구하며 트럭시위

그러나 이용자들의 반발은 계속됐다. 11월 4일에는 일부 이용사들이 네이버 본사 앞으로 트럭 및 근조화환을 보내 시위를 펼치기도 했다. 이들은 네이버웹툰의 비일관적인 혐오표현 검열기준을 지적하며 이를 공개하라고 요구했다. 그간 네이버웹툰이 <mark>남성혐오 표현에 대해서는 적극적으로 수정조치를 해왔으나 이번 사안에는 미온적 대응에 그쳤다는 지적</mark>이다. 앞서 네이버웹툰은 웹툰 '전지적 독자 시점'에서 여성캐릭터가 남성캐릭터를 **집게손가락***으로 가리키는 장면, 웹소설 원작의 '화산귀환'을 웹툰으로 제작하는 과정에서 기존 웹소설에 있던 집게손가락 장면을 수정해 '손가락 검열' 논란이 인 바 있다.

집게손가락 남성혐오 논란

원래 엄지와 검지를 들어 올려 'ㄷ'자를 그리는 집게손가락 모양은 일반적으로 '작은 크기'를 표현할 때 사용했다. 그러나 현재는 폐쇄된 한 급진 여성주의 커뮤니티에서 남성의 신체부위를 조롱하는 의미로 사용된 것이 알려지면서 그 의미가 변질된 이후 사회적으로 논란거리가 되고 있다. 대표적으로 GS리테일, 전쟁기념관, 넥슨, 르노 코리아 등 기업과 기관 등에서 올린 홍보용 콘텐츠에 해당 손 모양이 포함된 사실이 알려져 사과와 관련자 징계가 이어진 바 있다.

한편 '이세계 퐁퐁남'이 공모전에 제출된 아마추어 웹툰이고, 표현의 자유를 고려하면 해당 웹툰을 비공개로 전환하기는 어려운 것으로 알려졌다. 다만 11월 22일 발표되는 공모전 2차 심사를 통과되기는 어려울 것으로 전망됐다. 작화와 분량, 스토리를 기준으로 평가하는 1차 심사와 달리 2차 심사에서는 독자반응도 종합해 평가하기 때문이다. 네이버웹툰 관계자는 "해당 작품에 대해 다양한 의견이 존재하는 것 알고 있다"며 "공지된 프로세스대로 심사를 진행하고 결과를 발표할 예정"이라고 밝혔다.

HOT ISSUE # 30위

'제2의 티메프 사태' 막는다 … 이커머스 판매대금 20일 내 정산

제2의 티메프 사태(티몬·위메프 대규모 미정산 사태)를 방지하기 위해 앞으로 이커머스 사업자는 소비자가 구매를 확정하면 20일 이내 판매대금을 입점 사업자에게 지급해야 한다. 공정거래위원회(공정위)는 10월 18일 이런 내용이 담긴 대규모유통업법 개정방안을 발표했다.

'20일 이내 정산·판매대금 절반 별도 예치' 의무화

개정안에 따르면 법 적용 대상 사업자는 국내 중개거래 수익(매출액)이 100억원 이상이거나 중개거래 규모(판매금액)가 1,000억원 이상인 온라인 중개거래 사업자다. 이들은 소비자가 구매를 확정한 날로부터 20일 이내에 직접 혹은 **결제대행업체***(PG사)가 관리하는 판매대금을 입점 사업자와 정산해야 한다. <mark>법 적용대상 사업자의 평균 정산기일이 20일인 점을 고려한 것</mark>이다. 숙박, 공연 등 구매 이후 서비스가 공급되는 경우 소비자가 실제 이용하는 날을 기준으로 10일 이내에 정산해야 한다. 다만 플랫폼이나 PG사가 정산기한 3영업일 전까지 판매대금을 받지 못하면 대금 수령일로부터 3영업일 내 정산할 수 있도록 했다.

결제대행업체

신용카드사와 가맹점 계약을 체결하기 어려운 중소 쇼핑몰이나 음식점 등을 대신해 카드사와 대표가맹점 계약을 맺고 결제를 대행하는 업체를 말한다. 다만 미등록 결제대행업체는 사업자의 매출자료와 같은 결제대행자료를 국세청에 제출하지 않는 방식으로 가맹점의 탈세를 조장하기도 한다. 세금을 제대로 신고하지 않을 경우 세금 추징과 가산세 납부 등 불이익을 받을 수 있으므로 가맹체결 전 사업자는 금융위원회의 전자금융업자 등록 여부를 확인한 후 거래해야 한다.

==플랫폼이 직접 판매대금을 관리하는 경우에는 판매대금의 50% 이상을 금융기관에 별도로 예치하거나 지급보증보험에 가입하도록 하는 안==도 개정방안에 포함됐다. 예치된 판매대금은 압류할 수 없으며 플랫폼이 양도하거나 담보로 제공하는 것도 원칙적으로 금지된다. 플랫폼이 파산하는 경우에도 입점 사업자에게 판매대금을 우선 지급하고 다른 채권자보다 먼저 변제받도록 할 계획이다.

표준계약서 사용 등 플랫폼과 입점 사업자 간 거래관계의 공정성·투명성을 확보할 수 있는 장치도 마련됐다. 공정위는 사업자들이 새 법안에 대비할 수 있도록 법안 공포 후 1년의 유예기간을 두기로 했다. 판매대금 정산기한도 단계적으로 단축하고 판매대금 별도 관리비율도 점진적으로 상향할 방침이다.

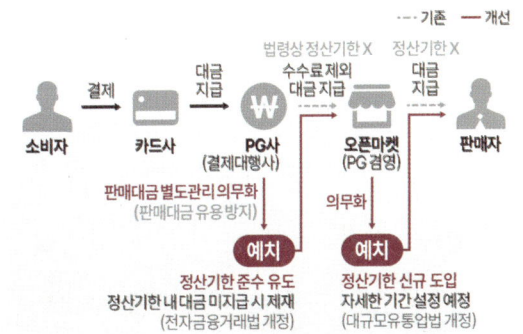

자료 / 기획재정부

20일 정산주기 도입에 벤처·중기 반응 엇갈려

한편 대규모유통업법 개정안을 두고 벤처기업계와 중소기업계의 입장은 갈렸다. 벤처기업협회는 이날 성명을 내고 "공정위의 규제 도입은 이번 사태의 근본적인 원인과는 무관한 섣부른 대응"이라며 "기존 이커머스(전자상거래) 플랫폼기업은 물론이고 혁신적인 기술과 아이디어로 이커머스산업에 진입하려는 벤처·스타트업의 혁신의지를 무너뜨리는 결과를 초래할 것"이라고 주장했다. 또 "일정규모 이상의 사업자를 한정해 규제를 강화한다고 하더라도 중소 이커머스기업 역시 강화된 규제의 잠재적인 대상이 된다"고 우려했다.

이어 "실태조사 등 업계 현황을 고려하지 않은 10일~20일 이내의 과도한 정산주기가 도입되면 이커머스 플랫폼은 정상적인 사업확장과 혁신을 추진하기 어려워진다"며 "결국 관련 산업 전체의 줄폐업으로 이어질 위험이 크다"고 내다봤다. 판매대금의 50%를 별도 관리하도록 의무화하는 것에 대해서도 "기업의 자율성을 정면으로 저해해 자금경색 및 유동성 악화를 유발할 것"이라고 비판했다.

반면 중소기업중앙회는 같은 날 발표한 성명에서 "법 개정으로 온라인플랫폼과의 거래에 대한 중소기업들의 불안요소를 불식시키고 공정하고 투명한 온라인플랫폼시장 거래환경 조성에 기여할 수 있기를 희망한다"고 강조했다. 그러면서 "경쟁당국은 온라인플랫폼 입점 중소기업 단체협상권 부여 등 이번 개정방안에는 담지 못한 온라인플랫폼 입점 중소기업 보호를 위한 제도 보완사항들을 면밀하게 검토해달라"고 촉구했다.

화제의 뉴스를 간단하게!
간추린 뉴스

677조 예산전쟁 돌입 … '대통령 부부·이재명표 사업 칼질' 대치

이재명 더불어민주당 대표(왼쪽)와 한동훈 국민의 힘 대표

국회가 677조 4,000억원 규모의 내년도 정부 예산안을 심사하는 일정에 돌입했다. 여야는 종료된 국정감사와 마찬가지로 대치 상황을 고스란히 이어갈 것으로 전망됐다. 이에 따라 2024년 예산안 처리가 법정기한(12월 2일)을 넘길 가능성이 크다는 우려가 나왔다. 국민의힘은 '이재명표 예산'의 증액을 차단하는 한편, 정부 예산에 대한 야당의 지나친 감액요구를 방어하는 데 주력하기로 했다. 반면 더불어민주당은 윤석열 대통령, 김건희 여사와 연관된 예산을 삭감하고, 검찰 등 권력기관의 업무추진비 예산에 대해서 칼질을 예고했다.

딥페이크 성착취물 소지·시청만 해도 처벌 받는다

정부가 10월 10일 딥페이크 성착취물을 소지·시청만 해도 처벌하는 '성폭력 범죄의 처벌 등에 관한 특례법 일부 개정 공포안'을 의결했다. 성적 허위영상물을 소지·구입·저장하거나 시청한 자에 대한 처벌규정을 신설해 3년 이하의 징역이나 3,000만원 이하의 벌금에 처하는 내용을 골자로 한다. 아울러 딥페이크 성착취물에 대한 편집·반포 등의 법정형을 기존 5년 이하에서 7년 이하로, 영리목적인 경우 법정형을 7년 이하의 징역에서 3년 이상의 유기징역으로 강화했다. 또 성착취물을 이용한 협박에 대한 처벌규정을 신설해 1년 이상의 유기징역에 처하도록 했다.

IMF, 올해 한국 경제성장률 전망 2.5% 유지 … 내년은 2.2%

국제통화기금(IMF)이 10월 22일 올해와 내년 한국의 경제성장률을 각각 2.5%, 2.2%로 전망하면서 이전 수준을 유지했다. IMF는 매해 1·4·7·10월 4차례에 걸쳐 세계경제전망을 발표한다. 4월과 10월은 전체 회원국을 대상으로 한 전망이며 1월과 7월은 한국을 포함한 주요 30개국 대상 수정 전망치다. 한국의 올해 경제성장률 전망(2.5%)은 지난 7월 당시 전망과 같다. 정부(2.6%)와 한국은행(2.4%), 경제협력개발기구(OECD·2.5%), 한국개발연구원(KDI·2.5%) 등 전망치와 비슷한 수준이다. 내년 성장률 전망치(2.2%) 역시 지난 7월 전망과 같은 수준을 유지했다.

건보공단, 동성 사실혼 부부 피부양자 자격등록 완료

국민건강보험공단(건보공단)이 10월 4일 동성 사실혼 부부의 건강보험 피부양자 자격등록을 완료했다. 대법원이 동성부부의 피부양자 자격을 인정한 첫 판결을 한 지 두 달여 만으로 건보공단은 이성 사실혼 부부와 같은 기준을 적용해 동성 동반자의 피부양자 자격을 인정하기로 했다. 건보공단은 지난 7월 대법원 전원합의체가 동성 동반자에 대해 건보 피부양자 자격을 인정하는 판결을 하자 결국 동성 사실혼 부부에 대해 이성 사실혼 부부와 같은 기준을 적용하기로 했다. 이에 따라 자격관리 업무지침 개정 없이 기존지침을 준용하기로 했다.

'묻지마 살인' 박대성 재판 넘겨져 … 사건 내부문서 유출한 공무원도 송치

9월 26일 새벽 순천시 도심에서 길을 걷던 10대 여성에게 흉기를 휘둘러 숨지게 한 박대성이 10월 23일 검찰에 송치돼 재판에 넘겨졌다. 검찰은 이번 범행을 개인적인 분풀이를 위해 일면식 없는 여성을 살해한 전형적인 '이상동기 범죄(묻지마 범죄)'로 봤다. 검찰은 박대성이 범행 후 흉기를 소지한 채 약 1시간 동안 술집과 노래방 등을 배회하며 추가 살해대상을 물색한 사실을 확인해 살인예비 혐의도 적용했다. 한편 해당사건 내용이 담겨 있는 내부보고서를 사적인 목적으로 유출한 혐의를 받는 순천시청 소속 사무관 또한 공무상비밀누설 혐의로 10월 30일 송치됐다.

검찰로 송치되는 박대성

서초·고양·의왕·의정부 등 4곳에 그린벨트 풀어 5만가구 짓는다

서울 서초와 서울 주변 10km 이내의 지역 4곳에서 689만m³(208만평)의 신규택지가 조성돼 주택 5만가구가 공급된다. 이를 위해 12년 만에 서울 시내 그린벨트 일부를 해제하는 등 전체사업의 96.2%를 그린벨트 지역에서 추진한다. 국토교통부는 8·8 주택공급 방안의 후속조치로 서울 서초 서리풀지구, 경기도 고양 대곡 역세권 지식융합단지, 경기도 의정부 용현, 경기도 의왕 오전 왕곡 등 신규택지 후보지 4곳을 11월 5일 발표했다. 정부는 2026년 상반기 지구 지정, 2029년 첫 분양, 2031년 첫 입주를 목표로 주택공급 기간을 최대한 단축할 계획이다.

고양시 대곡역 일대

서울역·용산역 지하로 … 지상은 민간 매각해 고밀개발·공원화

철도지하화 통합개발 계획 발표하는 오세훈 서울시장

서울시가 10월 23일 '철도지하화 통합개발 계획'을 공개했다. 계획에 따르면 서울 서남권에서 동북권을 잇는 약 68km 지상철도 구간이 지하로 내려가고, 지상의 선로는 '제2의 센트럴파크'로 조성될 전망이다. 서울역·용산역 등은 민간에 매각돼 상업지역으로 고밀개발된다. 한때 철도는 도시성장을 견인하는 핵심기반 시설이었으나, 소음과 진동 문제, 중심지와 생활권 단절, 주변지역 노후화 등의 부작용 탓에 도시발전의 걸림돌로 전락했다고 시는 지하화 추진 배경을 설명했다. 시는 지하화 사업비를 총 25조 6,000억원으로 추산했다.

가계대출 계속 조인다 … 전세대출 제한 연장·주담대 만기 축소

최근 가계대출 증가세가 다소 주춤하지만, 은행권은 주택담보대출과 전세자금대출을 계속 조이는 분위기다. 은행들은 가까스로 진정된 가계대출 증가세가 언제 다시 과열될지 알 수 없다고 보고, 연말까지 대출억제 대책을 지속해서 추진할 전망이다. 10월 31일 KB국민은행은 '임대인 소유권 이전 조건부 전세자금대출 취급 제한' 조치를 연장 운영하기로 결정했다. 신한은행과 우리은행은 11월 말까지 가계대출 중도상환 해약금을 전액 감면하기로 했고, 하나은행은 대출모집인별 신규 취급한도를 설정했다. 은행들의 이 같은 기조는 연말까지 계속될 것으로 전망됐다.

실업자 5명 중 1명은 '반년 이상 백수'… '소극적 구직'도 10명 중 6명

10월 1일 통계청 조사에 따르면 지난 8월 기준 실업자 수는 56만 4,000명으로 이 중 구직기간이 6개월 이상인 사람은 11만 3,000명으로 20.0%를 차지했다. 이는 전월을 통틀어 외환위기 여파가 있던 1999년 8월(20.1%) 이후 25년 만에 최고수준이다. 이러한 장기실업자의 증가는 눈높이에 맞는 일자리를 찾지 못하는 '미스매치' 현상의 한 단면으로 해석된다. 이와 함께 10월 29일 한국경제인협회가 전국 4년제 대학 재학생 및 졸업생 2,938명을 대상으로 실시한 조사에 따르면 10명 중 6명이 구직기대가 낮은 '소극적 구직자'인 것으로도 나타났다.

성정체성까지… 한국인 98만명 민감정보 불법수집 메타에 과징금 216억

페이스북 이용자의 종교관이나 정치관뿐만 아니라 동성과 결혼여부 등 민감한 정보를 무단수집한 메타가 216억원의 과징금을 물게 됐다. 페이스북 운영사인 메타가 이렇게 수집한 정보를 광고주에게 넘긴 사실도 드러났다. 개인정보보호위원회는 11월 4일 전체회의를 열고 개인정보보호법을 위반한 메타에 대해 200억원이 넘는 규모의 과징금 처분을 의결했다고 11월 5일 밝혔다. 메타는 민감정보를 수집하고 맞춤 서비스 등에 활용하면서도 자사의 데이터 정책에는 불분명하게 기재했다. 이용자 동의도 별도로 받지 않고 추가적인 보호조치도 취하지 않았다.

배달수수료 2025년부터 3년간 인하… 115일 진통 끝에 의결

배달의 민족 등 배달플랫폼과 입점업체들이 참여한 상생협의체가 115일간 회의 끝에 중개수수료를 현행보다 일부 낮춘 차등수수료를 도입하기로 결정했다. 상생협의체는 11월 14일 12차 회의를 열고 플랫폼의 중개수수료를 현행 9.8%에서 거래액 기준으로 2.0~7.8%로 낮추는 차등수수료 방식을 도입하기로 결정했다. 수수료율은 기존보다 낮아지나, 다만 배달비는 최상위 구간에서 500원 오르게 된다. 협의체는 수수료율 외에도 소비자 영수증에 주문금액에 대한 중개·결제수수료와 배달비 등을 상세하게 기재하기로 하는 등 다른 상생방안도 도출했다.

배달플랫폼-입점업체 상생협의체 회의

문 전 대통령 딸 문다혜 씨, 음주운전 혐의로 입건 … 불법숙박업 혐의까지

문재인 전 대통령의 딸 다혜 씨가 음주운전 사고를 일으켜 10월 18일 경찰 조사를 받은 뒤 귀가했다. 문씨는 10월 5일 새벽 운전하던 중 차선을 변경하다 뒤따라오던 택시와 부딪혔다. 음주측정 결과 문씨의 혈중알코올농도는 면허취소 수준이었던 것으로 파악됐다. 한편 문씨는 숙박업 영업신고를 하지 않고 본인이 소유한 제주시 단독주택을 불법으로 공유숙박업소로 이용한 혐의로도 경찰에 입건돼 11월 11일 조사를 받았다. 문씨는 조사에서 자신의 혐의를 모두 인정한 것으로 확인됐고, 경찰은 11월 15일 검찰에 기소의견으로 문씨를 송치했다고 밝혔다.

문재인 전 대통령 딸 문다혜 씨

'구속 땐 세비 없다' 국회의원 수당법, 상임위 소위 통과

국회운영개선소위 주재하는 박성준 소위원장

국회 운영위원회 운영개선소위원회가 10월 28일 국회의원이 기소 후 구속됐을 때 세비(수당 및 활동비)를 지급하지 않도록 하는 국회의원 수당법 개정안을 의결했다. 구속된 의원은 무죄, 면소, 공소기각이 확정될 때만 받지 못한 세비를 소급해서 받을 수 있다. 소위는 또 국정감사나 국정조사뿐만 아니라 청문회에서도 불출석 증인에 대한 동행명령장을 발부할 수 있는 내용의 국회 증언·감정법 개정안도 처리했다. 증인 등이 개인정보보호 및 영업기밀 등을 이유로 자료제출을 거부할 수 없도록 하고, 국회 출석이 어려울 경우 화상으로 출석할 수 있는 방안이 담겼다.

'유명무실' 정부 층간소음 대책 … 폐지되거나 시행 '하세월'

정부가 내놓은 아파트 층간소음 대책이 수요자의 무반응으로 '폐기' 위기에 놓이거나, 법 개정안이 통과되지 않아 제대로 실행되지 않고 있는 것으로 나타났다. 지난해 시작된 '층간소음 개선 리모델링' 사업을 살펴보면 아파트를 리모델링할 때 층간소음이 저감되는 고성능 바닥구조를 사용할 경우 조합에 비용 일부를 융자해주는 내용이다. 그러나 주택에 근저당권을 설정하는 조건임에도 대출금리가 시중은행 담보대출보다 높은 편이라 융자지원을 신청하는 주체가 없었다. 그런데도 정부는 이 사업에 올해도 12억원의 예산을 편성했다가 내년부터는 아예 폐지하기로 했다.

욕설·협박·성희롱 담긴 '악성민원'은 담당자가 종결처리

민원처리에 관한 법률(민원처리법)과 시행령 개정안이 10월 22일 국무회의를 통과했다. 개정안은 민원내용에 욕설, 협박, 모욕, 성희롱 등이 포함된 경우 담당자가 종결처리할 수 있는 근거를 담았다. 또 3회 이상 반복되는 민원에 관해 내용이 동일하지 않아도 그 취지와 목적, 업무방해 의도를 종합적으로 고려해 종결처리할 수 있도록 했다. 아울러 민원처리 담당자에 대한 구체적인 보호조치에 관한 사항을 법률로 상향했고, 민원전화 전체녹음과 장시간 통화·면담 종결을 할 수 있게 했다.

광주 북구청의 악성민원 대응훈련

'마세라티 사망사고 뺑소니범' 첫 재판 불출석 … 조력자도 재판 넘겨져

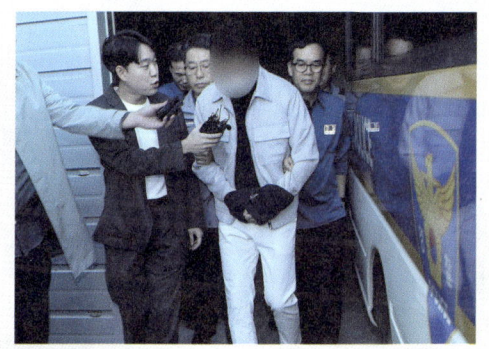
검찰에 송치되는 마세라티 사망사고 뺑소니범

사망사고를 낸 광주 마세라티 뺑소니범 김모 씨가 10월 6일 첫 재판에 불출석했다. 김씨는 9월 24일 새벽 음주상태로 운전하다가 앞서가던 오토바이를 들이받아 탑승자 2명을 숨지게 하거나 다치게 한 뒤 달아난 혐의(도주치사)를 받는다. 김씨의 도피를 도운 조력자 오모 씨도 기소돼 재판받게 됐고, 추가로 도주를 도운 공범 2명도 범인도피 혐의로 불구속 송치됐다. 또 마세라티 차량이 특정 법인소유의 대포차량이라는 점에 주목한 경찰은 해당 법인명의로 등록된 대포차량 10여 대도 확인해 법인대표 등 4명을 자동차관리법 위반 혐의로 입건해 수사 중이다.

5년간 화학사고 400여 건 … 환경부 '사고 영향조사'는 '0건'

10월 24일 국회 환경노동위원회 소속 이용우 더불어민주당 의원이 환경부로부터 받은 자료에 따르면 2020년에서 올해 6월까지 403건의 화학사고가 발생해 14명이 사망하고 271명이 부상했다. 그런데도 403건의 화학사고 중 7건에 대해 환경부가 '화학사고 영향조사 예비조사'만 실시하고 실제 영향조사를 벌인 사례는 없었다. 예비조사 후 본조사를 실시하지 않은 것은 피해가 없거나 피해가 추가로 발생할 가능성이 없다고 판단한 것과 마찬가지다. 환경부가 화학사고 영향조사 실시 여부를 너무 보수적으로 판단한다는 지적이 제기됐다.

화학물질 누출사고 대비 훈련

찰스 3세도 "고통스러운 과거"라는 노예무역 … 영국, 배상할까

아프리카와 카리브해에 있는 영연방 회원국들을 중심으로 영국정부가 제국주의 영국왕실의 '흑역사'로 꼽히는 노예무역에 대해 배상해야 한다는 목소리가 커졌다. 10월 26일 태평양 사모아에서 열린 영연방정상회의에서 56개 회원국정상은 공동성명을 통해 배상정의에 대한 논의를 촉구했다. 이에 찰스 3세 영국국왕은 "고통스러운 과거"라고 언급하면서도 공식사과는 피했으며, 영국정부도 배상에 대해 논의는 할 수 있지만 불가하다는 입장을 고수했다. 결국 회원국 압박에 영국정부가 배상문제를 공식논의하기로 했으나, 실제 합의까지는 오랜 시간이 걸릴 것으로 보인다.

사모아에서 열린 영연방정상회의에서 연설하는 찰스 3세

동물 죽이면 최대 징역 3년 … '동물학대 범죄' 양형기준 마련

대법원 양형위원회(양형위)가 11월 1일 회의를 열고 동물보호법 위반 범죄에 대한 양형기준 설정안을 심의했다. 양형위는 동물학대 범죄 관련 신설 양형기준으로 동물을 '죽이거나 죽음에 이르게 하는 행위'와 '고통을 주거나 상해를 입히는 행위'로 나누어 형량을 권고했다. 이에 따라 '죽이거나 죽음에 이르게 하는 행위'는 법정 최고형인 징역 3년, '고통을 주거나 상해를 입히는 행위'는 징역 2년까지 권고된다. 특별가중인자로는 '불특정 또는 다수의 피해동물을 대상으로 하거나 상당한 기간에 걸쳐 반복적으로 범행한 경우' 등이 포함됐다.

'병력난' 겪는 호주군, 장기복무 결정 시 4,500만원 일시불 보너스

호주 국방부가 11월 5일(현지시간) 발표한 '2024 국방인력계획'에 따르면 호주정부는 방위군(ADF) 병력확대와 평균 복무기간 연장을 위해 국방 인건비를 연 6억호주달러(약 5,500억원) 증액하기로 했다. 증액한 금액은 4년의 의무복무 기간이 끝나는 하급 군인이 임기를 3년 더 연장하면 5만호주달러(약 4,500만원)의 보너스를 일시불로 지급하는 데 사용된다. 맷 키오 호주 보훈부 장관은 이날 언론 인터뷰에서 현금보너스 지급제도 덕분에 군복무 유지율이 증가하고 있다며, 인력난을 겪는 중간계급 병력유지에 도움이 될 것으로 기대했다.

프리랜서도 구직자도 누구나 가입 … 국내 첫 온라인노조 출범

시민단체 직장갑질119가 인터넷 카페를 기반으로 개인 누구나 참여할 수 있는 온라인노조를 출범했다고 11월 4일 밝혔다. 노조 없는 소규모 기업에 재직 중인 직장인, 회사에 다니지 않는 구직자 등 직종과 업종에 관계없이 누구나 가입할 수 있다. 노조에서는 노동상담·교육 등이 이뤄지고 갑질이나 직장 내 괴롭힘에 대응할 수 있는 노동정보, 법률정보 등의 콘텐츠가 공유된다. 온라인노조는 10월 31일 고용노동부로부터 노조설립 신고증을 받아 노조법상 노조 지위를 획득했고, 업종별 직장인이 30명 이상 모일 경우 업종별 지부도 만들 계획이다.

배우 김수미 심정지로 별세 … 향년 75세

배우 김수미 씨

국내 최장수 드라마 '전원일기'에서 '일용엄니' 역으로 출연했던 배우 김수미 씨가 별세했다. 향년 75세. 10월 25일 서울 서초경찰서에 따르면 김씨는 자택에서 심정지가 발생해 이날 오전 8시께 서초구 서울성모병원으로 이송됐으나 결국 사망판정을 받았다. 1971년 MBC 공채 3기 탤런트로 데뷔한 김씨는 개성 있는 미모와 출중한 연기력으로 드라마와 영화, 예능프로그램 등 여러 영역에서 활약했다. 최근까지도 활동을 멈추지 않았던 김씨는 올해 5월 피로누적으로 한양대병원에 입원해 활동을 잠정 중단한 바 있다.

사상 첫 롤드컵 5회 우승 '페이커' 이상혁 … e스포츠 '전설' 등극

글로벌 온라인게임 '리그 오브 레전드(LoL)'의 e스포츠 구단 T1이 11월 3일(현지시간) 영국 런던에서 열린 2024 롤드컵에서 우승했다. 이로써 T1의 주장 '페이커' 이상혁은 사상 첫 롤드컵 5회 우승이라는 금자탑을 쌓았다. 이상혁은 선수생명이 짧은 e스포츠계에서 11년간 활동하면서도 기량이 녹슬지 않고 성장해 '살아 있는 전설'로서 자신의 기록을 경신해왔다. 국가대표로서도 2023 항저우 아시안게임에서 금메달을 차지하는 등 혁혁한 성과를 올렸다. 그는 지난 6월 LoL 개발사 라이엇게임즈가 공식으로 선정한 LoL e스포츠 '전설의 전당'에 초대 헌액자로 선정되기도 했다.

'페이커' 이상혁

이슈&시사상식
포토뉴스

기후재난에 떠는
이동·조립식 주택 거주자들

허리케인 등 기후변화에 취약

NYT 보도에 따르면 이동·조립식 주택은 미국에서 가장 저렴한 주택형태 중 하나로, 전통적인 주택에 사는 사람보다 가난하게 살 가능성이 3배나 높았다.

조립식 주택은 기존에 건축된 미국 전국 주택 수량의 6%를 차지하는데, 최근 허리케인 헐린과 밀턴으로 큰 피해를 본 일부 지역에서 비율이 더 높게 나타났다.

예컨대 노스캐롤라이나주 서부 지역에서는 주택의 14%가 이동·조립식이고, 플로리다주 탬파베이 주변에서는 그 비율이 11%였다.

전문가들은 이동·조립식 주택 거주자들은 종종 연방 재난프로그램의 지원을 제대로 받지 못하고, 지역사회에서 쫓겨나기도 한다고 말했다.

또 재난에 대비한 보험에 가입하지 않은 경우가 많고 관련 법규에 부합하게 수리·교체하는 데 큰 비용이 드는 것도 이재민의 고통을 키우는 요인으로 꼽힌다.

도시연구소 자료에 따르면 1976년 이전에 지은 이동식 주택(130만채)의 경우 적절한 설치가 보장되지 않아 재해 발생 시 안전하지 않은 것으로 평가된다.

핵심 브리핑

미국에서 이동식 또는 조립식 주택에 살고 있는 1,600만명이 기후변화의 위험에 노출돼 있다고 미 일간 뉴욕타임스(NYT)가 10월 14일(현지시간) 보도했다. NYT는 대형 허리케인 '헐린'과 '밀턴'이 지난 9월과 10월 각각 미 남동부를 강타했을 때 이런 주택이 다수 파손되고 사망자도 발생한 점을 들어 이같이 전했다.

이슈&시사상식
팩트체크

'키 크는 주사' 성장호르몬제제
아무나 맞아도 될까?

What?

자녀의 성장에 관심이 많은 부모들 사이에서 일명 '키 크는 주사'로 알려진 성장호르몬 치료제가 대학병원과 일반병원, 성장클리닉 등에서 활발하게 사용되는 것으로 나타났다. 그러나 성장호르몬 주사를 처방받은 후 이상증상을 호소하는 사례도 매년 크게 늘고 있어 사용에 주의가 요구되고 있다.

성장호르몬제제 처방 후 부작용 호소 사례 '급증'

성장호르몬 주사제가 시중에 '키 크는 주사'로 잘못 알려지면서 불필요한 처방과 사용이 늘자 중대한 부작용도 덩달아 급증해 오남용 대책 마련이 시급하다는 지적이 나왔다. 10월 10일 국회 보건복지위원회 소속 전진숙 의원(더불어민주당)이 식품의약품안전처(식약처)와 건강보험심사평가원(심평원)에서 받은 자료에 따르면 최근 5년간 성장호르몬 주사제를 맞고 이상증상을 호소하는 사례가 해마다 늘고 있다.

이상사례 보고건수를 연도별로 살펴보면 2019년 436건, 2020년 660건, 2021년 1,189건, 2022년 1,603건, 2023년 1,626건 등으로 2023년에는 2019년과 견줘서 3배 이상으로 증가했다. 주요 이상사례를 보면 ▲ 전신장애 및 투여부위 병태(주사부위 통증·출혈·타박상 등) ▲ 감염 및 기생충 감염(바이러스 감염, 비인두염, 인플루엔자, COVID-19 등) ▲ 피부 및 피하조직장애(두드러기, 발진, 가려움증, 홍반 등) ▲ 각종 신경계장애(두통, 어지러움, 졸림, 감각 저하 등) 등이었다. 특히 중대 이상사례 보고도 끊이지 않았는데, 2023년에만 113건으로 이 역시 2019년(33건) 대비 약 3배로 증가했다. 올해 6월 기준 중대 이상사례 보고건수는 벌써 81건으로 이미 지난해의 절반을 넘어섰다. 다만 식약처는 이런 부작용이 성장호르몬 주사제와 직접적인 인과관계가 있는 것으로 확인된 것은 아니라고 밝혔다.

성장호르몬 주사 치료제 처방현황을 들여다보면 2022년 19만 1건에서 2023년 24만 7,541건으로 늘었고, 2024년 6월 기준 12만 4,997건에 달했다. 2022년부터 2024년 6월까지 의료기관 종별 처방건수는 상급종합병원 23만 2,314건, 종합병원 21만 8,412건, 병원급 6만 8,711건, 의원급 4만 3,102건이었다. 이러한 보고에 대해 전진숙 의원은 "성장호르몬 주사제의 부작용이 증가한 이유가 무엇인지 면밀하게 분석할 필요가 있다"고 말했다.

성장호르몬제제, '키 크는 주사'로 잘못 알려져

전문가들은 성장호르몬 주사제는 치료하지 않을 경우 정상적인 성장에 문제가 있는 환자가 부작용을 감수하고 사용하는 치료제라며, 정상성장 중인 아이에게 투여하는 것은 적절하지 않다고 조언한다.

신장이 정상범위에 있는 아동에 대한 성장호르몬 치료는 효과가 확인되지 않아 사용에 신중해야 한다는 분석도 나왔다. 지난해 10월 25일 한국보건의료연구원(보의연)의 '의료기술재평가보고서-소아청소년 대상 키 성장 목적의 성장호르몬 치료'에 따르면 40편의 국내외 관련 연구논문을 분석한 결과 저신장과 관련한 질병이 없고 키가 하위 3%에 속하지 않을 정도로 작지 않은 경우 성장호르몬 치료의 효과가 입증되지 않았다. 보의연은 이런 분석결과를 토대로 성장호르몬 치료제에 대해 "식약처의 허가범위 내에서 사용할 것을 권고한다. 허가범위를 초과해 사용하는 것은 과학적 근거가 부족해 권고되지 않는다"는 정보문을 발표했다.

성장호르몬 치료제는 소아성장호르몬결핍증, 터너증후군, 소아만성신부전, 프라더윌리증후군, 따라잡기 성장을 하지 못한 부당 경량아, 누난증후군으로 인한 저신장증 등 관련 질병에 대한 치료효과가 인정이 된 경우에만 건강보험 급여가 인정된다. 그러나 관련 자료에 따르면 2021년부터 2023년 9월까지 의료기관에 공급된 성장호르몬 의약품 1,066만 개 중 건강보험 급여대상은 3% 수준인 30만 7,000개뿐이었다. 나머지는 저신장증이나 관련 질병이 없는 소아·청소년들에게 비급여 처방된 것이다.

일반적으로 성장호르몬 의약품의 단가는 최소 1만원대에서 최고 100만원대에 달한다. 대부분 주사제로서 처방을 받은 후 집에서 부모나 아동이 일주일에 6~7회 몸에 직접 주사를 투여하는 방식이다. 약값이 연간 1,000만원 가까이 들어가는 경우도 있는 것으로 알려졌는데, 이 때문에 성장기 아동을 둔 부모들 사이에서는 '등골브레이커(등골이 휠 정도로 부담이 되는 비싼 상품)'로 '악명'이 높다.

이러한 성장호르몬제제 오남용에 대해 식약처는 "터너증후군이나 성장호르몬 결핍 및 저신장증 환자에게 처방되는 성장호르몬 제제를 정상인에게 장기간 과량 투여하면 말단비대증, 부종, 관절통 등 부작용이 발생할 수 있으나, 이 제제가 '키 크는 주사'로 잘못 알려져 불필요한 처방이 이뤄지고 있다"며 주의를 당부했다.

성장호르몬 의약품은 기본적으로 치료를 제때 하지 않을 경우 정상적인 성장에 이상이 발생하는 환자에게 처방하는 약이며, 정상적으로 성장 중인 아동에 대한 치료효과는 입증되지 않았으므로 사용에 주의를 기울여야 한다.

실손보험 청구간소화
이익인가, 덫인가?

지난해 10월 '실손보험 청구간소화'라고 흔히 불리는 보험업법 개정안이 국회를 통과함에 따라 올해 10월 25일부터 병상 30개 이상의 병원을 대상으로 도입됐다. 법의 취지는 보험청구를 간편하게 함으로써 보험 가입자의 편익을 도모한다는 것이지만, 시민사회단체는 물론이고 의료계까지 '민간보험사만을 위한 법'으로서 결국 의료민영화로 가기 위한 초석이 될 것이라며 격렬하게 반대하고 있다.

실손보험 청구간소화의 핵심은 보험 소비자들이 각종 서류 없이도 앱을 통해 손쉽게 보험금을 청구할 수 있다는 것이다. 그동안 실손보험 청구를 하려면 가입자가 병원에서 진료 영수증, 진단서 등 서류를 발급받고 팩스나 온라인 등으로 보험사에 전송해야 했다. 그러나 서비스 시행으로 이제 보험 소비자(실손보험 계약자, 피보험자 등)는 병원 방문이나 복잡한 서류 발급 등의 절차 없이 모바일로 간편하게 보험금을 청구할 수 있게 됐다는 것이다.

실제로 보험 소비자가 보험금을 직접 청구하는 것은 아니다. 보험 소비자의 몫은 보험금 청구를 위해 요양기관(병·의원)에 필요한 서류(진료비 내역 등)를 전자적 형태로 보험회사에 전송해달라고 요청하는 것이다. 이후 요청을 받은 요양기관은 전송 대행기관(중계기관)을 거쳐 보험사에 정보를 전송하는 과정을 거친다.

보험 소비자 편익 도모

- ❖ 병원 방문 없이, 각종 서류 발급 없이
- ❖ 휴대전화기로 간편하게
- ❖ 소액이라도 청구를 포기하는 일 없도록

간소화 서비스를 이용하기 위해서는 먼저 휴대전화기에 보험개발원이 운영하는 '실손24' 앱을 설치하거나 홈페이지에 접속해서 약관동의와 본인인증 절차를 거쳐 회원가입을 해야 한다. 앱에 로그인한 뒤에는 ▲ '실손청구' 선택 ▲ 사고유형 및 최초 진료일자 입력 ▲ 병원 검색 및 진료내역 선택 ▲ 청구정보 입력 ▲ 보험금 지급계좌 선택 등의 절차를 거치면 된다. 여러 개의 실손보험에 가입했을 경우에도 한 번에 여러 보험사에 동시에 청구할 수 있다.

앱을 설치하기 어렵다면 실손24 홈페이지를 이용하면 된다. 다만 입원비를 청구하거나 처방전이 없는 통원비를 청구할 경우에는 진단서 등 추가적인 서류를 제출해야 한다. 약을 처방받았다면 약제비 영수증을 사진으로 촬영해 별도 전송해야 하는데, 내년 10월 25일부터는 약제비도 사진 첨부 없이 자동으로 청구할 수 있게 된다.

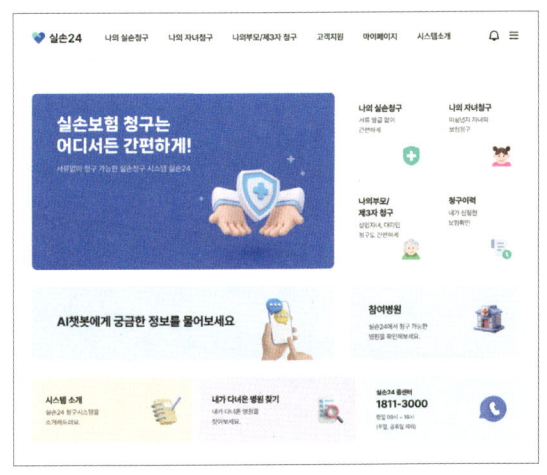

'실손24' 홈페이지

세간에 '진료받은 병원에서 보험금 청구를 신청하면 된다'는 확인되지 않는 말이 돌았는데, 이는 사실이 아니다. 보험개발원 관계자는 "간소화 서비스가 시행되더라도 보험금 청구 주체는 고객 본인"이라며 "병원에 신청하는 게 아니라 실손24 앱이나 홈페이지에서 직접 청구해야 한다"고 설명했다. 모든 병원 진료에 대해 간소화 서비스를 이용할 수 있는 것도 아니다. 병원급 이상 의료기관 중 실손24 서비스와 연계된 병원에 한해서만 청구가 가능하다.

이와 관련해 보험개발원은 전국 7,725개의 30병상 이상 병원과 보건소 중 연내 4,700개 이상을 간소화 시스템에 연결할 계획이다. 이 계획대로라면 병원 수 기준 60%, 청구 건수 기준 70% 이상이 간소화 서비스에 참여하게 된다.

청구절차가 번거로워서 청구금액이 소액일 경우 청구 자체를 포기하는 사례가 적지 않았다는 현실을 감안하면 보험 소비자 입장에서는 손쉽게 청구가 가능해진 만큼 편리해지는 것은 확실하다. 지난해 청구되지 않은 실손 보험금은 2,512억원으로 추정된다. 그러나 시민단체들은 이 '손쉽게'에 함정이 있다고 반대의 목소리를 높인다.

실손보험 청구간소화 시행

2024년 10월 25일 이후 발생한 진료비 내역부터 보험개발원 실손24 앱 또는 웹페이지 통해 보험금 청구

청구방법	
1	로그인, 본인인증
2	보험계약 조회·선택
3	병원 선택
4	진료 일자 및 내역 선택
5	청구서 작성
6	청구내용 확인 및 전송
7	청구 완료

※ 약제비 계산서·영수증은 가입자가 사진을 찍어 앱 등에 첨부
(2025년 10월 25일 간소화 시행예정)

자료 / 금융위원회

민간보험사 악용 대비 못 해

❖ 위험군 환자 보험가입 거절의 이유
❖ 소액에 현혹돼 내 정보는 파는 격
❖ 미국식 의료민영화로 가는 길

비판의 핵심은 환자의 정보가 데이터베이스화가 가능한 전자형태로 더 손쉽게 민간보험사로 넘어간다는 점이다. 즉, 보험사들은 질병위험이 클 것으로 추정되는 환자들의 새로운 보험가입을 거절하거나 보험료를 인상하거나 보험금 지급거절 등에 악용할 수 있는 것이다. 그렇게 되면 당장 소액 보험료의 지급은 증가할 수 있으나, 장기적으로 보험사가 고액 보험료를 거절하는 사례가 늘 수 있다. 또한 환자정보를 '비의료 건강관리 서비스'라는 이름으로 만성질환 치료·관리 상품 판매에 활용하는 등 영업에 이용할 수도 있다. 법안 논의 때 전자적 형태가 아닌 방식으로 최소한의 정보만 전송하자는 방안을 민간보험사가 거절한 것만 보더라도 소액청구 간편화가 목적이 아니었음은 분명하다.

보험사의 이익은 또 있다. 각종 서류 등을 접수받고 처리하는 과정이 사라지면서 관련 인력과 비용을 줄일 수 있는 것이다. 소액청구만 늘어 지급이 증가하는 등 이익이 없는 정책에 민간보험사가 발 벗고 나선다는 것도 어불성설이다. 자신들의 이익 없이 소비자를 위한 서비스라는 민간보험사의 말은 기만이고 위선이라고 할 수 있다.

앞서 정부와 보험연구원은 실손보험 미청구 이유를 설문한 결과 번거로워서가 아니라 소액이어서 청구하지 않는 경우가 대다수라고 답했다. 그러나 소액을 자주 청구하면 보험료가 오르거나 차후 고액 청구 시 보험금을 못 받을지도 모른다는 우려가 큰 것을 고려하지 않았다는 비판도 크다. 이에 대해 금융위원회(금융위)는 "보험료 인상이나 보험료 지급 거절 등이 우려돼 청구하고 싶지 않다고 하면 청구하지 않으면 된다. 이런 부분은 지금과 달라지는 것이 없다"는 입장이다.

이익 없는 주도는 있을 수 없어

애초에 '청구간소화'는 민간보험사가 제기했다. 민간의료보험은 오늘날 '제2의 건강보험'이라고 불릴 정도로 성장했다. 2017년 한국의료패널에 따르면 국민의 78.7%가 1인당 평균 2.2개의 민간의료보험에 가입해 월평균 약 13만 2,000원을 내고 있다. 이는 2017년 1인당 월평균 국민건강보험료 약 4만 5,000

원의 약 3배에 달한다. 이 자료를 근거로 추산하면 2017년 민간의료보험 시장규모는 약 53조원 규모인데, 이는 같은 해 건강보험 총재정 약 59조원에 근접하는 액수다.

그러나 개인이 민간보험을 통해 경감할 수 있는 의료비는 기대에 못 미친다. 정액 민간의료보험 가입자의 경우 2017년 공보험은 58.4%를 보장해준 반면, 민간보험은 단 6.2%를 보장해주는 데 그쳤다. 실손보험 가입자의 경우는 건강보험으로 의료비 총액의 51.2%를 보장받았지만, 민간보험으로는 고작 9.2%만을 보장받았다. 민간보험에 국민건강보험 대비 3배나 많은 보험료를 내지만 보장은 5~10배나 적게 받는 것이다. 각자가 내는 보험료와 비교해도 받는 보험금이 너무 적다. 2008년부터 2017년까지 민간보험 가입자가 부담한 민간보험료 중 보험금으로 돌려받은 금액은 단 8.3%뿐이다.

이런 가운데 2022년 보험사 순이익은 무려 9.2조원으로 전년 대비 11% 높아졌다. 보험사들은 늘 위험손해율(보험사가 보험료 중 사업비를 미리 떼고 보험금을 지급하기 위해 남겨둔 위험보험료 중 지급된 금액을 나타내는 것)이 100%가 넘는다고 아우성치지만, 전체 보험료에서 위험보험료와 사업비 비중이 얼마인지는 보험사의 영업비밀이라며 공개하고 있지 않아 실제로 영업손실이 일어났는지 파악할 수도 없다. 심지어 가입자 몰래 보험약관을 바꾸고, 약관의 모호한 표현을 핑계 삼아 보험금 지급을 거절하는 일도 빈번하다. 환자를 보지도 않은 보험사 '자문의' 소견을 근거로 부지급을 결정하는 건 흔한 수법이다. 특히 보험 관련 정책을 제안하고 토의하는 보험연구원과 보험개발원 등이 민간보험사의 수익을 극대화하는 일을 하는 곳이라는 비판에서 자유롭지 않은 것도 이 정책의 의도를 의심하게 한다.

당장 실손보험 청구간소화 서비스에 대한 병원 참여가 저조한 것도 문제다. 소비자가 서비스를 실제 이용할 수 있는 병원이 많지 않기 때문이다. 무엇보다 정보가 돈인 세상에서 개인정보, 그것도 질병에 관한 예민한 나의 정보를 눈앞의 편의와 소액의 보험금에 현혹돼 민간업체에 팔아넘기는 것과 다르지 않다는 데 심각성이 있다.

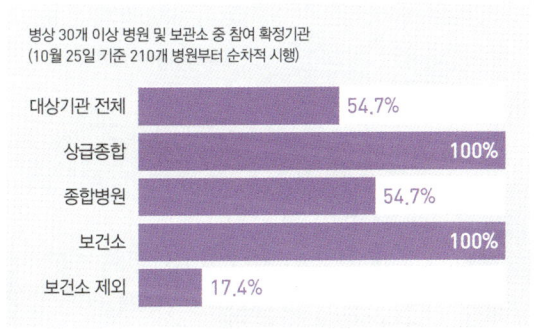

시민단체들은 실손보험 청구간소화와 비의료 건강관리 서비스에 대해 "미국식 의료민영화 추진과 다르지 않다"고 비판한다. 국민 대다수의 개인정보를 무분별하게 축적하는 것이 의료민영화를 위한 전제조건이기 때문이다. 결국 겉으로는 소비자를 위한다고 하지만, 실제로 이익을 보는 것은 민간보험사라는 의미다.

이슈&시사상식
이슈평론

2023년에만 고독사 3,661명
사회안전망 촘촘해져야

NEWSPAPER

고독사 … 젊은 층은 스스로 놔버리고, 고령층은 잡을 곳이 없다

고독사한 이들의 마지막을 살펴보면 사회와 단절됐다는 공통점이 있으면서도 연령대별로 차이점이 드러난다. 정부와 복지 전문가들의 설명을 종합하면 청년층은 취업을 하지 못하거나 실직한 사례가 많다고 한다. 지속적으로 실패를 경험한 이들이 스트레스와 무력감에 시달리다 결국 사회에 벽을 치고 굴속으로 숨어든다는 것이다. 이와 달리 중장년층은 이혼이나 사별 등으로 배우자와 떨어져 혼자가 된 뒤 고립되는 경향이 있는 것으로 나타났다.

2024.10.17. 뉴시스

해가 갈수록 증가하는 '쓸쓸한 죽음'

홀로 생을 마감하는 고독사가 여전히 줄지 않고 있다. 보건복지부가 10월 17일 발표한 '고독사 사망자 조사결과'에 따르면 2023년 우리나라에서 3,661명이 홀로 죽음을 맞이했다. 고독사는 정부가 공식집계를 시작한 2021년 3,378명, 2022년 3,559명 등으로 3년째 꾸준히 늘고 있다. 2021년 '고독사 예방 및 관리에 관한 법률'을 시행하는 등 정부와 지방자치단체가 수년째 고독사 예방에 노력을 기울였지만 증가세가 쉽게 꺾이지 않는 것이다.

정부는 고독사가 늘어나는 주요원인으로 1인 가구 증가를 꼽았다. 1인 가구는 2021년 716만 6,000명에서 2022년 750만 2,000명, 2023년 782만 9,000

명으로 매년 증가세다. 2023년 기준 1인 가구는 전체의 35.5%를 차지한다. 사회적 고립을 초래할 가능성이 상대적으로 높은 가구가 전체 3분의 1을 넘는다는 얘기다.

장년층의 고독사 비율 높으나, 청년층도 심각해

연령별로 보면 고독사는 여전히 장년층인 50·60대에서 집중적으로 발생했다. 특히 50·60대 남성 고독사 사망자가 2022년과 2023년 전체 고독사의 54.1%와 53.8%를 차지했다. 장년층은 은퇴나 실직 등으로 사회적 관계가 단절되면서 고독사 위험군으로 전락할 가능성이 크다는 게 전문가들의 지적이다. 게다가 이들은 지자체에서 주기적으로 안부를 확인하는 독거노인 등과 달리 당국이 직접 개입할 수 없는 '복지사각지대'에 놓여 있는 경우가 적잖다.

청년층의 고독사 문제도 가벼이 볼 일이 아니다. 다른 연령대에 비해 고독사 비중 자체는 크지 않지만 스스로 생을 마감하는 비율이 유독 높다. 2023년 전체 고독사 중 극단적 선택을 한 사망자는 14.1%였는데, 그중 20대가 59.5%, 30대가 43.4%를 차지했다. 청년층이 고독사에 이르는 과정은 취업실패나 실직과 연관이 있는 경우가 많다고 한다. 특히 집에서 나와서 혼자 사는 청년들이 생계해결에 실패하면서 세상을 등질 생각에 빠지기 쉽다는 것이다.

사회안전망, 더 촘촘하게 가동돼야

고독사를 줄이기 위한 연령대별 맞춤형 예방대책이 절실하다. 또 고독사 사망자 중 기초생활보장 대상자가 2022년 39.7%, 2023년 41.4로 나타났는데, 여전히 절반이 넘는 고독사가 경제적으로 취약하지 않은 가구에서 발생한다는 의미다.

고독사 위험은 계속 늘어날 가능성이 크다. 고령화와 1인 가구 증가가 시대적 흐름이기 때문이다. 수명은 늘어나지만 혼자 살거나 공동체 붕괴로 사회와 연결되지 않은 개인이 늘어나는 추세가 바뀌기는 쉽지 않을 것이다. 이런 환경에서 우리 누구든 은퇴나 실직, 가족해체 등으로 사회적으로 고립될 수 있다. 고독사가 사회구조적 고립이 낳는 사회적 질병이라 불리는 것도 이런 이유에서일 것이다. 세상으로부터 외면당하는 죽음이 더 이상 늘어나지 않도록 국가와 지역사회가 사회안전망을 더욱 촘촘하게 다져야 한다. 개개인도 늘 따뜻한 시선과 손길로 주변과 이웃을 살피는 자세가 필요하다.

이슈&시사상식
세계는 지금

일본, 여왕은 없다?
여성 왕위계승 거부

나루히토 일왕의 외동딸 아이코 공주

지난 10월 29일 유엔(UN) 여성차별철폐위원회는 일본정부의 여성정책을 심의한 뒤 여성은 왕위계승을 받지 못하게 한 일본 왕실전범의 개정을 권고했다. 그러나 11월 1일 이와야 다케시 일본 외무장관이 "유엔이 국가의 기본과 관련된 사안을 권고해 대단히 유감"이라고 사실상 거부의 뜻을 밝혔고, 이어 하야시 요시마사 관방장관도 "(남성에게 한정된 왕위계승은) 인권과 관련이 없는 문제"라고 말했다.

유엔의 네 번째 권고, 일본은 '여성여왕' 거부

지난 10월 29일 유엔(UN) 여성차별철폐위원회는 스위스 제네바사무소에서 일본정부의 여성정책이 성평등에 위배되는지 심사했다. 이어 일본정부에 여성이 결혼 후 남성의 성을 따르는 '부부동성제도'를 개정하라고 촉구했고, 아울러 '부계'만 왕위를 계승하는 '왕실전범'의 개정도 필요하다고 지적했다. 일본왕실의 제반사항을 규정하고 있는 왕실전범은 제1조에서 왕위에 대해 "남계남자가 계승한다"고

규정하고 있으며, 왕족여성은 왕족 이외 사람과 혼인하면 왕족 신분을 잃는다고 명시했다. UN의 이러한 권고는 지난 2003년과 2009년, 2016년에 이어 네 번째다. UN은 이러한 권고사항이 잘 이행되고 있는지 살펴보고 있는데, 여전히 이행되지 않고 있는 것이다.

일본정부는 이러한 권고에 강한 불쾌감을 드러냈다. 이와야 다케시 외무장관이나 하야시 요시마사 관방장관 등은 대체로 '지나친 간섭'이라는 태도를 보였고, 극우성향 정당인 일본유신회는 "나라와 문화와 역사의 문제"라며 강하게 반발했다. 부부동성제도에 관해서도 일본 측에서는 "일본사회 전체의 가족 존재방식에 관한 중요한 문제이며, 일본국민의 폭넓은 이해를 얻어야 한다"며 불명확한 태도를 보였다.

일본인의 90%는 여성 일왕 찬성

한편 지난 4월 교도통신이 나루히토 일왕 즉위 5주년을 앞두고 일본인 3,000명을 대상으로 실시한 여론조사에서 응답자의 90%가 여성 일왕을 인정해야 한다는 것에 찬성했다는 결과가 나왔다. 찬성하는 이유로는 가장 많은 50%가 '일왕 역할에 남녀는 관계없다'고 답했다. 또 왕족여성이 왕족 이외 남성과 결혼해 낳은 자식이 왕위를 잇는 이른바 '여계 일왕'에 대해서도 응답자 84%가 찬성했다.

그러나 왕위계승 안정성에 대해서는 72%가 '위기감을 느낀다'고 답했다. 도쿄신문은 젊은 남성왕족이 히사히토뿐이어서 왕위계승에 대한 위기감이 높아지고 있다는 점이 여론조사에서 나타났다고 짚었다. 현재 계승 1순위는 나루히토 일왕 동생인 후미히토이며, 2순위는 후미히토의 아들인 히사히토다. 나루히토 일왕은 슬하에 아들 없이 아이코 공주만 뒀고, 후미히토는 자녀 3명 중 막내만 아들이다.

일본왕실 가계도

자료 / 일본 궁내청

왕위 이어받을 '남성' 왕족이 없다

이렇듯 현재 왕위계승 자격을 갖춘 왕족은 일본왕실에서 단 세 명뿐이다. 당장 왕위를 이어받을 왕족이 부족한 데다가 성평등 가치에 반하는 부분도 있어 일본 내부에서는 왕족여성의 승계를 무조건 거부하는 정부의 태도에 대해 비판의 목소리도 나온다. 왕족여성이 결혼을 하면 왕족을 떠나기 때문에 왕족 수 자체도 줄어들고 있는 실정이다.

정치권의 반발 덕분에 제도개정에도 암초가 걸린 상황이다. 앞서 2022년 1월 관련 위원회가 '여성왕족이 결혼 후에도 왕족 신분을 유지해야 한다'는 내용의 개정안을 내놨지만 논의는 지지부진한 상태다. 아울러 이시바 시게루 신임 총리도 취임 전 '여성 왕위계승을 논의해야 한다'는 입장이었으나, 자민당 내 반발이 심해 취임 후에는 말을 아끼고 있다.

"현실반영 vs 복지후퇴"

찬성
백세시대에 65세는 중년

1981년 노인복지법 제정 후 40여 년이 지났지만, 연령기준은 제정 당시 그대로 65세다. 그런데 평균수명은 1981년 66.7세에서 2022년 82.7세로 16년이나 늘어났고, 기대수명 역시 2001년에 OECD 평균을 넘어섰으며, 2021년 기준 83.7세다. 최근 보건복지부가 공개한 '2023년 노인실태조사'에 따르면 노인가구의 연간소득은 3,469만원, 개인소득은 2,164만원, 금융자산 규모는 4,912만원, 부동산자산 규모는 3억 1,817만원이다. 당뇨, 고혈압 등 만성질환을 평균 2.2개 가지고 있었지만, 아무런 질환도 없이 건강한 노인도 13.9%나 됐다. 건강하고 자산이 있는 신(新)노년층이 늘고 있는 것이다. 이는 국가적·사회적 돌봄이나 복지가 필요한 '실질적 노인'이 줄었다는 의미이기도 하다. '인생 60시대'에는 65세가 고령자였다면 이제 '인생 100세 시대'에 65세는 중년인 셈이다.

반면 합계출산율은 점차 빠르게 감소해 1984년부터는 OECD 평균보다 낮아졌으며, 2003년 이후로는 OECD 국가 중 가장 낮은 수준이다. 이런 현실에서 노인 연령기준을 현재와 같이 65세로 유지할 경우 2054년 이후 우리나라의 노인인구 부양부담은 OECD 국가 중 가장 높은 수준을 보일 것으로 전망된다. 복지혜택이 꼭 필요한 부분에 사용될 수 있도록 불필요한 부분의 혜택은 줄이는 게 타당하다.

지난 10월 21일 제19대 대한노인회 회장에 취임한 이중근 회장은 "노인연령을 75세로 연간 1년씩 단계적으로 상향조정해 노인 총수를 2050년에도 1,200만명 정도로 유지하도록 정부에 건의하겠다"고 전했다. 이와 관련해 한덕수 국무총리는 다음 날인 22일 정부세종청사에서 가진 기자간담회에서 "노인회가 지적한 분야를 신중하고 중요한 아이템으로 보고 검토해나갈 것"이고 강조했다. 급격한 고령화 진행과 평균수명 증가로 백세시대를 염두에 둔 정책설계가 필요하다는 논의가 계속되는 가운데 노인의 연령기준을 상향조정하자는 의견이 이어지는 것이다.

노인 연령기준 65세의 역사는 19세기 독일 초대총리 비스마르크 집권기로 거슬러 올라간다. 당시 독일이 평균수명이 짧아 노년층을 사회적으로 보호하기 위해 65세를 기준으로 한 것인데, 제2차 세계대전 후 유엔(UN)이 65세 기준을 그대로 준용하며 우리나라까지 영향을 끼친 것이다. 우리나라는 이 기준을 1981년 노인복지법을 제정하면서 그대로 받아들였고, 이에 따라 지하철 등 공공시설을 무료로 이용할 수 있는 경로우대 대상을 65세 이상으로 정하고 있다.

노인 연령기준 상향

2022년 기준 우리나라 국민의 평균수명은 82.7세이며, 의학기술의 발전으로 건강한 100세를 바라보게 됐다. 65세부터 100세까지 35년 정도의 연령차이가 나는데도 이들을 모두 '노인'으로 묶는 건 무리가 있다는 게 노인 연령기준 상향 주장의 근거다. 무엇보다 노인 연령기준이 중요한 이유는 주요 노인복지제도가 만 65세 이상을 기준으로 활용하기 때문이다. 2022년 기준 49개 주요 복지제도 중 49%인 24개 사업이 65세 이상의 연령을 기준으로 하기 때문이다. 기초연금, 노인장기요양보험, 대중교통 무임승차 등 경로우대제, 독감·폐렴 구균 무료 예방접종, 이동통신비 감면 등이 그것이다. 특히 국민연금과 관련해서는 노인 연령기준이 상향되면 수급개시 연령이 늦어질 수 있는 만큼 뜨거운 감자가 돼왔다.

그러나 노인 연령기준 상향에 대한 논의는 이번이 처음이 아니다. 2015년 70세로 상향조정하자는 제안이 있었지만, 공론화 과정에서 실패했고, 2019년에는 대법원 전원합의체가 고령사회로 진입한 우리 사회의 여건을 고려해 노동 가동연한을 60세에서 65세로 상향조정하는 것이 적절하다고 결론 내리며 정년연장과 노인연령 상향조정 논의가 자연스럽게 뒤따를 것으로 전망됐지만, 사회적 논란만 야기한 채 흐지부지됐다.

노인빈곤율 OECD 최상위권 [반대]

우리나라 고령층이 직면한 가장 큰 문제는 빈곤이다. 우리 사회가 축적해온 경제적 성취에 비해 노인 개개인이 축적한 돈이 많지 않다. 예금을 많이 가진 일본의 노인과 상당히 대조적이다. 2021년 OECD 통계로 봐도 우리나라 노인빈곤율은 43.4%로 최상위권에 속한다. 이는 OECD 평균 15.3%에 세 배에 달하는 수치다. 이렇다 보니 경제적 문제가 원인이 된 노인자살률도 상당히 높다. 정부에서 노인을 향한 각종 지원 프로그램과 복지제도를 계속 확충해야 하는 이유다. 이런 상황에서 노인의 기준을 올리면 노인에서 빠지는 고령자는 기초연금과 장기요양보험의 수급대상에서 제외되고, 지하철 등의 요금도 모두 부담해야 한다. 노인빈곤율은 더 추락할 것이 불 보듯 뻔하다. 당장 노인일자리사업만 없어져도 타격을 받는 가난한 노인이 상당히 많다는 것을 감안하면 이들에 대한 지원대책 없이 노인 연령기준부터 상향한다는 것은 그야말로 복지정책의 후퇴다.

또한 우리 사회는 대부분 60세를 정년으로 하고 있기 때문에 현재도 국민연금 수급개시까지 공백이 있어 경제적 곤란을 호소하는 이가 적지 않다. 이런 이유로 거의 모든 국가에서도 노인복지의 기준을 65세로 정하고 있다. 노인의 복지를 미루기보다 다른 방법으로 세수를 거둬 안정적인 재정기반을 마련하는 것이 더 올바른 선택일 것이다.

"100세까지 산다는데 65세는 너무 젊어"
"인구의 반이 노인이어서는 안 돼"

"노인 생명을 담보로 젊은이만 살리자고?"
"인생의 절반을 헌신했으면 인정해줘야지"

"유기예방 vs 유기급증"

찬성
관련 비용은 키우는 사람 몫

국내에서 반려동물을 기르는 인구 비율은 2022년 기준 25.4%다. 동물등록 비율을 감안했을 때 실제 양육되는 반려견만 400만마리가 넘는다. 이렇게 반려동물 수가 많아지면서 각종 사고도 늘고 있다. 소방청에 따르면 개 물림 사고로 병원에 이송된 건수는 2022년 2,216건이었다. 동물유기로 인한 사회적 비용도 증가하는 추세다. 지방자치단체의 동물보호센터 운영비용만 2022년 294억원이었다. 반려동물 배변처리에도 세금이 들어간다. 따라서 보유세는 반려동물 관련 정책에 소요되는 사회적 비용의 재원이 된다.

현재 관련 사회적 비용의 재원은 세금이다. 반려동물을 키우지 않는 사람이 내는 세금이 사용되고 있는 것이다. 따라서 이런 비용은 반려동물을 키우는 사람들이 내는 게 바람직하다. 즉, 혜택을 받는 사람이 비용을 내야 한다는 '수익자 부담의 원칙'이 적용돼야 하는 것이다.

무엇보다 보유세는 쉽게 입양하고 쉽게 버리는 일이 줄어들게 할 것이다. 양육에 필요한 비용이 증가함에 따라 양육 여부를 신중하게 결정할 수밖에 없기 때문이다. 미국과 캐나다, 유럽에서도 이런 이유로 반려동물 보유세를 걷고 있다. 독일에서는 반려견 보유자에게 연간 120~180유로(약 17만~26만원)를 지방세 형태로 부과하고 있다.

자료 / 농림축산식품부

정부가 내년 1월 시행되는 '제3차 동물복지 종합계획'의 일환으로 반려동물 보유세 도입을 검토하는 것으로 알려지면서 논란이 됐다. 그러자 농림축산식품부(농림부)가 급하게 "연말쯤 발표를 계획하고 있는 '제3차 동물복지 종합계획' 수립과정에서 여러 논의를 진행 중이지만, 반려동물 보유세를 검토하고 있지는 않다"고 밝히면서 진화에 나섰다. 언론은 정부가 반려동물 보유세에 대해 신중한 입장을 밝힌 것은 이를 둘러싼 찬반이 첨예할 것으로 예상하기 때문이라고 분석했다.

반려동물 보유세 관련 내용은 지난 2020년 농림부의 '제2차 동물복지 종합계획(2020~2024년)'에도 포함됐었다. 당시 문재인정부는 2022년까지 "반려동물 보유세 또는 부담금, 동물복지기금 도입 등을 검토해 지자체 동물보호센터, 전문기관 등의 설치·운영비로 활용하는 방안을 검토하겠다"고 했다. 또한 당시 농림부 장관이 2022년 8월 '농식품부 업무보고'에서 보유세 도입여부·활용방향에 대한 국민 여론조사를 포함한 연구용역을 실시하겠다는 의견을 밝혔으나, 이에 대해 찬반논란이 일었고 결국 보유세 관련 여론조사는 실시되지 않았다.

반려동물 보유세

반대
모두 동일한 혜택 불가능

그러나 정부가 5년마다 새로 세우고 있는 동물복지 종합계획이 올해 연말 발표될 예정이라 이번에 다시금 반려동물 보유세 도입이 추진될지 이목이 쏠린 것이다. 현재 논의 중인 '제3차 동물복지 종합계획'은 5~6개 분과별로 동물 전문가·관계자 등이 참여하는 동물복지위원회를 구성해 내용을 논의 중이다. 정부는 "검토하지 않는다"고 했으나, 위원회에 참여 중인 위원들 가운데 일부는 반려동물 보유세 도입을 적극적으로 검토해야 한다는 의견인 것으로 전해졌다. 반려동물 문화가 정착된 국외 다른 나라들도 이 같은 세금부과 등을 통해 반려동물 보호자의 책임을 강조하고, 동물 관련 예산을 충당하고 있다는 것이다.

동물보호단체의 여론조사도 근거로 제시했다. 동물복지문제연구소 '어웨어'가 지난 3월 발표한 '2023 동물복지에 대한 국민인식조사' 보고서를 보면 응답자 93.3%가 현행 반려동물 등록제를 일정기간마다 신고해야 하는 '갱신제'로 전환해야 한다고 대답했고, 71.1%는 '반려세' 도입이 반려동물 양육자 책임 강화에 효과가 있을 것이라고 답했다. 그리고 이렇게 마련된 재원은 유기동물 관리 및 보호소 개선(54.3%)과 동물학대 방지 및 구조(46.8%) 등 공익적 목적에 사용되길 바라는 것으로 나타났다.

보유세 신설은 반려동물을 키우고 있는 사람들에게는 경제적 비용이 늘어난다는 의미다. 진입장벽이 높아지는 만큼 반려동물이 증가하는 비율은 줄어들 것이다. 그러나 이미 현재 반려동물 양육인구 중 상당수가 저소득층이라는 것을 감안하면 외국처럼 10~30만 원가량의 보유세는 무시할 수 없는, 아니 감당하기 어려운 비용이다. 따라서 본의 아니게 함께하던 반려동물을 포기할 수도 있다. 특히 농어촌에서는 집 지키기나 쥐 잡기 용도로 실외에서 개와 고양이 등을 키우는데, 이들한테 세금을 내라고 하면 차라리 키우길 포기할 공산이 크다. 유기동물이 더 늘어날 수 있다는 것이다.

또한 반려동물 보유세를 부과하기 위해서는 일단 반려동물이 모두 등록돼야 한다. 그러나 현재 유기를 막기 위한 동물등록은 70%를 조금 웃도는 정도다. 이런 상황에서 동물등록을 하고 세금을 내느니 등록하지 않고 불법으로 키우게 되는 일이 많아질 것이다. 등록을 강제하는 것도 말처럼 쉽지 않다. 등록과 반려동물 실태 파악에도 적지 않은 비용과 시간이 필요하다.

어느 지역에 살든 동일한 혜택과 인프라를 누릴 수 있어야 한다는 점에서도 문제다. 형평성에 어긋난다는 것이다. 농어촌 지역이 도시보다 상대적으로 불리할 수밖에 없기 때문이다.

"보유세는 곧 책임감"
"동물복지 발전을 위한 재원 마련"

"보유세가 아니라 인식개선이 먼저다"
"그냥 돈을 걷으려는 변명거리를 만드는 것?"

HOT ISSUE QUIZ

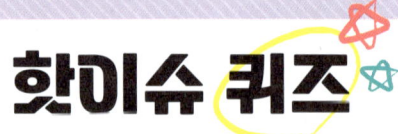

한 달 이슈를 퀴즈로 마무리!

01. 여론조사 결과를 도출할 때 응답률이 낮을 경우 표본구성에 편향성이 생길 가능성이 커지기 때문에 (   )이/가 통용되기도 한다.

02. (   )은/는 우경화돼 보수적 성향에 인종차별 성향까지 띠고 있는 계층을 말한다.

03. 노벨문학상 선정기관인 (   )은/는 2024년 노벨문학상 수상자로 한강을 선정했다고 밝혔다.

04. 재판부에 제출하는 (   )은/는 재판부의 어떤 결정이나 판결에 대해 변론하기 위해 작성되는 성격을 띤다.

05. 여야 합의에 따라 폐지가 결정된 (   )은/는 '소득이 있는 곳에 과세한다'라는 조세원칙을 기반으로 한 제도다.

06. 북한의 러시아 파병을 두고 마르크 뤼터 나토 사무총장은 "(   ) 결의안 위반이자 위험한 전쟁 확전"이라며 비판했다.

07. 우리나라가 (   )에 편입된 것을 두고 한국국채에 대한 글로벌 투자자들의 평가와 신뢰도가 높아진 것이라는 평가가 나온다.

08. (   )은/는 정년을 채운 뒤에도 계속 일할 수 있도록 한 제도로 재고용, 정년연장, 정년폐지 등의 방안이 있다.

09. 최근 (   )이/가 반도체업계의 실적 향방을 가르는 주요 요소로 떠오른 가운데 (   )칩 수요를 독식하는 엔비디아 공급망에 합류하는 것이 관건으로 꼽힌다.

10. (   )은/는 일본에서 중의원 해산으로 인한 총선거 뒤 소집하는 임시국회를 말한다.

11. 블랙핑크의 로제가 브루노 마스와 발표한 듀엣곡 '아파트'가 (   )에서 2위를 차지하며 K팝 여성가수 최고기록을 세웠다.

12. 중국에서 시행 중인 (   )은/는 법을 적용하는 범위나 기준을 규정하는 권한이 중국당국에 있어 우리 교민의 우려가 커지고 있다.

13. (   )(이)란 기업이 회사의 주식총수를 늘려 자본금을 늘리는 행위를 말한다.

14. 우리나라에서 법적으로 계열분리를 하기 위해서는 해당 기업이 (   ) 신청을 한 뒤 공정거래위원회의 심사를 받아야 한다.

15 (　　)은/는 합법적으로 선거자금을 무제한 모금할 수 있다.

16 미국의 우주기업인 스페이스X가 (　　)의 1단계 추진체를 발사한 자리로 되돌아오게 하는 데 성공한 것을 두고 우주 역사상 큰 기술적 진전이라는 평가가 나왔다.

17 스페인에 발생한 대규모 홍수의 원인으로 꼽힌 기습 폭우가 비슷한 시기에 주로 나타나는 기후현상인 (　　)와/과 연관됐을 가능성이 제기됐다.

18 (　　)은/는 비양육자가 양육자에게 양육비를 주지 않을 경우 국가가 나서서 양육자에게 양육비를 선지급하고 이를 비양육자로부터 환수하는 제도를 말한다.

19 선행 타자가 홈런을 기록한 뒤 바로 다음 타순의 타자가 연속으로 홈런을 치는 것을 (　　)(이)라고 한다.

20 윤석열정부는 2026년부터 (　　)을/를 월 40만원으로 단계적으로 인상하는 방안을 추진 중이다.

21 정부는 건강보험법과 건강증진법에 따라 해당 연도 '건강보험료 (　　)의 20%'에 상당하는 금액을 건강보험공단에 지원해야 한다.

22 영국 노동당이 발표한 예산안을 두고 증세에서 가장 큰 비중을 차지하는 '(　　) 고용주 부담 인상'이 증세하지 않겠다는 노동당의 공약을 깬 것이라는 비판이 나왔다.

23 유럽연합은 중국산 (　　)의 점유율 확산을 막기 위해 45.3% 관세를 부과하겠다는 방침을 밝혔다.

24 한국의 (　　)이/가 유네스코 무형유산위원회 산하 평가기구로부터 '등재 권고' 판정을 받았다.

25 네이버웹툰의 여성혐오 콘텐츠 방관 논란이 커지면서 일부 이용자들은 혐오표현 (　　)을/를 공개하라며 트럭시위를 펼쳤다.

26 공정거래위원회는 대규모 미정산 방지를 위해 앞으로 이커머스 사업자는 소비자가 구매를 확정하면 (　　) 이내에 판매대금을 입점 사업자에게 지급하도록 했다.

---

01 보정 **02** 앵그리 화이트 **03** 스웨덴 한림원 **04** 탄원서 **05** 금융투자소득세 **06** 유엔 안전보장이사회 **07** 세계국채지수(WGBI) **08** 계속고용제도 **09** 인공지능(AI) **10** 특별국회 **11** 영국 싱글차트 **12** 반간첩법 **13** 증자 **14** 친족독립경영 **15** 슈퍼팩(Super PAC) **16** 스타십 **17** 고타프리아 **18** 양육비 선지급제 **19** 백투백 홈런 **20** 기초연금 **21** 예상수입액 **22** 국민보험(NI) **23** 전기자동차 **24** 장담그기 문화 **25** 검열기준 **26** 20일

> 미래 유망 자격증

스포츠지도사 2급
전망 및 시험정보 소개!

시대에듀 유튜브 채널 토크레인 인터뷰 영상 보러가기

스포츠지도사란?
각 종목에 대해 전문체육이나 생활체육을 지도하는 사람

다양화된 자격 체계
체육지도자의 지도 내용(스포츠 종목, 운동처방), 지도 대상(유소년, 노인, 장애인 등), 분야(전문체육, 생활체육) 및 수준(1급, 2급) 등을 기준으로 세분화

기존 자격 체계
- 1·2급 전문 스포츠지도사
- 1·2급 생활 스포츠지도사
- 건강운동관리사

+

추가 신설 자격 체계
- 1·2급 장애인 스포츠지도사
- 유소년 스포츠지도사
- 노인 스포츠지도사

스포츠지도사 시험과목은?

스포츠지도사 시험과목은 지도 내용이나 그 대상, 분야 및 수준에 따라 다양하게 나뉩니다.

구분		내용
1차 시험 (필기)	기존 자격	총 7과목(스포츠심리학, 운동생리학, 스포츠사회학, 운동역학, 스포츠교육학, 스포츠윤리, 한국체육사) 중 5과목 선택
	신설 자격	자격별 필수과목(특수체육론·유아체육론·노인체육론) + 7과목 중 4과목 선택(기존 자격과 과목 동일)
2차 시험		실기 및 구술시험(자격 종목별 상이)

 ## 시험을 준비할 때 꿀팁이 있다면?

우선 현재 스포츠지도사 시험 합격률은 필기와 실기를 합쳐 50% 정도 되는데요. 1차 시험의 경우 전 과목 평균은 60점 이상이어야 하고, 만약 한 과목이라도 40점 미만이면 과락이 될 수 있습니다. 2차 시험에서는 실기와 구술시험 각각 70% 이상 득점해야 합니다.

또 시험에는 과목당 20문항이 출제되고 전체 다섯 과목을 100분 안에 풀어야 하는데요. 그래서 시험 문제를 하나하나 다 읽게 되면 오히려 집중력이 흐트러져요. 이 때문에 문제를 읽을 때 효율성 있게 어떤 단어를 집중적으로 공략하는지가 포인트가 될 것 같습니다. 아울러 공부를 할 때도 개념을 다 이해하는 것이 아니라 핵심을 명확하게 알고 준비하는 것이 중요합니다.

> **기타 유의사항**
> ▶ 동일 자격 등급에 한해 연간 1인 1종목만 취득 가능
> ▶ 필기시험에 합격한 사람에 대해 다음 해에 실시되는 필기시험 1회 면제
> ▶ 필기시험에 합격한 해의 12월 31일부터 3년 이내에 연수과정을 이수해야 함(병역 복무를 위해 군에 입대한 경우 의무복무 기간은 불포함)

 ## 스포츠지도사 전망은?

스포츠지도사 자격을 취득하면 체육 · 스포츠 관련 기관이나 스포츠 시설업, 선수 트레이너, 보건소 등 다양한 직종에서 일할 수 있습니다. 이런 직종에서 일을 하려면 당연히 기본적으로 취득해야 하는 자격증이고요. '100세 시대'라는 말이 나올 정도로 기대수명이 늘어난 상황에서 건강하게 100세까지 살고 싶은 게 기본적인 사람의 욕구인 만큼 스포츠 분야에 대한 전망이 더 좋아질 것으로 예상됩니다.

- **자격** 스포츠지도사 2급(보디빌딩), 건강운동관리사
- **경력** 야핏(야나두) 홈트 트레이너
- **현** 팀제이스 대표
- **현** 시대에듀 스포츠지도사 2급 교수

필수
시사상식

시사용어브리핑	96
시사상식 기출문제	102
시사상식 예상문제	108
내일은 TV퀴즈왕	114

레드 스위프(Red Sweep) 공화당이 대선과 상·하원 선거에서 모두 승리해 싹쓸이하는 상황

▶ 국제·외교

미국의 공화당이 대선을 포함해 상·하원 의회선거에서 모두 승리하며 입법부와 행정부를 완전히 장악하는 상황을 가리키는 용어다. 공화당의 상징색인 'red'와 '(어떤 것을 없애기 위해 빗자루나 손 등으로) 쓸다'라는 의미로 모든 권력을 장악하는 상황을 빗댄 'sweep'를 합친 말이다. 반대로 민주당이 싹쓸이하는 상황은 민주당의 상징색에 비유해 '블루 스위프(Blue Sweep)'라고 한다. 또 이러한 상황을 가리키는 비슷한 용어로 '레드 웨이브(Red Wave)'와 '블루 웨이브(Blue Wave)'도 있다.

왜 이슈지?
트럼프행정부 재집권이 확정된 직후부터 업종·종목별 전망이 갈리는 가운데 상원에 이어 하원에서도 공화당이 다수당이 되며 '**레드 스위프**'가 현실이 되자 향후 트럼프행정부의 정책에 추진력이 실릴 것이라는 관측이 나오면서 뉴욕증시가 급등했다.

스트레스 완충자본 은행권에서 위기상황에 대비하기 위해 적립하는 추가자본

▶ 경제·경영

금융당국이 은행권의 건전성 강화를 위해 자본규제를 도입하기로 하면서 은행에 대한 리스크 평가등급을 바탕으로 은행별 스트레스 테스트 결과를 도출해 필요한 추가자본을 적립하도록 의무화한 제도다. '스트레스 테스트'란 은행들이 악화한 경제상황(스트레스)을 견딜 수 있는지 확인하기 위해 경제가 현재보다 더 나빠질 것이라는 가정하에 은행들이 입게 될 손실을 추산하고 은행의 위기관리능력을 평가하는 것을 말한다. 은행들이 위기상황에서도 정상적으로 신용을 창출하고 기능을 유지하기 위해 필요한 추가자본으로 최대 2.5%포인트(p)까지 기존 최저자본 규제비율의 상향방식으로 적립의무가 부과된다.

왜 이슈지?
지난 9월 11일 금융위원회와 금융감독원이 은행과 은행지주회사에 대한 **스트레스 완충자본**을 도입하는 내용의 은행업감독규정 및 시행세칙과 금융지주회사감독규정 및 시행세칙 개정안 규정변경을 예고했다.

듀프(Dupe) 가성비 좋은 대체품

경제·경영

복제품을 뜻하는 영단어 'duplication'의 약자로 고급브랜드의 제품과 비교해 디자인이나 효능 면에서는 큰 차이가 없으나 가격은 훨씬 저렴한 대안제품을 말한다. 단순히 고급브랜드의 제품을 모방한 복제품이 아니라 유사한 품질과 기능을 갖추되 훨씬 합리적인 가격에 판매되는 대체품이다. 고물가시대에 실용적인 가성비를 앞세운 '요노(YONO ; You Only Need One)'가 젊은세대 사이에서 새로운 소비트렌드로 자리잡으면서 주목받기 시작했고, 다양한 연령층으로 확산하는 추세다.

왜 이슈지?
경기침체의 영향으로 최근 다양성이나 합리성을 고려한 소비자들 사이에서 '**듀프**'가 인기를 끌고 있으나 일각에서는 이러한 제품의 품질이 기대한 것보다 많이 떨어진다거나 지적재산권이 침해되는 제품은 아닌지 확인해야 한다는 의견도 제기됐다.

엔터테크(Entertech) 문화콘텐츠와 정보통신기술의 결합

과학·IT

'오락, 연예'를 뜻하는 'entertainment'와 정보통신기술을 뜻하는 영어단어 'ICT(Information and Communication Technology)'를 합친 말로 문화콘텐츠와 정보통신기술의 결합을 말한다. 대규모 팬덤문화가 자리잡은 K팝의 영향력이 해외로 확산하면서 외국 국적의 팬들이 많이 유입됐고, 이들이 시공간의 제약 없이 K팝을 즐기기 위한 기술이 필요해지면서 등장한 개념이다. 최근 엔터테인먼트와 미디어 산업의 부가가치를 높일 수 있는 기술로 인정받으면서 엔터테인먼트 업계에서도 인공지능(AI), 모션캡처, 메타버스, 증강현실(VR) 등 다양한 ICT 기술을 콘텐츠에 접목시켜 제작·제공하고 있다.

왜 이슈지?
엔터테인먼트 산업 분석기관 K엔터테크허브가 10월 19일 발표한 자료에 따르면 2023년 기준 한국의 **엔터테크** 산업 규모가 39조원을 돌파했으며, 이중 서울이 차지하는 비중이 80%를 넘는 것으로 알려졌다.

의도적 언보싱(Conscious Unbossing) 직장인들이 조직에서 승진을 꺼리는 경향

사회·노동·교육

어느 정도 연차가 쌓인 직장인들이 조직에서 중간관리자로 승진하는 것을 꺼리는 경향을 일컫는 신조어다. 승진할 경우 상사와 부하직원 사이에서 업무조율을 하며 받는 스트레스와 업무부담이 큰 데 비해 그로 인한 보상은 적다는 인식에서 기인한 것이다. 직장 내에서의 업무적 성과보다 개인의 성장과 자유를 중시하는 사람들이 많아졌고, 직장 외에도 수익을 창출할 수 있는 방안이 다양해진 데다 젊은 층일수록 일과 삶의 영역을 분리된 것으로 생각하는 경향이 짙어지면서 확산하고 있다.

왜 이슈지?
일과 삶의 영역 간 분리를 중시하는 직장인들이 많아지면서 **의도적 언보싱**이 확산함에 따라 장기적인 관점에서 조직 전체의 생산성에 악영향을 끼칠 수 있어 조직 측면에서 이에 대처하기 위한 방안을 마련하는 것이 요구되고 있다.

파멸소비(Doom Spending) 미래에 대한 부정적 감정으로 필요하지 않은 곳에 과도하게 소비하는 경향

경제·경영

젊은 세대들이 경제적인 불안과 미래에 대한 부정적인 감정으로 인해 저축 대신 여행이나 명품 등 비필수항목에 과도하게 지출하는 경향을 일컫는다. 자신이 노력해도 미래가 바뀌지 않을 것이라는 좌절감과 스트레스를 일시적으로 해소하기 위해 당장 자신이 기쁨을 느낄 수 있는 소비를 하는 것이다. 그러나 전문가들은 이러한 소비행위가 장기적인 재정상황을 위협하는 요인이 될 수 있으며, 통제 불가능한 현실에서 통제권을 가진 듯한 착각을 불러일으킬 수 있다고 우려하고 있다.

왜 이슈지?
금융서비스 제공업체인 인튜이트 크레딧 카르마가 지난 2023년 11월 1,000여 명의 미국인을 대상으로 한 설문조사에서 미국인의 96%가 현재 경제상태에 대해 우려하고 있으며, 이 중 25% 이상이 스트레스 해소를 위해 **파멸소비**를 하는 것으로 나타났다.

뮷즈 박물관에서 소장하고 있는 유물 또는 작품을 모티프로 제작된 박물관 굿즈

문화·미디어

박물관을 뜻하는 영단어 'museum'과 특정 브랜드에서 출시하는 상품을 뜻하는 영단어 'goods'의 합성어로 박물관에서 소장 중인 유물이나 작품을 토대로 제작된 박물관 굿즈를 말한다. 또한 국립박물관문화재단이 국립중앙박물관 상품의 브랜드 정체성을 강화하기 위해 2022년 1월 론칭한 브랜드명이기도 하다. 한국의 전통문화를 MZ세대 특유의 감성으로 해석해 새로운 트렌드를 만드는 '힙트래디션(Hiptradition)'이 유행하면서 확산하기 시작했다. 이러한 뮷즈는 기존의 박물관 상품과는 차별화된 트렌디한 디자인으로 개성을 중시하는 젊은 세대의 취향을 사로잡으며 많은 인기를 얻고 있다.

왜 이슈지?
최근 젊은 층을 중심으로 박물관 상품인 '**뮷즈**'가 큰 인기를 얻으며 매출이 급증하고 있는데, 실제로 2023년 뮷즈의 연매출액은 약 149억원으로 전년(약 117억원) 대비 27% 증가하며 역대 최고기록을 달성한 것으로 나타났다.

플라스틱 크레딧(Plastic Credit) 기업들이 플라스틱 폐기물을 수거하고 재활용하는 만큼 보상하는 제도

사회·노동·교육

플라스틱 폐기물을 수거하고 재활용하는 것에 경제적 가치를 부여해 플라스틱으로 인한 환경오염을 줄이는 방안으로 떠오르고 있다. 기업이 제품생산이나 유통과정에서 발생하는 플라스틱 폐기물을 수거한 후 재활용하면 그에 따른 보상(인증서)을 제공하고, 해당 크레딧을 구매한 기업은 플라스틱 상쇄 크레딧을 받는 것이다. 이를 통해 플라스틱 폐기물의 실제 감소량을 측정하고 추적할 수 있으며, 기업들이 플라스틱 폐기물을 적극적으로 재활용하도록 하는 수단으로 작용하고 있다.

왜 이슈지?
인도네시아, 가나 등 개발도상국들이 막대한 양의 플라스틱 폐기물로 몸살을 앓는 가운데 이를 해결하기 위한 방안으로 플라스틱 폐기물을 수거·재활용한 실적을 사고팔 수 있는 **플라스틱 크레딧** 시장이 떠오르고 있다.

블루라인(Blue Line) 유엔이 설정한 이스라엘과 레바논을 가르는 경계선

> 국제·외교

1978년 레바논을 침공했던 이스라엘군이 2000년 레바논에서 철수하자 유엔(UN, 국제연합)이 이스라엘의 완전철군 여부를 확인하기 위해 설정한 일시적 경계선(철수선)을 말한다. 이때부터 블루라인은 사실상 양국 간 국경선 역할을 하고 있다. 이스라엘 북부와 레바논 남부 사이에 걸쳐져 있는데, 이중 레바논의 남부지역은 이스라엘과 대립관계에 있는 친이란 '저항의 축'의 핵심세력이자 이슬람 시아파 무장정파인 '헤즈볼라'의 근거지이기도 하다. 헤즈볼라는 이스라엘이 레바논을 통치할 당시(1982년) 이스라엘군을 몰아내기 위해 결성됐으며, 헤즈볼라의 세력이 점점 커지자 이스라엘군은 레바논에서 철수를 결정했다.

왜 이슈지?
지난 10월 20일 이스라엘이 레바논에 대한 전면공격을 중단하는 대신 헤즈볼라를 직접 감시하겠다는 조건을 미국에 제시한 것을 두고 2006년 승인된 유엔 안보리 결의에서 승인된 '**블루라인** 침범을 금지한다'는 내용과 상충된다는 지적이 제기됐다.

AIDT(AI Digital Textbook) 인공지능 기술을 활용한 디지털교과서

> 과학·IT

인공지능(AI) 등 지능정보화 기술을 활용해 학습자의 능력과 수준에 맞는 맞춤형 학습자료를 제공하는 디지털교과서다. 개별 학습기록을 데이터로 수집·분석하여 학습패턴을 파악한 후 퀴즈나 시각자료 등 다양한 상호작용형 콘텐츠를 제공해 학생이 능동적으로 학습에 참여하도록 유도하며, 즉각적인 피드백 제공으로 학습개선을 도모한다.  이를 통해 학생은 자기주도적 학습이 가능해지고, 교사는 학생의 학습상황을 더 효과적으로 관리·지도할 수 있게 될 것으로 기대된다.

왜 이슈지?
교육부가 2025년 3월부터 초등학교 3·4학년, 중·고등학교 1학년을 대상으로 **AIDT**를 우선 도입한다는 방침을 밝힌 이후 교육의 질이 확대될 것이라는 의견과 디지털기기 의존성 및 경제적 불평등이 심화할 것이라는 의견이 대립했다.

코리아 밸류업 지수 한국의 기업가치 우수기업에 대한 시장평가와 투자유도를 위해 개발된 지수

> 경제·경영

정부의 '기업 밸류업 지원방안'의 일환으로 기업가치 우수기업에 대한 시장평가와 투자유도를 위해 개발된 지수를 말한다. 기준시점은 기업 밸류업 지원방안의 원년 초일인 2024년 1월 2일이고, 기준지수는 1,000이다. 시가총액과 거래대금 등의 규모뿐만 아니라 수익성과 주주환원, 시장평가, 자본효율성 등 다양한 질적 요건을 충족한 100개 종목(코스피 67종목, 코스닥 33종)으로 구성됐으며, 매년 6월 선물만기일 다음 거래일에 정기 변경된다. 기존에 시가총액 등 계량적 지표만 사용하는 코스피200과 다르게 주가순자산비율(PBR)이나 자기자본이익율(ROE) 등 다양한 지표를 적용하는 것이 특징이다.

왜 이슈지?
11월 4일 **코리아 밸류업 지수**를 기반으로 하는 상장지수펀드(ETF) 12개 종목과 상장지수증권(ETN) 1개 종목이 유가증권시장에 상장되면서 이들 상품의 상장이 시장의 기대처럼 밸류업 지수 구성종목의 주가상승으로 이어질지 관심이 쏠렸다.

스네이크 센스(SNAKE SENSE) _{김난도 서울대 교수가 전망한 2025년 10대 소비트렌드}

▶ 사회·노동·교육

2025년 '푸른 뱀의 해'를 맞이해 김난도 서울대학교 소비자학과 교수가 내년도 소비트렌드를 전망하며 내놓은 키워드다. 10가지 소비트렌드의 영어 앞글자를 따 제시한 것으로 '뱀처럼 날카로운 감각으로 새로운 기회를 잡아채라'라는 의미를 내포하고 있다. 스네이크 센스로 선정된 키워드로는 ▲ 옴니보어(S) ▲ 아보하(N) ▲ 토핑경제(A) ▲ 페이스테크(K) ▲ 무해력(E) ▲ 그라데이션 K(S) ▲ 물성매력(E) ▲ 기후감수성(N) ▲ 공진화전략(S) ▲ 원포인트업(E) 등이 있다. 김난도 교수는 2009년부터 매년 이듬해 분석한 소비트렌드를 토대로 '트렌드 코리아'를 출간하고 있다.

왜 이슈지?

김난도 교수는 2025년 소비트렌드로 **스네이크 센스**를 제시하면서 '내년에도 답답한 경기흐름이 지속될 것'이라며 내년 흐름을 주도할 10대 소비트렌드에는 '현재 지향적'이고 '작다'는 두 가지 요소를 반영한 키워드가 많다고 설명했다.

저고도 경제(Low-Altitude Economy) _{고도 1,000m 아래 공역을 이용한 경제활동}

▶ 경제·경영

높은 상공에서 이뤄지는 우주경제와 대비되어 지면과의 수직거리가 1,000m 이내인 공역을 이용한 경제활동을 일컫는 용어로 중국에서 처음 제시했다. 현재 관련 기술 개발 및 상용화를 추진 중인 드론택시와 드론택배, 도심항공교통(UAM), 전동수직이착륙기(eVTOL) 등의 유·무인 항공기를 이용해 저고도 공역에서 구상할 수 있는 경제산업이다. 또한 이러한 유·무인 항공기는 친환경적이라는 특성 때문에 탄소중립시대의 새로운 교통방식으로도 주목받고 있다.

왜 이슈지?

지난 3월 리창 중국 총리가 발표한 '정부업무보고'에서 **저고도 경제**를 새로운 성장동력으로 하여 저고도 경제를 2030년까지 2조위안(약 380조원) 규모의 거대시장으로 키운다는 구상이 공개되며 업계의 이목이 쏠렸다.

온톨로지(Ontology) _{특정 지식이나 정보를 컴퓨터가 처리할 수 있는 형태로 표현·정리하는 것}

▶ 과학·IT

특정 분야에서 사용되는 지식이나 개념, 정보 등을 컴퓨터가 처리할 수 있도록 각 정보와 지식의 개념과 구조, 관계 등을 정의하는 것을 말한다. 본래 형이상학의 하위학문인 존재론에서 유래한 개념으로 세계를 구성하는 실체의 본질과 유형 등을 탐구하는 학문 또는 학문적 노력을 뜻하는 말이었으나, 1980년대 IT분야에서 사용되기 시작하면서 현재의 의미로 사용되고 있다. 온톨로지를 잘 구성할 경우 복잡한 데이터나 방대한 정보도 체계적으로 정리할 수 있으며, 데이터 간 서로 다른 의미적 연계성을 찾아 자동으로 처리하거나 용어에 대한 해석이 달라 발생하는 문제를 방지할 수 있다.

왜 이슈지?

최근 IT분야에서 방대한 데이터를 효과적으로 관리할 수 있는 '**온톨로지**'가 중요한 개념으로 떠오르는 가운데 세계최대 전자상거래 업체인 아마존 역시 온톨로지를 활용해 수많은 제품정보를 체계적으로 정리하는 것으로 알려졌다.

그린카드(Green Card) <small>배구에서 비디오판독 요청이 있을 때 먼저 반칙을 인정한 선수에게 주어지는 카드</small>

▶ 문화·미디어

배구에서 터치아웃이나 네트터치 등이 의심되는 상황에서 주심이나 팀의 비디오판독 요청이 있을 경우 주심이 판정을 내리기 전 먼저 반칙을 인정하고 손을 든 선수에게 제시하는 카드를 말한다. 국제배구연맹(FIVB)이 선수들의 페어플레이 정신을 높이고 불필요한 비디오판독 시간을 줄여 경기시간을 단축하는 것을 목표로 2023년부터 국제대회에 도입한 제도다. 도입 첫해에는 가장 많은 그린카드를 받은 팀에 상금을 지급하는 등 금전보상이 이뤄지기도 했다.

왜 이슈지?
한국배구연맹(KOVO)은 지난 10월 19일 개막한 2024-2025 프로배구 V리그에 **그린카드**를 새롭게 도입해 그린카드 누적점수를 정규리그 시상 부문 내 페어플레이상의 선정기준으로 활용하기로 했다.

MSMT <small>유엔 안보리 산하 대북제재위원회 전문가패널을 대체할 다국적 제재 모니터링팀</small>

▶ 국제·외교

'Multilateral Sanction Monitoring Team'의 약자로 2024년 4월 상임이사국인 러시아의 거부권(비토, Veto) 행사로 해체됐던 유엔(UN, 국제연합) 안전보장이사회(안보리) 산하 대북제재위원회 전문가패널을 대체하기 위해 출범한 다국적 제재 모니터링팀을 말한다. 한국·미국·일본·프랑스·영국·독일·이탈리아·네덜란드·캐나다·호주·뉴질랜드 등 총 11개국이 참여하고 있으며, 북한의 핵·미사일 도발, 러시아와의 무기거래 등 대북제재 위반을 적발해 보고서를 작성하는 역할을 담당한다. 기존 전문가패널과 달리 유사한 입장에 있는 국가들이 단합하여 유엔의 울타리 밖에서 활동한다는 특징이 있다.

왜 이슈지?
한·미·일 등 대북제재 이행에 뜻을 같이하는 국가들이 모여 10월 16일 공식 출범한 **MSMT**를 두고 외부에서 활동하는 만큼 기존 패널에 비해 공신력이 떨어지고 중국과 러시아가 빠져 영향력이 과거보다 덜할 수 있다는 우려가 나오기도 했다.

영케어러(Young carer) <small>중증질환이나 장애를 앓는 가족을 돌보는 아동·청소년·청년</small>

▶ 사회·노동·교육

질병, 정신건강, 알코올·약물중독 등의 중증질환 또는 장애를 가진 가족구성원을 돌보며 생계를 책임지는 13~34세의 아동·청소년·청년을 일컫는다. '가족돌봄청년'이라고도 한다. 이들은 학업과 가족돌봄을 병행하고 있어 미래를 계획하기 힘들 뿐만 아니라 신체적 고통은 물론 심리·정서적 고통, 경제적 어려움 등의 삼중고를 겪는 경우가 많다. 이는 곧 혼인율 감소와 저출산 문제와도 연결돼 있어 영케어러를 조기에 발굴하고 지원하기 위한 대책 마련이 시급하다.

왜 이슈지?
정부가 2025년 실시되는 인구주택총조사(인구센서스)에서 국가 차원으로는 처음으로 저출생 악화의 한 요인으로 꼽히는 **영케어러**에 대한 대규모 조사에 나설 것이라고 밝혔다.

시사상식 기출문제

01 다음 중 르네상스 시대에 활동한 대표적인 화가가 아닌 사람은? [2024년 경인일보]

① 레오나르도 다빈치
② 미켈란젤로 부오나로티
③ 라파엘로 산치오
④ 렘브란트 반 레인

해설
르네상스는 14~16세기 이탈리아를 중심으로 그리스·로마의 고전문화를 부흥시키고 새로운 근대문화 창조를 주장한 운동이다. 흔히 르네상스 시기에 활동한 화가 중 3대 거장으로 레오나르도 다빈치, 미켈란젤로 부오나로티, 라파엘로 산치오를 꼽는다. 렘브란트 반 레인(1606년생)은 17세기 바로크 시대에 네덜란드에서 활동한 화가다.

02 다음 중 우리나라에서 흔히 '빅5'라고 불리는 대형병원이 아닌 것은? [2024년 경인일보]

① 세브란스병원
② 고대안암병원
③ 서울대병원
④ 서울아산병원

해설
'빅5'는 우리나라의 5대 대형 상급 종합병원을 가리키는 말이다. 흔히 세브란스병원, 서울아산병원, 삼성서울병원, 서울대학교병원, 가톨릭대학교 서울성모병원을 꼽으며, 통상 병상수와 매출액 등을 기준으로 하는 것으로 알려져 있다.

03 논란을 빚은 유명인들이 착용한 복장, 액세서리 등이 대중의 인기를 끄는 현상은? [2024년 SBS]

① 미디어룩
② 옐로우룩
③ 블레임룩
④ 플랩룩

해설
블레임룩(Blame look)이란 사회적 물의를 일으키거나 논란을 빚은 인물이 착용한 의상이나 액세서리가 아이러니하게도 대중의 큰 관심을 받는 것을 뜻한다. 해당 의상이 시장에서 인기를 끌어 '완판'되거나 품귀현상을 일으키는 것이다. 최근 어도어의 민희진 대표가 기자회견에서 착용한 티셔츠와 모자가 화제가 됐고, 더 과거로 돌아가 보면 1990년대 말 악명 높은 탈옥수 신창원이 체포 당시 입은 명품 티셔츠가 인기를 끌기도 했다.

04 태양폭풍에 대한 설명으로 옳은 것은? [2024년 SBS]

① 태양에너지로 인해 지구에 강한 열파가 부는 현상이다.
② 태양계 내 가스행성에는 영향이 없다.
③ 지구의 자기장에 영향을 준다.
④ 태양의 흑점과는 관련이 없다.

해설
태양폭풍은 태양 표면에서 발생하는 폭발을 총칭하는 용어로 태양 대기 안에서 발생하는 '플레어', 태양의 흑점이 폭발해 대량의 플라스마가 방출되는 '코로나 질량 방출' 등이 있다. 태양폭풍이 발생하면 방사선·입자 등 강력한 에너지가 방출돼 태양계 전체에 영향을 끼친다. 특히 지구에는 자기장의 교란을 일으켜 통신장애나 인공위성의 궤도 이탈을 유발하기도 한다. '지자기폭풍'이라고도 한다.

05 외부서버에 연결되지 않고도 스마트기기에서 자체 작동하는 AI는? [2024년 SBS]

① 세컨드 AI
② 생성형 AI
③ 온디바이스 AI
④ 클라우드 AI

해설
온디바이스 AI는 외부서버 등 인터넷에 연결돼 있지 않아도 서비스를 제공할 수 있는 인공지능을 말한다. 기존에는 기기에서 수집한 정보를 중앙클라우드 서버로 전송해 데이터와 연산을 지원받아야 했는데, 불안정한 통신상황에서는 서비스 이용이 제한적이라는 한계가 있었다. 온디바이스 AI는 자체적으로 정보를 처리해 인터넷 연결이나 통신상태로부터 자유롭다는 점에서 차세대 기술로 주목받고 있다.

06 정치철학자 한나 아렌트가 저서 〈예루살렘의 아이히만〉에서 제시한 유명한 개념은? [2024년 SBS]

① 악의 평범성
② 착한 아이 증후군
③ 설단현상
④ 쿨리지 효과

해설
'악의 평범성'이란 정치철학자 한나 아렌트가 저서 〈예루살렘의 아이히만〉에서 제시한 개념이다. 이 책은 제2차 세계대전 당시 나치의 명령에 따라 유대인을 학살하는 데 관여한 실무자 아돌프 아이히만의 이야기를 담고 있다. 그는 전범재판에서 "나는 단지 공무원으로서 상부의 명령을 따랐을 뿐"이라고 스스로를 변호했는데, 여기서 아렌트는 악의 평범성이라는 개념을 제시하며 대학살이 반사회적 악인이 아닌 명령에 순응한 지극히 평범한 사람들에 의해 자행됐다고 설명했다.

07 이차전지의 효율을 높이는 데 사용되는 핵심 광물로 거의 대부분 아프리카 대륙에서 생산되는 것은? [2024년 SBS]

① 리튬
② 코발트
③ 니켈
④ 흑연

해설
흔히 리튬이온배터리라고 불리는 이차전지의 효율을 높이는 데 쓰이는 핵심적인 광물은 코발트다. 코발트는 주로 아프리카 대륙의 콩고 민주공화국에서 생산되고 있다. 콩고 공화국은 전 세계 코발트 공급의 상당 부분을 차지하고 있고, 이차전지 산업생태계에서 매우 중요한 역할을 담당하고 있다.

08 운동과 여가를 조합한 스포츠웨어 업계의 신조어는? [2024년 SBS]

① 시티웨어
② 트위드
③ 액티브웨어
④ 애슬레저

해설
애슬레저(Athleisure)는 운동경기를 뜻하는 애슬래틱(Athletic)과 여가를 의미하는 레저(Leisure)를 합성한 용어다. 스포츠웨어 업계에서 주로 사용되는 용어로 운동을 할 때에도 입기 좋고 평상시 착용하기에도 좋은 패션 스타일을 의미한다.

01 ④ 02 ② 03 ③ 04 ③ 05 ③ 06 ① 07 ② 08 ④

09
영화 등 기존 작품에서 세계관 등만 차용해 새로운 작품을 만드는 기법은? [2024년 뉴스1]

① 시퀄
② 프리퀄
③ 스핀오프
④ 리부트

해설
스핀오프(Spin-off)는 우리말로 '파생작'이라고도 하며, 영화나 드라마 등 기존 작품에서 세계관, 등장인물 등만 차용한 뒤 완전히 새로운 작품을 만드는 것을 뜻한다. 오리지널 작품의 비하인드 스토리 등을 다루는 '외전'과는 다른 개념이다.

10
2024년 부커상 인터내셔널 최종후보에 오른 국내 장편소설은? [2024년 뉴스1]

① 〈고래〉
② 〈철도원 삼대〉
③ 〈채식주의자〉
④ 〈이카로스〉

해설
2024년 황석영 작가가 장편소설 〈철도원 삼대〉로 부커상 인터내셔널 최종후보에 올랐으나 아쉽게도 수상은 불발됐다. 2023년에는 천명관 작가가 〈고래〉로 최종후보에 올라 기대를 모았지만 역시 수상에는 실패해 아쉬움을 남겼다. 독일 출신의 작가 예니 에르펜벡의 〈이카로스〉가 2024년 인터내셔널 부문 수상의 영광을 안았다.

11
우리나라를 대표하는 증권시장 3가지에 해당하지 않는 것은? [2024년 뉴스1]

① 코스피
② 코스닥
③ 코넥스
④ 코픽스

해설
우리나라 3대 주식시장에는 코스피와 코스닥, 코넥스가 있다. 코스피는 주로 대기업이 상장되어 있는 시장이다. 한국거래소의 상장종목 중 업종 대표성과 시가총액 유동성을 고려해 200개의 종목을 산출한 코스피200 지수를 운용 중이다. 코스닥은 상대적으로 규모와 수익은 작지만 성장가능성이 높은 기업이 상장되어 있는 시장이고, 코넥스는 코스닥 상장요건을 충족시키지 못하는 벤처·중소기업이 상장할 수 있는 중소기업 전용 주식시장이다.

12
온라인플랫폼의 갑질이나 과도한 영향력에 반발이 일어나는 것을 뜻하는 용어는? [2024년 뉴스1]

① 엔시티피케이션
② 테크래시
③ 게이트 어라운드
④ 테크핀

해설
테크래시(Techlash)는 '기술(Technology)'과 '반발(Backlash)'을 합성한 용어로 페이스북이나 인스타그램 같은 대형 온라인플랫폼의 갑질이나 과도한 영향력에 반발이 일어나는 것을 뜻한다. 한편 엔시티피케이션(Enshittification)은 온라인플랫폼이 점차 수익창출에 치중함에 따라 플랫폼의 품질과 이용자의 만족도가 저하되는 현상을 말한다.

13. 다음 중 중대선거구제에 대한 설명으로 틀린 것은?
[2024년 대전도시공사]

① 사표가 많이 발생하게 된다.
② 지역구마다 2~5명의 의원을 선출한다.
③ 유권자의 민의가 충분히 반영되지 않는다.
④ 많은 군소정당의 후보들이 선거에 뛰어들게 된다.

해설
중대선거구제는 지역구당 2~5명의 의원을 뽑는 방식이다. 유권자 입장에서는 선택의 폭이 넓어지고, 당선자 선출에 기여하지 못하는 사표(死票)가 줄어든다. 따라서 유권자의 정치적 효능감도 커지게 된다. 그러나 유권자의 민의(民意)가 충분히 반영되지 않고, 군소정당의 후보들이 선거판에 난립할 수 있다는 단점도 있다. 지역구가 넓어 선거비용도 비교적 많이 들게 된다.

14. 가시광선보다 파장이 긴 전자기파는?
[2024년 대전도시공사]

① 감마선
② 엑스선
③ 자외선
④ 적외선

해설
전자기파란 전기가 흐르며 생기는 전자기장의 주기적 변화로 인한 파동을 의미한다. 전자기파는 저마다 파동이 퍼져나간 거리인 '파장'을 갖게 된다. 이중 사람의 눈에 보이는 범위의 파장을 가진 전자기파를 '가시광선(빛)'이라고 한다. 감마선, 엑스(X)선, 자외선은 가시광선보다 파장이 짧고, 가시광선보다 파장이 긴 전자기파에는 열선이라고도 부르는 적외선이 있다. 한편 적외선보다 파장이 긴 전자기파는 전파다.

15. 다음 중 해양오염 방지를 위한 국제협약은?
[2024년 대전도시공사]

① 파리협정
② 런던협약
③ 몬트리올의정서
④ 교토의정서

해설
런던협약은 방사성 폐기물을 비롯해 바다를 오염시킬 수 있는 각종 산업폐기물의 해양투기나 해상소각을 규제하는 협약으로, 해양오염을 방지하는 것이 목적이다. 우리나라는 1992년에 가입했다.

16. '배부른 돼지보다 배고픈 소크라테스가 낫다'는 명언으로 유명한 철학자는?
[2024년 대전도시공사]

① 제러미 벤담
② 존 스튜어트 밀
③ 플라톤
④ 아리스토텔레스

해설
영국의 철학자인 존 스튜어트 밀은 스승인 제러미 벤담과 함께 공리주의를 주장한 대표적 인물이다. 18세기 말부터 19세기 전반에 유행한 공리주의는 사회적 공리성(효용)을 가치판단의 기준으로 하는 사상으로, 밀은 쾌락의 질적 차이를 주장하면서 '배부른 돼지보다 불만족스런(배고픈) 소크라테스가 낫다'고 하며 정신적·고차원적 쾌락을 중요시했다.

09 ③ 10 ② 11 ④ 12 ③ 13 ① 14 ④ 15 ② 16 ②

17 자신이 속한 세대의 생활방식에 얽매이지 않고 다양한 문화를 향유하는 세대는?

[2024년 부천시공공기관통합채용]

① 퍼레니얼 세대
② 알파 세대
③ 밀레니얼 세대
④ Z세대

해설

퍼레니얼(Perennial) 세대란 자신이 속한 세대가 향유하는 문화나 생활방식에 얽매이지 않고, 다른 세대의 문화도 자유롭게 소비하는 탈세대형 인간을 뜻한다. 퍼레니얼은 원래 '다년생 식물'을 뜻하는데, 마우로 기엔 미국 펜실베이니아대 교수가 이 같은 의미로 재정의하면서 현재의 의미로 확산했다. 평균수명이 늘어나면서 각 세대가 보편적으로 향유하는 문화만을 고집하지 않고, 이를 넘나들며 유연하게 즐기는 사람들이 늘어나고 있다.

18 긴 분량의 영화나 드라마를 요약해 핵심내용만 볼 수 있도록 편집한 콘텐츠는?

[2024년 부천시공공기관통합채용]

① 스트리밍쇼트
② 쇼트무비
③ 패스트무비
④ 팝콘무비

해설

패스트무비(Fast Movie)는 유튜브 등 영상 콘텐츠 플랫폼에서 영화나 드라마의 내용을 짧게 편집해 주요 핵심내용을 빠르게 볼 수 있도록 만든 콘텐츠를 말한다. 본편을 모두 시청하지 않아도 줄거리를 알 수 있어, 오래 시청해야 하는 콘텐츠를 선호하지 않는 최근 시청자들에게 인기를 끌고 있다. 다만 저작권자에게 허가를 받지 않고 주요 장면을 과도하게 노출하는 경우도 발생하고 있어 저작권 관련 논란도 일고 있다.

19 하루 종일 침대에 누워 SNS 등을 하며 휴식을 취하는 것을 뜻하는 말은?

[2024년 부천시공공기관통합채용]

① 베드 로팅
② 리즈
③ 도파밍
④ 리퀴드폴리탄

해설

베드 로팅(Bed Rotting)은 우리말로 하면 '침대에서 썩기'를 의미한다. 하루 종일 침대에 누워 SNS나 유튜브 등에 시간을 쏟으며 휴식을 취하는 것을 말한다. '집콕'과 유사한 의미로 최대한 다른 이들과의 접촉 없이 스트레스를 받지 않으려는 최근 세태를 반영한 신조어다. 그러나 한편으론 오히려 이러한 베드 로팅이 스마트폰 중독이나 우울감 등을 유발할 수도 있다는 의견도 나오고 있다.

20 서로 다른 분야의 요소들이 결합해 더 큰 에너지를 분출하는 효과는?

[2024년 부천시공공기관통합채용]

① 플라시보 효과
② 헤일로 효과
③ 메디치 효과
④ 메기 효과

해설

메디치 효과(Medici Effect)란 서로 다른 분야의 요소들이 결합하여 각 요소가 지닌 에너지의 합보다 더 큰 에너지를 분출하는 것을 말한다. 15세기 이탈리아 피렌체의 메디치 가문이 문화, 철학, 과학 등 여러 분야 전문가를 후원하면서 자연스럽게 서로 융합돼 상승효과가 일어난 데서 유래한 용어다.

21 다음 중 2024년 기준 유네스코 세계유산에 등재되지 않은 것은?

[2024년 부산광역시공무직통합채용]

① 조선왕조 의궤
② 가야고분군
③ 국채보상운동 기념물
④ 반구천의 암각화

해설

울산 '반구천의 암각화'는 선사시대의 생활상이 생생히 기록된 벽화로, 2023년 문화재청(현 국가유산청)이 세계유산 등재에 도전하겠다고 밝힌 바 있다. 2024년 6월 유네스코의 현장실사가 마무리됐고, 최종결과는 2025년 7월 세계유산위원회의 등재 심사에서 보고될 예정이다.

22 다음 중 영국의 철학자 프란시스 베이컨이 주장한 4가지 우상에 해당하는 것은?

[2024년 부산광역시공무직통합채용]

① 경험의 우상
② 국가의 우상
③ 과학의 우상
④ 시장의 우상

해설

고전경험론의 창시자인 프란시스 베이컨은 영국의 철학자로 자연을 관찰하여 얻은 과학적 지식을 실리에 이용할 것을 주장하며 '지식의 유용성'을 강조했다. 또한 인간의 편견이나 선입견을 '우상'으로 정의하며 인간의 네 가지 우상을 제시하기도 했는데, 종족의 우상, 동굴의 우상, 시장의 우상, 극장의 우상 등이 있다.

23 2028년 하계 올림픽을 주최하는 도시는?

[2024년 부산광역시공무직통합채용]

① 토론토
② 로스앤젤레스
③ 함부르크
④ 암스테르담

해설

2028년 하계 올림픽을 주최하는 도시는 미국 로스앤젤레스(LA)다. 앞서 프랑스 파리와 LA가 2024년 올림픽 개최를 두고 경쟁을 벌였는데, 결과적으로 2024년 올림픽 개최권은 파리가 가져갔고, 이와 동시에 차기 대회 개최는 LA가 따낸 것으로 알려졌다. LA는 이로써 1984년 올림픽 이후 44년 만에 다시 하계 올림픽을 열게 됐다.

24 제13대 유럽연합 집행위원장은?

[2024년 부산광역시공무직통합채용]

① 우르줄라 폰데어라이엔
② 마린 르펜
③ 조르자 멜로니
④ 엘리자베트 보른

해설

우르줄라 폰데어라이엔(Ursula vonder Leyen)은 독일의 의사 출신 정치인이다. 2003년 주의원으로 당선되며 정계에 입문했고, 이후 메르켈 내각에서 가족노인여성청소년부 장관과 노동부 장관, 그리고 2013~2019년에는 독일 최초 민간 출신이자 여성 국방부 장관을 역임했다. 국방부에서 퇴임 후 중도우파 성향의 유럽국민당(EPP) 소속으로 2019년 12월 유럽연합(EU)의 수장인 제13대 집행위원장 자리에 올랐으며, 2024년 7월 연임에 성공했다.

시사상식 예상문제

01 상생임대인제도의 직전계약 대비 임대료 인상 기준은?

① 10% 이내
② 7% 이내
③ 5% 이내
④ 3% 이내

해설

상생임대인은 임대료를 직전계약 대비 5% 이내로 인상해 신규계약을 하거나 기존계약을 갱신한 임대인을 말한다. 문재인정부는 임대료를 과하게 올리지 않은 임대인에게 양도소득세 혜택을 적용해 전월세시장을 안정시킨다는 목적하에 상생임대인제도를 신설했고, 이어 윤석열정부는 2022년 6월 발표한 부동산대책에서 상생임대인 인정요건을 완화하고 임대인들을 대상으로 한 혜택을 늘리는 방향으로 기존의 제도를 개선해 시행했다.

02 저작권에 반대되는 개념으로 지적 창작물에 대한 권리를 모든 사람이 공유할 수 있도록 하는 것은?

① 베른조약
② WIPO
③ 실용신안권
④ 카피레프트

해설

카피레프트(Copyleft)는 지적 창작물에 대한 권리를 모든 사람이 공유할 수 있도록 하는 것을 말한다. 1984년 리처드 스톨먼이 주장한 것으로 '저작권(Copyright, 카피라이트)'에 반대되는 개념이며 정보의 공유를 위한 조치이다. 카피레프트를 주장하는 사람들은 지식과 정보는 소수에게 독점되어서는 안 되며 모든 사람에게 열려 있어야 한다고 주장한다.

03 다음 절기 중 가을과 관계없는 것은?

① 처서(處暑)
② 경칩(驚蟄)
③ 백로(白露)
④ 상강(霜降)

해설

처서(處暑)는 음력 8월 23일경으로 더위가 물러가는 시기를 뜻하고, 백로(白露)는 이슬이 내리고 가을 기운이 찾아오는 음력 9월 8일경을 뜻한다. 서리가 내리는 즈음인 10월 23일경은 상강(霜降)이라고 한다. 경칩(驚蟄)은 동물이 겨울잠에서 깨어나는 시기인 음력 3월 5일경이다.

04 고려 태조 왕건이 왕실 자손들을 훈계하기 위해 남겼다고 전해지는 것은?

① 시무28조
② 훈요10조
③ 12목
④ 봉사10조

해설

고려 태조 왕건은 왕권강화를 위해 〈정계〉와 〈계백료서〉를 통해 임금에 대한 신하들의 도리를 강조했고, 후대의 왕들에게도 지켜야 할 정책 방향을 훈요10조를 통해 제시했다. 또 사심관제도와 기인제도를 활용해 지방호족을 견제하고 지방통치를 보완하려 했다.

05 산업 간의 경계가 모호해지는 현상을 뜻하는 용어는?

① 뉴 노멀
② 빅 블러
③ 어뷰징
④ 캐니벌라이제이션

해설
빅 블러(Big Blur)란 사회환경이 급격하게 변하면서 기존에 존재하던 산업 간에 경계가 불분명(Blur)해지고 있음을 뜻하는 용어다. 미래학자 스탠 데이비스가 1999년 그의 저서 〈블러 : 연결 경제에서의 변화의 속도〉에서 처음 언급했다. 그는 사물인터넷이나 인공지능 등 기술의 비약적 발전이 산업생태계를 변화시켜 산업 간의 경계가 허물어지고 있다고 주장했다.

06 회계연도 개시 전까지 예산안이 의결되지 않은 경우 전 회계연도 예산에 준해 편성하는 잠정적 예산은?

① 준예산
② 잠정예산
③ 가예산
④ 보정예산

해설
준예산은 국가예산이 법정기간 내에 성립하지 못한 경우, 정부가 일정한 범위 내에서 전 회계연도 예산에 준하여 집행하는 잠정적인 예산을 말한다. 잠정예산은 회계연도 개시 전일까지 예산이 의회에서 의결되지 않는 경우 일정기간 정부가 잠정적으로 사용할 수 있는 예산이고, 가예산은 단기간에 걸쳐 예산을 의회가 의결하게 하여 잠정편성하는 예산이다.

07 다음 중 아르테미스 프로젝트에 대한 설명으로 옳지 않은 것은?

① 미국 항공우주국(NASA)이 중심이 되어 추진 중인 계획이다.
② 현재 전 세계 48개국이 참여하고 있다.
③ 우리나라도 2021년부터 참여하게 됐다.
④ 인류를 화성에 보내기 위한 목적이 있다.

해설
미국 항공우주국(NASA)이 주도하는 아르테미스 프로젝트는 인류를 다시 한 번 달에 보내기 위한 계획으로 그리스 신화 속 '달의 여신' 아르테미스에서 이름을 따왔다. 최초로 여성 우주인이 달 표면을 밟을 수 있게 한다는 계획을 함께 추진하고 있다. 2024년 11월 기준 세계 48개국이 참여 중이며, 우리나라도 2021년 약정에 서명하며 세계 10번째로 참여하게 됐다.

08 기업의 수익성에 비해 주가가 고평가 혹은 저평가됐는지 측정하는 지표는?

① EPS
② ROI
③ PER
④ ROE

해설
PER(Price Earnings Ratio, 주가수익비율)은 기업의 수익성에 비해 주가가 고평가 혹은 저평가됐는지를 측정하는 지표다. 해당 주가를 주당순이익(EPS)으로 나누어 값을 구할 수 있다. 시장에서 거래되는 주식의 가격이 기업을 분석한 주식의 가격보다 낮게 평가되어 있다고 주장하는 경우 저평가됐다고 하고, 주식의 가격이 기업을 분석한 주식의 가격보다 높게 평가되어 있는 경우 고평가됐다고 한다.

01 ③ 02 ④ 03 ② 04 ② 05 ② 06 ① 07 ④ 08 ③

09 주식시장의 약세 속에서도 주가가 일시적으로 상승하는 현상을 뜻하는 용어는?

① 포크배럴
② 왝더독
③ 불마켓 바운스
④ 베어마켓 랠리

> **해설**
> 베어마켓(Bear-Market)이란 주식시장에서 약세장을 의미하는 용어다. 여기에 상승장세를 뜻하는 랠리(Rally)가 합쳐진 베어마켓 랠리는 약세 속에서도 일시적으로 주가가 상승하는 현상을 말한다. 투자자들이 긴 불황이 끝나간다고 판단해 주식이 저가일 때 집중적으로 매수하면서 발생한다.

11 가상공간에 실물과 같은 형태의 물체를 만들어 시뮬레이션을 통해 검증하는 기술은?

① 디지털 샌드박스
② 콜봇
③ 디지털 트윈
④ 데브옵스

> **해설**
> 디지털 트윈(Digital Twin)은 미국의 전자기기 기업 '제너럴 일렉트릭'이 만든 개념으로서, 컴퓨터로 가상공간에 실물과 똑같은 물체(쌍둥이)를 만들어 시뮬레이션과 실험을 통해 검증하는 것을 말한다. 디지털 트윈은 다양한 산업 분야에서 활용되어 제품 및 자산을 최적화하고 돌발사고를 줄이는 데 도움을 줄 수 있다.

10 19세기 조선에서 제작된 휴대용 해시계의 명칭은?

① 일영원구
② 앙부일구
③ 혼천의
④ 간의

> **해설**
> 일영원구는 19세기 조선에서 제작된 휴대용 해시계로 지구의 모양을 본뜬 듯한 원구가 받침대 위에 올려져 있고, 원구에는 세로선과 시간을 나타내는 문자가 새겨져 있다. 원구 위에는 태양의 그림자를 만드는 뾰족한 막대가 매달려 있는데, 어느 지역에서나 해의 움직임에 따라 시간을 측정할 수 있는 휴대성을 보유하고 있다.

12 베토벤이 작곡한 교향곡 중 4악장으로 구성된 작품이 아닌 것은?

① 영웅
② 합창
③ 전원
④ 운명

> **해설**
> 루트비히 판 베토벤이 작곡했다고 알려진 교향곡은 모두 10작품이다. 이 중 3번 E플랫장조 〈영웅〉, 5번 C단조 〈운명〉, 9번 D단조 〈합창〉은 모두 4악장으로 구성되어 있는 반면 6번 F장조인 〈전원〉은 5악장이다.

13 다음 중 '기업주도형 벤처캐피탈'의 영문 약자는 무엇인가?

① CRM
② CSR
③ CVC
④ CSV

해설
기업주도형 벤처캐피탈의 영문 약자는 'CVC(Corporate Venture Capital)'로 이는 비금융권의 일반기업이 출자해 만든 벤처캐피탈을 의미한다. 일반적인 벤처캐피탈은 유망한 스타트업에 투자하고 성장시켜 주가수익을 얻는 구조를 가지며, 모기업의 재정확장과 기술·인력확보 등의 경영전략적 목적도 겸비한다.

14 포도의 껍질 등에 자연적으로 들어있는 물질로 떫은맛을 내는 것은?

① 케톤
② 탄닌
③ 카복실산
④ 퓨린

해설
탄닌(Tannin)은 포도를 비롯한 식물에 자연적으로 들어 있는 유기화합물로 떫은맛을 낸다. 탄닌산은 해독·살균·지혈·소염 작용을 한다. 적포도주의 경우 숙성과정에서 포도껍질·씨와 오랜 시간 접촉하므로 백포도주보다 탄닌 성분이 많이 함유돼 자연스러운 떫은맛을 낸다.

15 근로자의 근로의욕과 태도를 조사하는 것을 뜻하는 용어는?

① 모럴서베이
② 스킬스인벤토리
③ 스톡그랜트
④ 매니지먼트 게임

해설
모럴서베이(Morale Survey)는 근로자의 근로의욕과 태도를 측정하는 것을 말한다. 사기조사(士氣調査)라고도 한다. 이는 기업이 근로와 관련된 다양한 부분들, 즉 직무와 상사, 근무환경, 복리후생에 대해 직원이 어떤 생각이나 의견을 갖고 있는지 조사하는 것이다. 이러한 자료를 바탕으로 기업은 직원이 가진 직무상 불만은 무엇인지 파악하고, 이를 어떻게 해결해야 할지 방안을 세우게 된다.

16 네덜란드 출신으로 명암의 대비를 잘 활용했고, 〈야경〉 등의 걸작을 남긴 화가의 이름은?

① 루벤스
② 고흐
③ 렘브란트
④ 카라바조

해설
17세기 네덜란드 회화의 황금시대를 대표하는 화가인 렘브란트 반 레인(Rembrandt van Rijn)은 빛과 어둠의 대비를 잘 살려 작품에 극적으로 연출하는 '키아로스쿠로 기법'에 능숙했던 인물이다. 네덜란드 레이덴 출신인 그는 〈니콜라스 툴프 박사의 해부학강의〉, 〈야경〉 등의 걸작을 남겼다.

17 다음 중 유럽 4대 축구리그에 해당하지 않는 것은?

① 잉글랜드 프리미어리그
② 스페인 라리가
③ 이탈리아 세리에A
④ 포르투갈 프리메이라리가

해설
유럽의 4대 축구리그에 꼽히는 리그는 잉글랜드 프리미어리그(Premier League), 스페인 라리가(La Liga), 이탈리아 세리에A(Serie A), 독일 분데스리가(Bundesliga)다. 여기에 프랑스 축구 1부 리그인 리그앙(Ligue 1)을 포함시켜 유럽 5대 축구리그로 칭하기도 한다.

18 열섬 현상에 관한 설명으로 적절하지 않은 것은?

① 도심의 온도가 타 지역보다 높게 측정되는 현상이다.
② 봄·가을보다는 여름에 열대야 현상과 함께 나타난다.
③ 도시의 매연이 가장 큰 원인이다.
④ 낮보다 밤에 심하게 나타난다.

해설
열섬 현상은 도심의 온도가 다른 주변의 지역보다 훨씬 높게 측정되는 것이다. 도심은 대기가 오염되어 있고, 인구가 밀집되어 있어 일사 에너지가 방출되지 못하고 저장된다. 도심과 주변지역의 온도를 연결하는 등온선이 섬과 비슷해 '열섬'이라는 이름이 붙었다. 열섬 현상은 여름보다는 일교차가 심한 봄·가을에 강도가 심하게 나타난다.

19 순우리말인 '남상남상하다'의 의미는?

① 활달하고 시원스럽게 행동하다.
② 어떤 느낌이 마음에 북받치다.
③ 남의 것을 탐내어 가지려고 좀스럽게 자꾸 기회를 엿보다.
④ 제법 마음에 들 만하다.

해설
순우리말인 '남상남상하다'라는 말은 동사로 '자꾸 좀 얄밉게 넘어다보다', '남의 것을 탐내어 가지려고 좀스럽게 자꾸 기회를 엿보다'라는 뜻을 가진다. 형용사로 보면 '액체가 그릇에 가득 차서 넘칠 듯하다'라는 의미도 있다.

20 세계적 물리학자 스티븐 호킹이 앓은 질병으로 과거 미국 메이저리그 선수의 이름을 딴 것은?

① 루게릭병
② 알츠하이머병
③ 파킨슨병
④ 아스퍼거증후군

해설
2018년 세상을 떠난 영국의 물리학자 스티븐 호킹이 앓았던 병은 루게릭병으로 신체의 운동신경세포만 죽게 돼 사지가 위축되고 끝내는 호흡을 관장하는 근육세포까지 작동을 멈춰 사망하게 되는 질환이다. 루게릭병의 원래 명칭은 '근육위축가쪽경화증'인데, 과거 미국 메이저리그 뉴욕 양키스의 전설적인 4번 타자 '루게릭'이 이 질환을 앓다가 사망한 것을 계기로 이러한 명칭으로 알려지게 됐다.

21
다음 악기 가운데 사물놀이에 쓰이는 것이 아닌 것은?

① 징
② 장구
③ 박
④ 꽹과리

해설
사물놀이는 네 가지 악기, 즉 사물(四物)로 연주하도록 편성된 음악이다. 농민들이 하던 대규모 풍물놀이에서 앞부분에 배치되어 있던 악기 중 꽹과리, 장구, 북, 징의 4가지 악기를 빼서 실내 무대에서도 공연이 가능하도록 새롭게 구성한 것으로, 1970년대 후반에 등장했다. '사물놀이'라는 이름도 그 무렵 만들어진 것이다.

22
다음 중 세계 3대 시민혁명에 해당하지 않는 것은?

① 러시아 2월혁명
② 영국 명예혁명
③ 프랑스 대혁명
④ 미국 독립혁명

해설
세계 3대 시민혁명으로 불리는 것은 영국의 명예혁명(1688년), 프랑스 대혁명(1789~1799년), 미국 독립혁명(18세기 중엽)이다. 영국의 의회민주주의의 단초가 된 명예혁명은 그 과정에서 피 한 방울 흘리지 않았다는 의미로 명명됐다. 프랑스 대혁명은 절대왕정을 타파하고 앙시앙 레짐 체제를 전복시킨 혁명이며, 미국 독립혁명은 북미의 13개 영국 식민지가 민주주의 국가인 미국으로 독립한 혁명이다.

23
적조 현상에 대한 설명으로 틀린 것은?

① 바다의 플랑크톤이 과다증식하면서 발생한다.
② 적조 현상은 수중의 산소농도를 높인다.
③ 갯벌감소는 적조 현상의 원인 중 하나다.
④ 바다뿐 아니라 강과 호수에서도 일어난다.

해설
적조 현상은 바다, 강, 호수의 플랑크톤이 갑자기 과다증식하여 물의 색깔이 달라지는 것이다. 대체로 붉은빛을 띠기 때문에 '적조(赤潮)'라고 불린다. 적조는 수중의 산소농도를 낮춰 어패류를 질식시키고, 독성을 가진 경우도 있어 수중생태계에 치명적이다. 최근 갯벌 간척사업의 영향으로 발생하기도 하는데, 그간 갯벌의 생물들이 플랑크톤을 먹이로 삼아 그 수를 조절해왔으나 갯벌이 감소하며 불균형이 유발됐다.

24
우리나라의 보물 1호로 지정된 문화재는?

① 원각사지 10층 석탑
② 흥인지문
③ 보신각종
④ 경주 포석정지

해설
'보물'은 건조물, 전적, 서적, 고문서, 회화, 조각, 공예품, 고고자료, 무구 등의 문화재 중 중요한 것을 문화재청장이 문화재위원회의 심의를 거쳐 지정한다. '국보'는 보물 중 제작 연대가 오래되고 기술이 뛰어나며, 형태와 용도가 특이한 것들을 추가로 심사해 지정한다. 우리나라 보물 1호는 '흥인지문'이며, 2호는 '서울 보신각종'이다. 국보 1호는 '숭례문', 2호는 '원각사지 10층 석탑'이다. '경주 포석정지'는 사적 1호로 지정됐다.

17 ④　18 ②　19 ③　20 ①　21 ③　22 ①　23 ②　24 ②

01
최근 급속히 발전한 인공지능 기술로 인해 개인정보 침해 사례가 늘기 시작했고, 온라인상에 자신의 인권침해나 명예훼손 소지가 있는 디지털 기록의 삭제를 요구하는 '이것'의 필요성도 높아졌다. 이것은 무엇인가? [장학퀴즈]

정답
잊힐 권리는 2014년 유럽연합 사법재판소의 개인정보 보호와 관련된 판결로 주목받기 시작했으며, 우리 정부 역시 2023년부터 데이터 삭제를 지원하여 개인정보 유출로 피해를 본 국민을 보호하고 있다.

02
글로벌시대의 세계경제는 서로 긴밀하게 연결돼 있어 한 나라의 경제상황이 다른 나라에도 영향을 미친다. 물가를 반영하여 한 나라의 경제규모를 나타내는 이것은 무엇인가? [장학퀴즈]

정답
실질 국내총생산(GDP)은 기준연도 물가를 반영해 자국 내 생산물품에 대한 국민들의 구매력을 반영한 것으로 국가의 '경제성장률'을 산정하는 데 이용된다. 실질 GDP가 증가하면 생산규모가 커져 소득이나 고용, 투자 등도 함께 증가한다.

03
제시된 지문에 띄어쓰기를 올바로 적용하면? [우리말 겨루기]

독수공방하던사촌오빠는난생처음보는맞선에때빼고광내고장소도이곳저곳알아보며호들갑떨었다.

정답
지문에 띄어쓰기를 올바로 적용하면 '독수공방하던 사촌 오빠는 난생처음 보는 맞선에 때 빼고 광내고 장소도 이곳저곳 알아보며 호들갑 떨었다.'가 된다.

04
다음 중 빈칸에 들어갈 말은? [우리말 겨루기]

한글날을 10월 9일로 _____.

① 재정하다
② 제정하다

정답
'재정하다'는 '옳고 그름을 판단하여 결정하다'라는 뜻이고 '제정하다'는 '만들어 정하다'라는 의미이므로 빈칸에 들어갈 말은 '제정하다'이다.

05
조선시대에는 남성이 여성에게 청혼의 의미로 거울과 이것을 주었다. 여성이 이것을 돌려주지 않으면 수락, 돌려주면 파혼을 의미했다. 황진이의 시 '영반월'에도 등장하는 이것은 무엇인가? [유 퀴즈 온 더 블럭]

정답
과거 결혼 풍습에 따르면 남성이 여성에게 청혼할 때 사주함에 빗을 넣어 보냈는데, 청혼을 수락하는 경우 여자가 받은 빗으로 머리를 정갈하게 빗고 신랑을 기다린다는 의미로 받아들여졌다.

06
이것은 매일 모든 면에서 점점 더 좋아진다는 뜻의 고사성어로 변화를 두려워하지 않고 새롭게 도전하는 태도를 가리킨다. 이것은 무엇인가? [유 퀴즈 온 더 블럭]

정답
일신우일신(日新又日新)은 고내 중국의 은나라 탕왕의 세숫대야에 새겨진 글귀에서 비롯된 말로 날이 갈수록 새롭게 발전하는 모습을 나타낼 때 쓰는 표현이다.

 H그룹 경영지원의 현무, 석진, 지석, 장원 중에 횡령사건과 연관 있는 사람이 한 명 있다. H그룹 감사실에서는 횡령사건과 연관 있는 사람이 누구인지 알아내기 위해 네 사람에게 질문을 했는데, 세 사람은 거짓말을 하고, 한 사람만 참말을 했다. 다음 진술을 보고 올바른 답을 찾으시오. [문제적 남자]

> 현무 : 횡령사건과 연관이 있는 사람은 석진입니다.
> 석진 : 횡령사건과 연관이 있는 사람은 장원입니다.
> 지석 : 나는 횡령사건과는 연관이 없습니다.
> 장원 : 석진은 거짓말을 하고 있습니다.

	횡령사건과 연관이 있는 사람	참말을 한 사람
①	현무	석진
②	석진	지석
③	지석	장원
④	장원	현무
⑤	지석	지석

정답

제시된 진술을 토대로 참말을 한 사람과 거짓말을 한 사람을 확인해 횡령사건과 연관이 있는 사람을 찾아내는 문제다. 이러한 유형의 문제는 표를 만들어 주어진 조건을 모두 충족하는지 확인하는 것이 가장 쉬운 풀이방법이다. 네 사람의 진술 중 석진과 장원의 진술이 충돌하고 있음을 고려할 때 만약 석진이 참말을 하고 있다고 가정한다면, 나머지 세 사람의 진술의 참과 거짓 여부는 다음과 같다.

구분 진술	현무	석진	지석	장원
현무				
석진	F	T	T	F (연관자)
지석				
장원				

위의 표처럼 석진이 참말을 한다고 가정할 경우 '세 사람은 거짓말을 하고 있다'는 조건에 맞지 않으므로 석진은 거짓말, 장원은 참말을 하고 있음을 알 수 있다. 위와 동일한 방법으로 전체 표를 정리하면 다음과 같다.

구분 진술	현무	석진	지석	장원
현무	T	F (연관자)	T	T
석진	F	T	T	F (연관자)
지석	F (연관자)	F	T	T
	T	F (연관자)	T	T
장원	F	F	F (연관자)	T

이중 제시된 조건을 만족하는 경우는 장원이 참말을 하는 경우밖에 없으므로 정답은 ③번이다.

취업!
실전문제

최종합격 기출면접	**118**
교육청 직무능력 적성검사	**122**
한국사능력검정시험	**132**
면접위원을 사로잡는 답변의 기술	**142**
합격으로 가는 백전백승 직무분석	**146**
시대에듀 직업상담소	**150**

최종합격 기출면접

01 LG그룹

LG그룹은 면접을 통해 지원자가 갖추고 있는 기본역량 및 자질을 확인하고자 한다. 경영이념인 '고객을 위한 가치창조'와 '인간존중의 경영'을 LG의 행동방식인 '정도경영'으로 실천함으로써 LG의 비전인 '일등LG'를 달성한다는 의미의 LG Way를 기반으로 한 인성면접과 더불어 계열사별로 토론면접, PT면접, AI면접, 실무면접, 인턴십 등 다양한 방식으로 각 계열사 및 지원 분야에 맞는 인재를 찾고자 한다. 따라서 자신이 지원하고자 하는 계열사 정보와 선호하는 인재상, 면접방법 등을 확인한 후 미리 대비해야 한다.

PT면접

PT면접은 사전에 과제가 제시되는 경우도 있고, 현장에서 풀이해야 하는 경우도 있다. 따라서 계열사별로 제시되는 상황에 맞게 준비한다. 단순히 지식을 나열하는 발표가 아니므로 제한시간 동안 깔끔하고 창의적인 발표를 할 수 있도록 준비한다.

기출문제

LG전자

- 열전달에서 전도 · 대류 · 방사가 있는데 실생활에서 쓰이는 예를 발표해 보시오.
- 소성변형과 탄성변형 및 항복점과의 관계에 대해 설명해 보시오.
- TV 발열 문제의 해결법에 대해 자신의 아이디어를 제시해 보시오.
- 혼매 판매(마트나 백화점 내 LG전자 부스)와 전매 판매(LG전자 전문 매장 베스트샵) 중 앞으로 어느 부분에 역량을 집중해야 하는지 선택하고 그 이유를 발표해 보시오.
- LG베스트샵과 경쟁사의 대리점을 방문하여 해당 과제(조별로 다른 과제)에 대한 개선점에 대해 발표해 보시오.
- 4P의 의미와 LG전자의 마케팅 전략을 4P 측면에서 이야기해 보시오.
- B2B 시장 공략 전략에 대해 발표해 보시오.
- 자본적 지출과 수익적 지출의 개념에 대해 설명해 보시오.
- LG전자의 최근 재무 관련 이슈에 대해 설명해 보시오.

LG디스플레이

- 신제품의 장단점을 보여준 후, 분석해서 발표하시오.
- 3가지 제품 중 본인이 그 제품을 선택한 이유를 설명하시오.
- 준비한 자료가 회로에 관한 내용인데, 이와 관련한 수업을 들은 적이 있는가?

LG화학

- 생산설비 교체, 신규공장 증설, 제휴를 통해 중국시장을 공략하고자 한다. 다음 3가지의 대안 중 어떤 대안이 최적인지 설명해 보시오.

2 영어면접

영어면접은 주로 실제 외국인과 면접을 치르며 보통 일상회화 수준의 질문이 주어지기 때문에 난이도가 높은 편은 아니다. 짧게 대답하더라도 자신감 있게 완벽한 문장을 구사할 수 있도록 한다.

기출문제

LG전자
- 취미가 무엇인지 말해 보시오.
- 면접관이 신혼부부라고 생각하고, 점원으로서 상품을 추천해 보시오.
- LG전자의 역사에 대해 영어로 간단하게 설명해 보시오.
- 면접장에 어떻게 왔는지 영어로 말해 보시오.
- LG전자에 입사하게 된다면, 만들고 싶은 제품은 무엇인가?

LG화학
- 본인의 고향에 대해 설명해 보시오.
- 다른 사람과 갈등을 해결하는 자신만의 방법을 이야기해 보시오.
- 갑자기 천만원이 생긴다면 무엇을 하고 싶은가?
- 여행을 좋아한다고 했는데, 가보고 싶은 도시가 있는가?

3 직무역량면접·실무면접

실무와 관련된 역량을 평가하기 위한 질문이나 자기소개서와 관련된 질문이 주를 이룬다.

기출문제

LG전자
- 자신이 잘 알고 있는 전공지식을 설명해 보시오.
- 자신이 LG전자에서 어떠한 역할을 수행할 것 같은가?
- LG전자의 제품 중 앞으로 사장될 것이라고 생각하는 제품은?
- 매장의 불친절에 대해 불만을 토로하는 고객의 클레임에 어떻게 응대할 것인가?

LG디스플레이
- LG디스플레이의 대표적인 기술 하나를 설명해 보시오.
- 엔지니어가 중요한 이유에 대해 말해 보시오.
- OLED 공정에 관해 설명해 보시오.
- 자신의 휴대전화 기종과 휴대전화에 들어가는 디스플레이 규격에 관해 설명해 보시오.
- 디스플레이 산업과 타 산업 간의 융합에 대한 아이디어를 제시해 보시오.

LG생활건강
- 방문판매 매출 증진을 위해 인터넷 채널을 활용하는 방안에 관한 문제에 대해 말해 보시오.
- 중국의 특정 도시([예] 상해) 진출 방안에 대해 이야기해 보시오.
- LG생활건강 브랜드 중 맡아보고 싶은 브랜드와 그 이유에 대해 설명해 보시오.

02 현대자동차그룹

현대자동차그룹은 '휴머니티를 향한 진보'라는 비전 아래 '선한 영향력으로 우리 사회에 실질적인 변화를 제공'한다는 목표를 갖고 있다. 이에 따라 '고객 최우선, 도전적 실행, 소통과 협력, 인재 존중, 글로벌 지향'이라는 핵심가치를 기반으로 한 10가지 'Hyundai Way(일하는 방식)'를 추구한다. 면접에서는 각 직군별로 지원자의 인성 및 태도, 조직적합도, 자질 및 당사 인재상과의 부합도와 지원 직무를 성공적으로 수행하는 데 필요한 전공지식, 실무능력 등을 종합적으로 평가한다.

1차 면접(역량면접·PT면접)

역량면접은 흔히 생각하는 기본 인성면접이고, PT면접은 직무와 관련한 이슈나 주제를 가지고 실무능력을 측정하는 방식으로 진행된다. 따로 마련된 문제풀이 방에서 20분간 PT를 준비하며, 내용은 4페이지로 다양한 그래프, 표 등의 자료가 있다. 주제는 보통 현대자동차그룹에서 실제로 고민하고 있는 주제들이 주어지며, '① 현황 및 문제점, ② 개선안 선택, ③ 고려한 사항, ④ 본인의 창의적인 아이디어' 순으로 내용을 정리한 후 5분간 발표를 한다. 발표가 끝난 후에는 10분간 질의응답이 있으며, 만약 개인의 발표시간 5분을 채우지 못하면 면접관은 면접을 끝내지 않는다.

기출문제

역량면접
- 현재 자동차 산업의 빠른 변화와 관련된 트렌드에 대해 어떻게 생각하는지 말해 보시오.
- 앞서 말한 트렌드가 향후 자동차 산업에 미칠 영향에 대해 어떻게 생각하는지 말해 보시오.
- 본인이 생각하는 소통에 대해 정의한 후, 본인만의 소통방식으로 갈등을 해결한 경험이 있다면 말해 보시오.
- 입사 후 발전을 위한 구체적인 계획을 말해 보시오.
- 수소 연료전지에 대해 말해 보시오.
- 소통이란 무엇이라고 생각하는가? 소통을 위해 노력한 경험에 대해 말해 보시오.
- 평소 자동차 이외에 다른 관심사가 있다면 어떤 것인지 말해 보시오.
- 마력(hp)에 대해 말해 보시오.
- 4륜 구동에 대해 말해 보시오.
- 가솔린 엔진과 디젤 엔진의 차이에 대해 말해 보시오.
- 소성가공에 대해 말해 보시오.
- 전로와 전기로의 차이와 장단점을 말해 보시오.
- 현재 자율주행 자동차의 보완점에 대한 본인의 생각을 말해 보시오.

PT면접
- (파워트레인 지원) 변속기의 다단화 방안을 분석해 보시오.
- (파워트레인 지원) 클러치의 소형화에 대해 창의적으로 발표하시오.
- (차량설계 지원) 제시된 차량 설계 관련 기술 개발 내용(개요, 목표, 필요성, 경쟁사와의 비교수치, 해외진출 가능성 여부, 생산라인 관련 등)에 관련된 다양한 도표들과 수치적인 자료에 대해 분석해 보시오.
- 자동차 타이어를 유럽, 북미, 내수 중 주어진 자료를 통해 어느 시장을 공략할지 정하고 그때 일어나는 문제점을 어떻게 해결할 것인지 말해 보시오.
- 전기자동차 충전소 보급 활성화를 위한 전략에 대해 발표하시오.
- 효율적인 연비를 얻기 위해 기술적으로 무엇을 해야 하는가?
- 친환경 자동차에 대한 문제점을 분석하고 이에 대한 극복 방향을 제시하시오.

2 2차 면접(영어면접·임원면접)

영어면접은 외국인과 직접 대화하는 방식으로 진행되며, 지원자의 기본적인 영어실력에 대한 평가가 이루어진다. 두서없이 이야기를 하다보면 답변이 길어지는 경우가 많으므로 짧게 대답하더라도 완벽한 문장을 구사하는 것이 좋다. 영어면접의 비중은 크지 않지만 그동안의 기출질문들을 정리하여 미리 예상답안을 만들어놓고 충분히 대비해야 한다.

임원면접은 인성면접의 한 종류라고 생각하면 된다. 면접자의 첫인상을 좌지우지하는 100초 스피치가 있으며, 이를 잘 준비해야 한다.

기출문제

영어면접
- 자신의 목표를 말해 보시오.
- 자신의 취미를 말해 보시오.
- 자신이 가장 크게 성공했던 일과 어떻게 성공했는지 말해 보시오.
- 제일 좋아하는 과목은 무엇이며, 그 이유에 대해 말해 보시오.
- 가장 좋아하는 음식은 무엇이며, 주로 언제 그 음식을 먹는가?
- 학창 시절 공부를 열심히 할 수 있었던 동기는 무엇이었는가?
- 이번 주말에 무엇을 할 것인가?
- 어떤 장르의 음악을 좋아하는가?
- 한국과의 문화적 차이에 대한 외국인들의 인식에 대해 자신의 생각을 말해 보시오.
- (영어 지문을 읽어주고) 들려주는 영어 지문을 요약해 보시오.
- 일기를 쓰는 이유가 무엇이라고 생각하는가?
- 생산부서에 지원한 이유에 대해 말해 보시오.
- 왜 당신을 고용해야 하는지 말해 보시오.
- 자동차 판매 전략에 대한 자신의 생각을 말해 보시오.
- (광고기법에 대한 선호도 조사 도표 제시) 도표를 보고 난 후 자신의 생각을 말해 보시오.
- 친한 친구와 일하는 것에 대해 어떻게 생각하는가? 좋다면 그 이유는?
- 업무할 때 사람과 사람 사이에 유대가 중요하다고 생각하는지, 그 이유가 무엇인지 말해 보시오.

임원면접
- (시간 제한이 없는) 자기소개를 해 보시오.
- 살아오면서 가장 힘들었던 일을 이야기해 보시오.
- 소비자의 전기자동차 신뢰도 상승을 위해 우리 회사가 극복해야 할 점은 무엇인가?
- 입사하면 만들고 싶은 자동차는 무엇인가? 그 이유는 무엇인가?
- 완전 자율주행 자동차 활성화를 위해 우리 회사가 해결해야 할 과제는 무엇인가?
- 30년 후의 본인의 모습에 대해 말해 보시오.
- 현대자동차의 문제점과 개선 방안에 대해 말해 보시오.
- 자동차의 20~30년 뒤의 모습과 그 이유에 대해 말해 보시오.
- 대학생활 중 목표는 무엇이었는가?
- 현대자동차그룹의 핵심가치 중 하나를 본인과 연결하여 설명해 보시오.

교육청 직무능력 적성검사

01 울산광역시교육청

1. 언어논리력

01 다음 글의 제목으로 가장 적절한 것은?

> 제4차 산업혁명은 인공지능이 기존의 자동화 시스템과 연결되어 효율이 극대화되는 산업 환경의 변화를 의미한다. 2016년 세계경제포럼에서 언급되어 유행처럼 번지는 용어가 되었다. 학자에 따라 바라보는 견해는 다르지만 대체로 기계학습과 인공지능의 발달이 그 수단으로 꼽힌다.
> 2010년대 중반부터 드러나기 시작한 제4차 산업혁명은 현재진행형이며, 그 여파는 사회 곳곳에서 드러나고 있다. 지금도 사람의 역할을 기계와 인공지능이 대체하고 있으며, 현재 일자리의 80~99%까지 대체될 것이라고 보는 견해도 있다.
> 만약 우리가 현재의 경제 구조를 유지한 채로 이와 같은 극단적인 노동 수요 감소를 맞게 된다면, 전후 미국의 대공황 등과는 차원이 다른 끔찍한 대공황이 발생할 것이다. 계속해서 일자리가 줄어들수록 중ㆍ하위 계층은 사회에서 밀려날 수밖에 없는데, 자본주의 사회의 특성상 많은 비용을 수반하는 과학기술의 연구는 자본에 종속될 수밖에 없기 때문이다. 물론 지금도 이러한 현상이 없는 것은 아니지만, 아직까지는 단순노동이 필요하기 때문에 노동력을 제공하는 중ㆍ하위층들도 불합리한 부분들에 파업과 같은 실력행사를 할 수 있었다. 그러나 앞으로 자동화가 더욱 진행되어 노동의 필요성이 사라진다면 그들을 배려해야 할 당위성은 법과 제도가 아닌 도덕이나 인권과 같은 윤리적인 영역에만 남게 되는 것이다.
> 반면에, 이를 긍정적으로 생각한다면 이처럼 일자리가 없어졌을 때 극소수에 해당하는 경우를 제외한 나머지 사람들은 노동에서 완전히 해방되어, 인공지능이 제공하는 무제한적인 자원을 마음껏 향유할 수도 있을 것이다. 하지만 이러한 미래는 지금의 자본주의보다는 사회주의 경제 체제에 가깝다. 이 때문에 많은 경제학자와 미래학자들은 제4차 산업혁명 이후의 미래를 장밋빛으로 바꿔나가기 위해, 기본소득제 도입 등의 시도와 같은 고민들을 이어가고 있다.

① 제4차 산업혁명의 의의
② 제4차 산업혁명의 빛과 그늘
③ 제4차 산업혁명의 위험성
④ 제4차 산업혁명에 대한 준비

해설 제시문은 제4차 산업혁명으로 인한 노동 수요 감소로 인해 나타날 수 있는 문제점으로 대공황에 대한 위험을 설명하면서도, 긍정적인 시각으로 노동 수요 감소를 통해 인간적인 삶의 향유가 이루어질 수 있다고 말한다. 따라서 제4차 산업혁명의 밝은 미래와 어두운 미래를 나타내는 ②가 제목으로 적절하다.

02 다음 제시된 단어의 대응 관계로 볼 때, 빈칸에 들어갈 알맞은 단어는?

승용차 : 기차 = 헬스클럽 : (   )

① 병원
② 단련
③ 수영장
④ 러닝머신

해설 승용차와 기차는 모두 탈것이라는 범주에 속하는 동등한 세부요소들이다. 헬스클럽은 운동을 하는 장소인 체육시설에 속하는 세부요소이므로 같은 체육시설에 속하는 수영장이 들어가야 한다.

03 다음 밑줄 친 단어와 같은 의미로 쓰인 것은?

할아버지의 수레를 뒤에서 밀었다.

① 밖에서 오랫동안 고민하던 그는 문을 밀고 들어왔다.
② 오랫동안 기른 머리를 짧게 밀었다.
③ 오늘 일을 보면 김차장을 누가 뒤에서 밀고 있는 것 같아.
④ 송판을 대패로 밀었다.

해설 제시된 문장과 ①의 '밀다'는 '일정한 방향으로 움직이도록 반대쪽에서 힘을 가하다'의 의미로 사용됐다.
② 머리카락이나 털 따위를 매우 짧게 깎다.
③ 뒤에서 보살피고 도와주다.
④ 바닥이 반반해지도록 연장을 누르면서 문지르다.

04 다음 글의 흐름상 적절하지 않은 문장은?

17세기에서 20세기 초에 이르는 시간 동안 모더니티에 대한 학문이 어느 정도 완결된 양상을 보이게 되었다. ① 서양, 백인, 남성, 이성(과학, 기술, 의학), 기독교를 중심부에, 유색인종, 흑인, 광기, 아동, 여성 등은 주변부에 위치하는 도식을 생각해 보면 이 시기에 확립된 모더니티의 기초에 대해 대략적으로 파악할 수 있을 것이다. ② 일단 중심부를 체계화시키고 공고히 한 후, 모더니티는 점점 주변에 관심을 기울이면서 그것을 포괄해 간다. ③ 유색인종, 광기, 아동 등 수많은 주변부의 지식을 포함하더라도 결국은 지극히 중심부의 시각(서양인의 시각)으로 다양한 학문을 연구하였다. ④ 유색인종을 연구하는 '인류학'이나 광기를 다루는 '정신의학' 등이 주변부의 시각에서 연구한 예로 볼 수 있다. 이런 맥락에서 모더니티를 타자에 대한 지식, 타자를 발견하는 지식으로 부를 수도 있겠다.

해설 제시문에 따르면 모더니티에 대한 학문은 주변부의 시각을 포함할지라도 그 중심은 서양인의 시각(중심부의 시각)이다. 따라서 주변부의 시각으로 연구했다는 ④는 흐름상 적절하지 않다.

01 ② 02 ③ 03 ① 04 ④

2. 문제해결력

05 제시된 명제가 모두 참일 때, 항상 참인 것은?

> • 축구를 잘하는 사람은 배구도 잘한다.
> • 농구를 못하는 사람은 야구도 못한다.
> • 배구를 못하는 사람은 농구도 못한다.

① 배구를 못하는 사람은 야구도 못한다.
② 축구를 잘하는 사람은 야구를 못한다.
③ 야구를 잘하는 사람은 축구를 못한다.
④ 농구를 못하는 사람은 축구를 잘한다.

해설 '축구를 잘하는 사람'을 A, '배구를 잘하는 사람'을 B, '농구를 잘하는 사람'을 C, '야구를 잘하는 사람'을 D라고 했을 때, 첫 번째 명제는 A → B, 두 번째 명제는 ~C → ~D, 세 번째 명제는 ~B → ~C이다. 두 번째 명제와 세 번째 명제를 연결하면 ~B → ~C → ~D이므로 항상 참인 것은 ~B → ~D 즉, '배구를 못하는 사람은 야구도 못한다'이다.

06 A~E 다섯 명이 100m 달리기를 했다. 기록 측정 결과가 나오기 전에 그들끼리의 대화를 통해 순위를 예측해 보려고 한다. 그들의 대화는 다음과 같고, 이 중 한 사람이 거짓말을 하고 있다. A~E 다섯 명의 순위로 알맞은 것은?

> • A : 나는 1등이 아니고, 3등도 아니야.
> • B : 나는 1등이 아니고, 2등도 아니야.
> • C : 나는 3등이 아니고, 4등도 아니야.
> • D : 나는 A와 B보다 늦게 들어왔어.
> • E : 나는 C보다는 빠르게 들어왔지만, A보다는 늦게 들어왔어.

① E-C-B-A-D
② E-A-B-C-D
③ C-E-B-A-D
④ C-A-D-B-E

해설 한 명만 거짓말을 하고 있기 때문에 모두의 말을 참이라고 가정하고, 모순이 어디서 발생하는지 생각해 본다.
다섯 명의 말에 따르면, 1등을 할 수 있는 사람은 C밖에 없는데, 이는 E의 진술과 모순이다. 만약 C의 진술이 거짓이라고 가정하면 1등을 할 수 있는 사람이 없게 되므로 모순이다. 따라서 E의 진술이 거짓이므로 나올 수 있는 순위는 C-A-E-B-D, C-A-B-E-D, C-A-B-D-E, C-E-B-A-D임을 알 수 있다.

07 제시된 명제가 모두 참일 때, 빈칸에 들어갈 명제로 옳은 것은?

- 아는 것이 적으면 인생에 나쁜 영향이 생긴다.
- _____
- 지식을 함양하지 않으면 아는 것이 적다.
- 따라서 공부를 열심히 하지 않으면 인생에 나쁜 영향이 생긴다.

① 공부를 열심히 한다고 해서 지식이 생기지는 않는다.
② 지식을 함양했다는 것은 공부를 열심히 했다는 뜻이다.
③ 아는 것이 많으면 인생에 나쁜 영향이 생긴다.
④ 아는 것이 많으면 지식이 많다는 뜻이다.

해설 '공부를 열심히 하지 않는다'를 A, '지식을 함양하지 않는다'를 B, '아는 것이 적다'를 C, '인생에 나쁜 영향이 생긴다'를 D로 놓고 보면 첫 번째 명제는 C → D, 세 번째 명제는 B → C, 네 번째 명제는 A → D이므로 네 번째 명제가 도출되기 위해서는 A → B가 필요하다. 따라서 대우 명제인 ②가 답이 된다.

08 민하, 상식, 은희, 은주, 지훈은 점심 메뉴로 쫄면, 라면, 우동, 김밥, 어묵 중 각각 하나씩을 주문했다. 제시된 〈조건〉이 모두 참일 때, 다음 중 점심 메뉴가 바르게 연결된 것은?(단, 모두 서로 다른 메뉴를 주문했다)

조건

- 민하와 은주는 라면을 먹지 않았다.
- 상식과 민하는 김밥을 먹지 않았다.
- 은희는 우동을 먹었고, 지훈은 김밥을 먹지 않았다.
- 지훈은 라면과 어묵을 먹지 않았다.

① 지훈-라면, 상식-어묵
② 지훈-쫄면, 민하-라면
③ 은주-어묵, 상식-김밥
④ 민하-어묵, 상식-라면

해설 주어진 조건을 표로 정리하면 다음과 같다.

구분	쫄면	라면	우동	김밥	어묵
민하	X	X	X	X	○
상식	X	○	X	X	X
은희	X	X	○	X	X
은주	X	X	X	○	X
지훈	○	X	X	X	X

따라서 바르게 연결된 것은 민하-어묵, 상식-라면의 ④이다.

3. 수리력

09 다음은 사교육의 과목별 동향에 대한 자료이다. 이에 대한 설명으로 〈보기〉 중 옳은 것을 모두 고르면?

과목별 동향

(단위 : 명, 원)

구분		2018년	2019년	2020년	2021년	2022년	2023년
국·영·수	월 최대 수강자 수	368	388	379	366	359	381
	월 평균 수강자 수	312	369	371	343	341	366
	월 평균 수업료	550,000	650,000	700,000	700,000	700,000	750,000
탐구	월 최대 수강자 수	241	229	281	315	332	301
	월 평균 수강자 수	218	199	253	289	288	265
	월 평균 수업료	350,000	350,000	400,000	450,000	500,000	500,000

● 보기 ●

ㄱ. 국·영·수의 월 최대 수강자 수와 평균 수강자 수는 같은 증감 추이를 보인다.
ㄴ. 국·영·수의 월 평균 수업료는 월 최대 수강자 수와 같은 증감 추이를 보인다.
ㄷ. 국·영·수의 월 최대 수강자 수의 전년 대비 증가율은 2023년이 가장 높다.
ㄹ. 월 평균 수강자 수가 국·영·수 과목이 최대였을 때는 탐구 과목이 최소였고, 국·영·수 과목이 최소였을 때는 탐구 과목이 최대였다.

① ㄱ
② ㄷ
③ ㄱ, ㄷ
④ ㄴ, ㄹ

해설 전년 대비 국·영·수의 월 최대 수강자 수가 증가한 해는 2019년과 2023년이고, 증가율은 다음과 같다.

- 2019년 : $\frac{388-368}{368} \times 100 ≒ 5.4\%$
- 2023년 : $\frac{381-359}{359} \times 100 ≒ 6.1\%$

따라서 증가율은 2023년이 가장 높다.
ㄱ. 2020년 국·영·수의 월 최대 수강자 수는 전년 대비 감소했지만, 월 평균 수강자 수는 전년에 비해 증가했다.
ㄴ. 2020년은 전년에 비해 국·영·수의 월 최대 수강자 수가 감소했지만, 월 평균 수업료는 증가했다.
ㄹ. 월 평균 수강자 수가 국·영·수 과목이 최대, 최소인 해는 각각 2020년, 2018년이고, 탐구는 2021년, 2019년이다.

02 경상남도교육청

1. 언어논리력

01 다음 중 제시된 단어의 뜻이 옳지 않은 것은?

① 천학하다 : 가난하고 천하다.
② 가붓하다 : 조금 가벼운 듯하다.
③ 부산하다 : 급하게 서두르거나 시끄럽게 떠들어 어수선하다.
④ 가녀리다 : 물건이나 사람의 신체 부위 따위가 몹시 가늘고 연약하다.

해설
- 천학하다 : 학식이 얕다.
- 빈천하다 : 가난하고 천하다.

02 다음 중 밑줄 친 부분의 띄어쓰기가 옳은 것은?

① 여행을 <u>다녀온 지</u> 벌써 세 달이 지났어.
② 이 일을 어떻게 <u>처리해야 할 지</u> 걱정이야.
③ 귤이 얼마나 <u>맛있는 지</u> 손가락이 다 물들었어.
④ 내 돈을 훔친 범인이 <u>누구든 지</u> 잡히면 가만두지 않겠어.

해설 경과한 시간을 나타낼 때의 '지'는 의존 명사이므로 한글 맞춤법에 따라 앞의 말과 띄어 써야 한다.
② '-ㄹ지'는 하나의 연결 어미이므로 '처리해야 할지'가 옳은 표기이다.
③ 막연한 의문이 있는 채로 뒤 절의 사실이나 판단과 연관 지을 때의 '지'는 어미이므로 '맛있는지'가 옳은 표기이다.
④ '-든지'는 어느 것이 선택되어도 차이가 없는 둘 이상의 일을 나열함을 나타내는 하나의 보조사이므로 '누구든지'가 옳은 표기이다.

03 다음 글의 빈칸에 들어갈 접속어로 가장 적절한 것은?

신용카드를 사용하면 연말정산 시 15%를 공제받지만, 체크카드를 사용할 경우 두 배 더 공제받을 수 있다. 대신 1년간 사용한 액수가 소득공제 기준에 미치지 못하면 오히려 그만큼을 더 납부해야 한다. _____ 얼마 남지 않은 연말까지 연 소득의 25% 이상을 써야 한다면 신용카드를 사용하는 것이 좋다.

① 그러므로   ② 그러나
③ 마침내   ④ 그리고

해설 연말정산 시 체크카드를 사용하면 30%를 공제받을 수 있지만, 사용 액수가 소득공제 기준에 미치지 못하면 오히려 더 납부해야 한다는 앞의 내용이 공제 기준을 충족하기 어렵다면 신용카드를 사용하는 것이 좋다는 뒤의 내용의 근거가 되므로 빈칸에 들어갈 접속어로는 '그러므로'가 적절하다.

2. 이해력

04 다음 글에 나타난 '라이헨바흐의 논증'을 평가·비판한 것으로 적절하지 않은 것은?

> 귀납은 현대 논리학에서 연역이 아닌 모든 추론, 즉 전제가 결론을 개연적으로 뒷받침하는 모든 추론을 가리킨다. 귀납은 기존의 정보나 관찰 증거 등을 근거로 새로운 사실을 추가하는 지식 확장적 특성을 지닌다. 이 특성으로 인해 귀납은 근대 과학 발전의 방법적 토대가 되었지만, 한편으로 귀납 자체의 논리적 한계를 지적하는 문제들에 부딪히기도 한다.
>
> 먼저 흄은 과거의 경험을 근거로 미래를 예측하는 귀납이 정당한 추론이 되려면 미래의 세계가 과거에 우리가 경험해 온 세계와 동일하다는 자연의 일양성(一樣性), 곧 한결같음이 가정되어야 한다고 보았다. 그런데 자연의 일양성은 선험적으로 알 수 있는 것이 아니라 경험에 기대어야 알 수 있는 것이다. 즉, "귀납이 정당한 추론이다"라는 주장은 "자연은 일양적이다"라는 다른 지식을 전제로 하는데, 그 지식은 다시 귀납에 의해 정당화되어야 하는 경험적 지식이므로 귀납의 정당화는 순환 논리에 빠져 버린다는 것이다. 이것이 귀납의 정당화 문제이다.
>
> 귀납의 정당화 문제로부터 과학의 방법인 귀납을 옹호하기 위해 라이헨바흐는 이 문제에 대해 현실적 구제책을 제시한다. 라이헨바흐는 자연이 일양적일 수도 있고 그렇지 않을 수도 있음을 전제한다. 먼저 자연이 일양적일 경우, 그는 지금까지의 우리의 경험에 따라 귀납이 점성술이나 예언 등의 다른 방법보다 성공적인 방법이라고 판단한다. 자연이 일양적이지 않다면, 어떤 방법도 체계적으로 미래 예측에 계속해서 성공할 수 없다는 논리적 판단을 통해 귀납은 최소한 다른 방법보다 나쁘지 않은 추론이라고 확언한다. 결국 자연이 일양적인지 그렇지 않은지 알 수 없는 상황에서는 귀납을 사용하는 것이 옳은 선택이라는 라이헨바흐의 논증은 귀납의 정당화 문제를 현실적 차원에서 해소하려는 시도로 볼 수 있다.

① 귀납이 지닌 논리적 허점을 완전히 극복한 것은 아니라는 비판의 여지가 있다.
② 귀납을 과학의 방법으로 사용할 수 있음을 지지하려는 목적에서 시도하였다는 데 의미가 있다.
③ 귀납과 견주어 미래 예측에 더 성공적인 방법이 없다는 판단을 근거로 귀납의 가치를 보여 주고 있다.
④ 귀납이 현실적으로 옳은 추론 방법임을 밝히기 위해 자연의 일양성이 선험적 지식임을 증명한 데 의의가 있다.

해설 마지막 문단에 따르면 '라이헨바흐는 자연이 일양적일 수도 있고 그렇지 않을 수도 있음을 전제'하며, '자연이 일양적인지 그렇지 않은지 알 수 없는 상황에서는 귀납을 사용하는 것이 옳은 선택'이라고 한다. 그러나 ④와 같이 귀납이 현실적으로 옳은 추론 방법임을 밝히기 위해 자연의 일양성이 선험적 지식임을 증명하고 있는 것은 아니다.

① 라이헨바흐는 '어떤 방법도 체계적으로 미래 예측에 계속해서 성공할 수 없다는 논리적 판단을 통해 귀납은 최소한 다른 방법보다 나쁘지 않은 추론'이라고 확언한다. 하지만 이것은 귀납의 논리적 허점을 현실적 차원에서 해소하려는 것이며, 논리적 허점을 완전히 극복한 것은 아니라는 점에서 비판의 여지가 있다.
② 라이헨바흐는 '귀납의 정당화 문제로부터 과학의 방법인 귀납을 옹호'하기 위해 '현실적 구제책을 제시'한다. 이것은 귀납이 과학의 방법으로 사용될 수 있음을 지지하려는 것이다.
③ 라이헨바흐는 '자연이 일양적인지 그렇지 않은지 알 수 없는 상황에서는 귀납을 사용하는 것이 옳은 선택'이라고 본다. 따라서 ③의 진술처럼 라이헨바흐는 귀납과 견주어 미래 예측에 더 성공적인 방법이 없다는 판단을 근거로 귀납의 가치를 보여 주고 있다.

05 다음 중 (가)~(라) 문단과 안전 플랫폼을 효율적으로 운영하기 위해 제시된 방안이 적절하게 연결되지 않은 것은?

> 언제 발생할지 모르는 각종 재해·재난을 완벽하게 막을 수는 없다. 다만, 재해·재난이 발생하기 전이라면 사전예방을 통해 발생위험을 줄이고, 재해·재난이 발생한 뒤라면 초기대응과 체계적인 관리를 통해 피해를 최소화할 수 있다. 재난에 대한 피해를 최소화하기 위해서는 체계화된 플랫폼(Platform)이라는 쉘터(Shelter)가 필요하다. 국가가 안전 플랫폼을 효율적으로 운영하기 위한 방안은 다음과 같다.
> (가) 첫째, 재난관리 지휘·명령 표준체계를 통해 컨트롤 타워를 통합적으로 관리할 수 있어야 한다. 재난현장 지원 및 조정체계를 통해 관계기관의 협업이 가능해야 하며, 안전정책 총괄관리 및 개선체계를 통해 국가 안전관리 계획수립과 재난안전 예산확보 및 안전관리 감독이 가능해야 한다.
> (나) 둘째, 지방자치단체의 역량 및 책임성이 강화되어 지역 재난안전을 관리할 수 있어야 한다. 이를 통해 지역별 재해·재난으로부터 신속히 대응할 수 있다. 또한 지방자치단체 주도의 재난대비 교육·훈련으로 재난대응 역량을 강화해야 한다. 아무리 효과적인 대응책을 가지고 있더라도 교육과 훈련을 통해 숙달되지 않으면 위기상황에 제대로 작동되지 않기 때문이다.
> (다) 셋째, 모두가 함께 안전을 만들기 위해서는 안전문화가 생활 속에 자리 잡아야 한다. 이를 위해서는 안전문화 증진을 위한 콘텐츠 개발이 필요하고, 주민참여형 거버넌스를 구축하여 민관협력체계가 활성화되어야 한다. 또한 안전취약계층에 대한 맞춤형 안전대책과 재난피해자 지원 확대방안도 개선되어야 한다.
> (라) 넷째, 재난안전 예방을 위해 공간분석을 통한 과학적 통합 경보 서비스와 피해예측시스템 및 재해 예방사업을 확대하고 안전산업 육성을 위한 지원책이 마련되어야 한다. 공간분석은 공간데이터 분석을 통해 유용한 정보를 추출하여 공간적 의사결정을 하는 것을 말한다. 공간분석 시에 공간데이터의 기본단위를 설정하는 것이 공간분석의 기본이라고 할 수 있다.
> 다섯째, 대규모 재해·재난으로 확대될 수 있는 에너지 분야에서는 안전기술 개발 및 안전인프라가 구축되어야 하고, 농업 분야에서는 구제역 및 AI 등의 감염병 대책관리가 필요하며, 의료 분야에서는 메르스 등의 전염병 대책관리 및 응급의료서비스가 강화되어야 한다. 화학 분야에서는 불산 유출 등과 같은 화학물질 안전관리를 위해서 화학 안전관리제도를 구축하여 화학사고 대응체계를 강화해야 한다.

① (가) : 재난관리 지휘·명령 표준체계를 갖춰야 한다.
② (나) : 지방자치단체의 역량이 강화되어야 한다.
③ (다) : 생활 속 안전문화를 확산해야 한다.
④ (라) : 재난안전 예방 인프라를 확충해야 한다.

해설 (라)에서는 재난안전 예방을 위해서는 공간분석을 통한 과학적 통합 경보 서비스 등이 필요하다고 보았다. 따라서 '공간분석을 통한 재난안전 예방시스템을 구축해야 한다'와 같은 방안이 (라)의 내용에 적절하다.

04 ④ 05 ④

3. 문제해결력

06 A사에서는 임직원 해외연수를 추진하고 있다. 다음 중 해외연수 대상자가 될 수 있는 직원으로만 묶인 것은?

임직원 해외연수 공지사항

- 해외연수 국가 : 네덜란드, 일본
- 해외연수 일정 : 12월 11~20일(10일간)
- 해외연수 인원 : 국가별 2명씩 총 4명
- 해외연수 인원 선발 방법 : 업무평가 항목 평균 점수 상위 4명 선발
  ※ 단, 평균 점수는 소수점 셋째 자리에서 반올림한다.

A사 임직원 업무평가

(단위 : 점)

성명	직급	조직기여	대외협력	기획
유시진	팀장	58	68	83
최은서	팀장	79	98	96
양현종	과장	84	72	86
오선진	대리	55	91	75
이진영	대리	90	84	97
장수원	대리	78	95	85
김태균	주임	97	76	72
류현진	주임	69	78	54
강백호	사원	77	83	66
최재훈	사원	80	94	92

① 유시진, 최은서
② 양현종, 오선진
③ 이진영, 장수원
④ 김태균, 류현진

해설 각 임직원의 평균 점수를 구하면 다음과 같다.

(단위 : 점)

성명	조직기여	대외협력	기획	평균	순위
유시진	58	68	83	69.67	9
최은서	79	98	96	91	1
양현종	84	72	86	80.67	6
오선진	55	91	75	73.67	8
이진영	90	84	97	90.33	2
장수원	78	95	85	86	4
김태균	97	76	72	81.67	5
류현진	69	78	54	67	10
강백호	77	83	66	75.33	7
최재훈	80	94	92	88.67	3

따라서 상위 4명인 최은서, 이진영, 최재훈, 장수원이 해외연수 대상자로 선정된다.

07 A사에서 인사팀의 1박 2일 워크숍 날짜를 결정하려고 한다. 다음 인사팀의 11월 월간 일정표와 〈조건〉을 고려할 때, 인사팀 워크숍 날짜로 가장 적절한 것은?

11월 월간 일정표

일	월	화	수	목	금	토
		1 오전 10시 연간 채용계획 발표(A팀장)	2	3	4 오전 10시 주간업무보고 오후 7시 B대리 송별회	5
6	7	8 오후 5시 총무팀과 팀 연합회의	9	10	11 오전 10시 주간업무보고	12
13	14 오전 11시 승진대상자 목록 취합 및 보고(C차장)	15	16	17 A팀장 출장	18 오전 10시 주간업무보고	19
20	21 오후 1시 팀미팅(30분 소요 예정)	22	23 D사원 출장	24 외부인사 방문 일정	25 오전 10시 주간업무보고	26
27	28 E대리 휴가	29	30			

─── • 조건 • ───

- 워크숍은 평일로 한다.
- 워크숍에는 모든 팀원이 빠짐없이 참석해야 한다.
- 워크숍 일정은 첫날 오후 3시 출발부터 다음 날 오후 2시까지이다.
- 다른 팀과 함께하는 업무가 있는 주에는 워크숍 일정을 잡지 않는다.
- 매월 말일에는 월간 업무 마무리를 위해 워크숍 일정을 잡지 않는다.

① 11월 9~10일
② 11월 18~19일
③ 11월 21~22일
④ 11월 28~29일

해설 11월 21일의 팀미팅은 워크숍 일정 시작 전인 오후 1시 30분에 끝나므로 3시 출발이 가능하며, 22일의 일정이 없기 때문에 11월 21~22일이 워크숍 날짜로 적절하다.
  ① 11월 9~10일 : 다른 팀과 함께하는 업무가 있는 주이므로 워크숍이 불가능하다.
  ② 11월 18~19일 : 19일은 주말이므로 워크숍이 불가능하다.
  ④ 11월 28~29일 : E대리 휴가로 모든 팀원의 참여가 불가능하다.

06 ③ 07 ③

한국사능력검정시험

기본편(제58회)

01 밑줄 그은 '이 왕'의 업적으로 옳은 것은? [2점]

> 부여 나성 발굴과정에서 성의 북문 터가 확인됐습니다. 부여 나성은 백제 사비 도성을 감싸는 방어시설로, 수도를 웅진에서 사비로 옮긴 이 왕 때 축조된 것으로 추정됩니다.

① 동진으로부터 불교를 받아들였다.
② 고흥에게 역사서인 서기를 편찬하게 했다.
③ 진흥왕과 연합해 한강유역을 회복했다.
④ 대야성을 비롯한 신라의 40여 개 성을 빼앗았다.

기출 태그 #백제 성왕 #사비 천도 #부소산성 #나성 #신라 진흥왕 #나제 동맹

해설
백제 성왕은 왕권강화를 위해 웅진(공주)에서 사비(부여)로 도읍을 옮기고 국호를 남부여로 고쳐 백제의 중흥을 도모했다. 이중으로 도성을 방어하기 위해 사비의 부소산성을 중심으로 나성을 쌓았다.
③ 백제 성왕은 신라 진흥왕과 나제동맹을 맺고 함께 고구려를 공격해 한강유역을 차지했다.

02 (가)에 들어갈 전투로 옳은 것은? [2점]

역사 다큐멘터리 기획안

신라, 최후의 승자가 되다!

■ 기획 의도: 한반도를 차지하려 한 당을 몰아내고 신라가 삼국통일을 이룬 과정을 집중조명한다.
■ 구성
1편 - 당이 웅진도독부, 안동도호부를 설치하다
2편 - 신라가 고구려 부흥운동을 지원하고 군사력을 보강하다
3편 - 신라가 당에 맞서 ⬚(가)⬚ 에서 승리하다

① 기벌포 전투
② 우금치 전투
③ 진주성 전투
④ 처인성 전투

기출 태그 #신라의 삼국통일 #나당동맹 #신라 문무왕 #매소성 전투 #기벌포 전투

해설
신라는 당과 동맹을 맺고 연합군을 결성해 백제와 고구려를 멸망시켰다. 당은 신라와의 약속을 어기고 고구려의 옛 땅에 군대를 주둔시키고 신라 영토에도 영향력을 행사하려 했다. 이에 신라는 당과의 전쟁을 전개해 매소성·기벌포 전투를 승리로 이끌고 당의 세력을 한반도에서 몰아내 삼국통일을 이룩했다.
① 신라 문무왕은 기벌포 전투에서 승리하면서 당의 세력을 한반도에서 몰아내고 삼국통일을 완성했다.

03 밑줄 그은 '왕'의 업적으로 옳은 것은? [2점]

① 훈요10조를 남겼다.
② 수도를 강화도로 옮겼다.
③ 노비안검법을 시행했다.
④ 기철 등 친원파를 숙청했다.

04 다음 상황이 일어난 시기를 연표에서 옳게 고른 것은? [3점]

① (가)
② (나)
③ (다)
④ (라)

기출 태그 #고려 광종 #광덕·준풍 #쌍기 #과거제
#노비안검법 #호족 세력 약화

해설
고려 광종은 국왕의 권위를 높이기 위해 스스로를 황제라 칭하고 광덕, 준풍 등의 독자적인 연호를 사용했다. 또한, 후주 출신 쌍기의 건의를 수용해 과거제를 도입하고 신진 인사들을 등용했다.
③ 고려 광종은 노비안검법을 실시해 억울하게 노비가 된 사람들을 해방하고 호족의 세력을 약화시키고자 했다.

기출 태그 #고려 인종 #묘청 #서경 세력
#서경천도 #칭제건원 #금 정벌 #김부식

해설
고려 인종 때 묘청을 중심으로 한 서경 세력은 풍수지리설을 바탕으로 서경천도와 칭제건원, 금 정벌을 주장했으나 받아들여지지 않았다. 이에 묘청은 국호를 대위, 연호를 천개로 해 서경에서 반란을 일으켰으나 김부식의 관군에 의해 진압됐다(1135).

01 ③ 02 ① 03 ③ 04 ②

05 (가)의 활동으로 옳은 것? [2점]

- (가) 이/가 아뢰기를, "신이 여진에게 패배한 까닭은 그들은 기병이고 우리는 보병이어서 대적하기 어려웠기 때문입니다."라고 하였다. 이에 건의하여 비로소 별무반을 만들었다.
  - 『고려사절요』 -

- (가) 이/가 여진을 쳐서 크게 물리쳤다. [왕이] 여러 장수를 보내 경계를 정하였다.
  - 『고려사』 -

① 강동6주를 획득했다.
② 동북9성을 축조했다.
③ 쓰시마섬을 정벌했다.
④ 쌍성총관부를 수복했다.

기출 태그 #여진의 고려 침입 #윤관 #별무반
#신기군·신보군·항마군 #동북9성

해설
고려 숙종 때 여진이 고려의 국경을 자주 침입하자 윤관이 왕에게 건의하여 신기군, 신보군, 항마군으로 구성된 별무반을 편성하였다. 이후 예종 때 윤관은 별무반을 이끌고 여진을 토벌하였다.
② 고려 예종 때 윤관은 별무반을 이끌고 여진을 몰아낸 뒤 동북9성을 축조하였다.

06 (가)에 들어갈 인물로 옳은 것? [1점]

추사, 조선 서예의 새 지평을 열다

우리 박물관에서는 추사체를 창안하여 조선 서예의 새 지평을 연 추사 선생의 특별전을 개최합니다. 관심 있는 여러분의 많은 관람 바랍니다.

기간: 2022년 ○○월 ○○일~○○월 ○○일
장소: □□박물관 특별 전시실

①
허목

②
김정희

③
송시열

④
채제공

기출 태그 #추사 김정희 #고금필법 #추사체 창안
#금석학 #진흥왕 순수비

해설
김정희는 금석학과 함께 문자의 서예적 가치와 왕희지체, 구양순체 등 역대 고금필법을 두루 연구해 추사체를 창안했다.
② 김정희는 조선 후기 금석학 연구를 통해 저술한 〈금석과안록〉에서 북한산비가 진흥왕 순수비임을 밝혀냈다.

07 밑줄 그은 '이 사건'의 결과로 옳은 것은? [2점]

이것은 민응식의 옛 집터 표지석입니다. 구식군인들이 별기군과의 차별 등에 반발해 일으킨 이 사건 당시, 궁궐을 빠져나온 왕비가 피란했던 곳임을 알려주고 있습니다.

① 집강소가 설치됐다.
② 조사시찰단이 파견됐다.
③ 외규장각 도서가 약탈됐다.
④ 청의 내정간섭이 심화됐다.

08 (가)에 들어갈 단체로 옳은 것은? [2점]

민족유일당을 만들기 위한 노력의 결과 드디어 우리가 (가) 를 만들었습니다.

맞습니다. 기회주의자를 배제하고 일제에 맞서 함께 싸웁시다.

① 신간회
② 토월회
③ 대한광복회
④ 조선어학회

기출 태그 #조선 고종 #임오군란 #구식군대 차별
#조청상민 수륙무역장정 #청의 내정간섭

해설
조선 고종은 개화정책의 일환으로 기존 5군영을 무위영과 장어영의 2영으로 개편하고 신식군대인 별기군을 설치했다. 그 후 구식군대인 2영은 별기군에 비해 차별 대우를 받았고, 수개월간 밀린 봉급을 겨와 모래가 섞인 쌀로 지급받았다. 이에 분노한 구식군대가 선혜청과 일본공사관을 습격하면서 임오군란이 발생했다. 군란은 민씨 세력의 요청으로 개입한 청군에 의해 진압됐고, 흥선대원군이 청으로 압송됐다.
④ 임오군란 때 청군이 개입해 군란을 진압한 것을 계기로 조청상민 수륙무역장정이 체결되고 청의 내정간섭이 심화됐다.

기출 태그 #신간회 #사회주의·민족주의 합작
#정우회 선언 #이상재

해설
1920년대 중반 사회주의 세력과 민족주의 세력이 연대해 민족유일당을 결성할 수 있다는 공감대가 형성됐다. 이에 따라 국내의 민족해방운동 진영은 정우회 선언을 계기로 1927년 좌우 합작조직인 신간회를 결성하고, 민족지도자 이상재를 초대회장으로 추대했다. 이후 신간회는 기회주의를 부인하고, 정치적·경제적·사회적 각성을 촉진하며, 단결을 공고히 한다는 3대 강령을 내걸고 활동했고 일제강점기 최대규모의 사회단체로 성장했다.

05 ② 06 ② 07 ④ 08 ①

09 (가)에 들어갈 민주화운동으로 옳은 것은? [2점]

① 4·19 혁명
② 6월 민주항쟁
③ 부마민주항쟁
④ 5·18 민주화운동

기출 태그 #4·19 혁명 #3·15 부정선거
#2·28 민주운동 #김주열 #이승만 하야

해설
이승만 정권과 자유당이 3·15 정·부통령 선거 당선을 위해 부당한 선거운동을 벌이자, 이에 항거한 대구 학생들이 2·28 민주운동을 주도했다. 이후 마산 해변가에 버려진 마산상고 학생 김주열의 시신이 발견돼 마산의거가 발생했고 정부는 비상계엄령을 선포했다. 학생과 대학 교수단이 대통령의 하야를 요구하는 행진을 전개하면서 4·19 혁명은 전국적으로 확산됐고, 결국 이승만이 하야하고 내각책임제를 기본으로 하는 허정 과도정부가 구성됐다.

10 밑줄 그은 '놀이'로 옳은 것은? [1점]

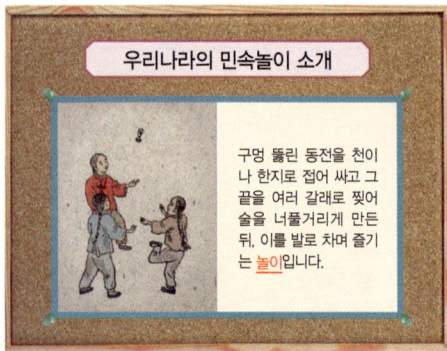

① 널뛰기
② 비석치기
③ 제기차기
④ 쥐불놀이

기출 태그 #제기차기 #민속놀이
#엽전·쇠붙이 #봄·겨울철 놀이

해설
제기차기는 엽전이나 쇠붙이 등에 얇고 질긴 종이나 천을 접어서 싼 뒤에 끝을 여러 갈래로 찢어 너풀거리게 한 제기를 발로 차는 놀이이다. 추운 날씨에 집 밖에서 땀을 내어 체력을 기르기 위해 주로 겨울에서 봄 사이에 즐기는 놀이로 발전했다.

심화편(제57회)

01 밑줄 그은 '이 나라'에 대한 설명으로 옳은 것은? [1점]

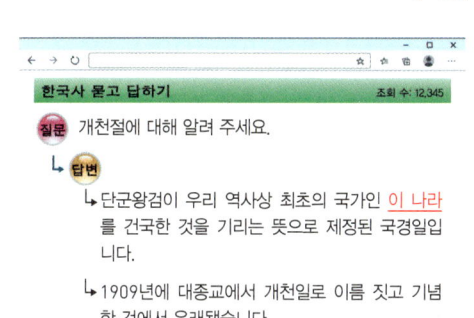

한국사 묻고 답하기 조회 수: 12,345
질문 개천절에 대해 알려 주세요.
답변
↳ 단군왕검이 우리 역사상 최초의 국가인 <u>이 나라</u>를 건국한 것을 기리는 뜻으로 제정된 국경일입니다.
↳ 1909년에 대종교에서 개천일로 이름 짓고 기념한 것에서 유래됐습니다.
↳ 매년 10월 3일에는 마니산 참성단에서 <u>이 나라</u>의 건국을 기념하는 행사가 거행됩니다.

① 백제와 연합해 금성을 공격했다.
② 마립간이라는 왕의 칭호를 사용했다.
③ 빈민을 구제하기 위해 진대법을 실시했다.
④ 목지국을 압도하고 지역의 맹주로 발돋움했다.
⑤ 살인, 절도 등의 죄를 다스리는 범금 8조가 있었다.

기출 태그 #고조선 #단군왕검 #개천절 #청동기문화 기반 #범금 8조

해설
개천절은 단군왕검이 세운 우리 역사상 최초의 국가 고조선을 기념하기 위해 1909년 대종교가 만든 개천일에서 유래한 국경일이다. 고조선은 기원전 2333년 청동기문화를 기반으로 세워졌으며 이후 철기문화를 수용하면서 크게 발전했다.
⑤ 고조선은 사회질서를 유지하기 위해 8개 조항으로 이루어진 범금 8조를 만들었으나 현재는 3개의 조항만 전해진다.

02 (가)~(다)를 일어난 순서대로 옳게 나열한 것은? [3점]

(가) 백제의 장군 윤충이 군사를 거느리고 대야성을 공격해 함락했다. 이때 도독인 이찬 품석과 사지(舍知) 죽죽, 용석 등이 죽었다.
(나) 신라와 당의 군사들이 의자왕의 도성을 에워싸기 위해 소부리 벌판으로 나아갔다. 소정방이 꺼리는 바가 있어 전진하지 않자 김유신이 그를 달래서 두 나라의 군사가 용감하게 네 길로 일제히 떨쳐 일어났다.
(다) 흑치상지가 도망해 흩어진 무리들을 모으니, 열흘 사이에 따르는 자가 3만여 명이었다. …… 흑치상지가 별부장 사타상여를 데리고 험준한 곳에 웅거해 복신과 호응했다.

① (가) - (나) - (다)
② (가) - (다) - (나)
③ (나) - (가) - (다)
④ (나) - (다) - (가)
⑤ (다) - (나) - (가)

기출 태그 #백제 의자왕 #윤충 #나당연합군 #백제 멸망 #흑치상지 #백제부흥운동

해설
(가) 백제 의자왕은 즉위 초 윤충에게 1만의 병력을 주어 신라의 대야성을 비롯한 40여 개의 성을 함락시켰다. 신라 도독 김품석이 전사하자 신라 김춘추는 당과 동맹을 맺어 백제를 멸망시키고자 했다(642).
(나) 백제는 김유신과 당의 장수 소정방이 이끄는 나당연합군에 의해 수도 사비(소부리)가 함락되고 의자왕과 태자 융이 당으로 송치되면서 멸망했다(660).
(다) 흑치상지는 백제 멸망 이후 복신, 도침 등과 함께 왕자 풍을 왕으로 추대하고 임존성, 주류성을 거점으로 백제부흥운동을 전개했으며, 소정방이 이끄는 당군을 격퇴했다. 백제부흥운동은 660년에 시작돼 백강전투에서 나당연합군에게 패하는 663년까지 전개됐다.

03 (가) 인물에 대한 설명으로 옳은 것은? [2점]

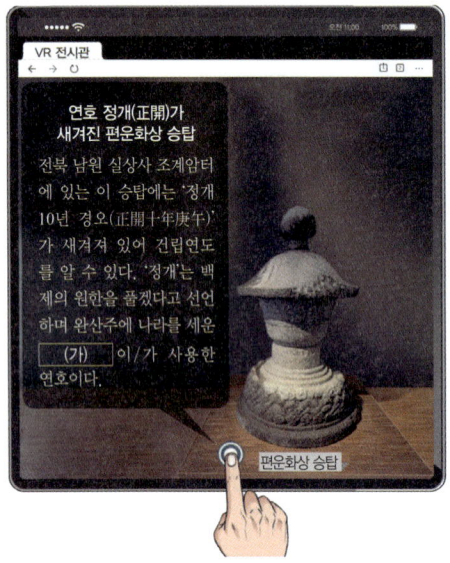

연호 정개(正開)가 새겨진 편운화상 승탑

전북 남원 실상사 조계암터에 있는 이 승탑에는 '정개 10년 경오(正開十年庚午)'가 새겨져 있어 건립연도를 알 수 있다. '정개'는 백제의 원한을 풀겠다고 선언하며 완산주에 나라를 세운 (가) 이/가 사용한 연호이다.

① 공산전투에서 고려군을 크게 무찔렀다.
② 귀순한 김순식에게 왕씨 성을 하사했다.
③ 폐정개혁을 목표로 정치도감을 설치했다.
④ 청해진을 근거지로 해상무역을 전개했다.
⑤ 광평성을 설치하고 광치나, 서사 등의 관원을 두었다.

기출태그 #견훤 #후백제 #독자적 연호 정개 #신라 금성 #공산전투

해설
통일신라 말 상주의 군인출신인 견훤은 세력을 키워 완산주(현재 전주)에 도읍을 정하고 후백제를 건국하면서 독자적인 연호인 정개(正開)를 사용했다. 전북 남원 실상사에 있는 편운화상 승탑에는 '정개 10년 경오(正開十年庚午)'라는 건립연도를 확인할 수 있는 문구가 새겨져 있다. 경오년은 910년으로 견훤이 완산주에 도읍을 정한 지 10년이 되는 해이므로 900년부터 사용된 연호임을 알 수 있다.
① 견훤의 후백제군이 신라 금성을 급습해 고려가 군사를 보냈으나 후백제군은 공산전투에서 고려군에 대승을 거두었다.

04 다음 자료에 나타난 상황 이후에 전개된 사실로 옳은 것은? [2점]

지원(至元) 7년, 원종이 강화에서 송경(松京)으로 환도할 적에 장군 홍문계 등이 나라를 그르친 권신 임유무를 죽이고 왕이 정권을 되찾을 수 있도록 했다. 권신의 가병, 신의군 등의 부대가 승화후(承化侯)를 옹립하고 반역을 도모하면서, 미처 강화를 떠나지 못한 신료와 군사들을 강제로 이끌고 남쪽으로 항해해 가니 배의 행렬이 길게 이어졌다.

① 김윤후가 처인성에서 몽골군을 격퇴했다.
② 묘청이 칭제건원과 금국정벌을 주장했다.
③ 김방경의 군대가 탐라에서 삼별초를 진압했다.
④ 최충헌이 왕에게 봉사10조를 올려 시정개혁을 건의했다.
⑤ 경대승이 정중부 등을 제거하고 권력을 장악했다.

기출태그 #고려 무신정권 #원종 복위 #임유무 #삼별초의 난 #여몽연합군

해설
고려 무신정권은 몽골의 개입으로 원종이 복위하고, 임유무가 살해되면서 해체됐다. 이에 원종이 몽골과 강화를 맺고 개경으로 환도를 단행하자 무신정권의 군사적 기반이었던 삼별초는 배중손·김통정의 지휘하에 승화후를 왕으로 옹립하고 난을 일으켰다(1270).
③ 삼별초가 진도와 제주도로 이동하며 대몽항쟁을 이어가자 김방경은 여몽연합군을 이끌고 제주도(탐라)에서 삼별초를 토벌했다(1273).

05 (가) 인물에 대한 설명으로 옳은 것은? [2점]

이것은 마천목을 좌명공신에 봉한다는 녹권입니다. 마천목은 제2차 왕자의 난 당시 회안공 이방간과의 치열한 전투에서 (가) 이/가 승리할 수 있도록 앞장섰습니다. 이후 왕위에 오른 (가) 은/는 마천목을 3등 공신으로 책봉했습니다.

① 과전을 혁파하고 직전을 설치했다.
② 최무선의 건의로 화통도감을 두었다.
③ 어영청을 중심으로 북벌을 추진했다.
④ 왕권강화를 위해 6조 직계제를 실시했다.
⑤ 궁중음악을 집대성한 악학궤범을 편찬했다.

06 (가) 기구에 대한 설명으로 옳은 것은? [2점]

- 각 지역 출신 가운데 서울에 살며 벼슬하는 자들의 모임을 경재소라고 합니다. 경재소에서는 고향에 사는 유력자 중에서 강직하고 명석한 자들을 선택해 (가) 에 두고 향리의 범법행위를 규찰하고 풍속을 유지했습니다.

- (가) 을/를 설치하고 향임을 둔 것은 맡은 바를 중히 여긴 것이다. 수령은 임기가 정해져 있어 늘 바뀌니, 백성의 일에 뜻을 둔다 해도 먼 곳까지 상세히 살필 겨를이 없다. 그러므로 각 지역에서 충성스럽고 부지런한 사람을 뽑아 그 지역의 기강을 맡도록 해 수령의 눈과 귀로 삼았다.

① 주세붕이 처음 설립했다.
② 좌수와 별감을 선발해 운영했다.
③ 중앙에서 교수와 훈도를 파견했다.
④ 대성전을 세워 성현에 제사를 지냈다.
⑤ 흥선대원군에 의해 대부분 철폐됐다.

기출태그 #조선 태종 #왕자의 난 #녹권
#6조 직계제 #왕권 강화

해설
조선 초기 왕위계승권을 둘러싸고 태조 이성계의 왕자들 사이에서 두 차례 난이 일어났는데 그중 제2차 왕자의 난이 이방원과 이방간 사이에서 발생했다. 분쟁 끝에 권력을 잡은 이방원은 태종으로 즉위했고, 이 과정에서 공을 세운 마천목 등을 공신에 봉한다는 교서인 녹권을 내리기도 했다.
④ 태종은 6조에서 의정부를 거치지 않고 국왕이 바로 재가를 내리는 6조 직계제를 시행해 의정부의 권한을 약화시키고 왕권을 강화했다.

기출태그 #경재소 #유향소 #향리 감찰
#풍속 유지 #향임 #수령 파견

해설
- 경재소: 조선 전기 중앙의 지방통치체제 강화를 위해 설치한 기구이다. 중앙의 고위관리에게 출신지역의 경재소를 관장하게 하고 그 지역의 유향소 품관을 임명·감독하게 했다.
- 유향소: 조선 초기 지방수령의 통치를 돕거나 향리를 감찰하고 풍속을 바로잡기 위해 지방품관들이 자발적으로 설치한 조직이다. 태종 때 혁파된 유향소는 세종 때 그 기능을 축소해 재설치됐지만 수령과 결탁해 부정을 일으키자 다시 폐지됐다. 이후 성종 때 다시 설치돼 향사례, 향음주례 등을 시행하는 역할을 했다.
② 조선은 전국을 8도로 나누어 모든 군현에 수령을 파견했다. 이때 지방에 유향소를 두었고, 내부에서 좌수와 별감 등의 향임이 선발돼 회의를 주도했다.

03 ① 04 ③ 05 ④ 06 ②

07 (가) 인물에 대한 설명으로 옳은 것은? [2점]

이 책은 (가) 이/가 학문과 사물의 이치를 논한 글과 제자들의 질문에 응답한 내용을 모아 엮은 성호사설입니다. (가) 은/는 노비제도의 개혁, 서얼 차별 폐지 등 다양한 개혁안을 제시했습니다.

① 이벽 등과 교류하며 천주교를 받아들였다.
② 북한산비가 진흥왕 순수비임을 고증했다.
③ 동호문답에서 수취제도의 개혁 등을 제안했다.
④ 가례집람을 지어 예학을 조선의 현실에 맞게 정리했다.
⑤ 곽우록에서 토지매매를 제한하는 한전론을 주장했다.

기출 태그 #이익 #중농학파 실학자 #6가지 폐단 #성호사설·곽우록 #한전론 #화폐제도 폐지

해설
조선 후기 중농학파 실학자 이익은 〈성호사설〉, 〈곽우록〉을 저술해 여러 분야의 개혁론을 제시했다. 고리대의 근원으로 농촌경제를 위협할 수 있는 화폐제도 폐지를 주장했으며 나라를 좀먹는 6가지의 폐단(노비제, 과거제, 양반 문벌제, 사치와 미신, 승려, 게으름)을 6좀이라 칭하며 비판했다.
⑤ 이익은 〈곽우록〉에서 한 가정의 생활을 유지하는 데 필요한 규모의 토지를 영업전으로 정해 법으로 매매를 금지하고 나머지 토지만 매매가 가능하게 하는 한전론을 주장했다.

08 (가)~(다) 학생이 발표한 내용을 일어난 순서대로 옳게 나열한 것은? [2점]

〈한국사 주제 발표〉
위정척사운동과 최익현의 활동

(가) 이완용 등의 역적을 처단하라는 상소를 올리고 임병찬 등과 태인에서 의병을 일으켰어요.
(나) 도끼를 들고 대궐 앞에 엎드려 개항에 반대하는 상소를 올렸어요.
(다) 일본의 간섭하에 추진된 개혁에 반발해, 이를 주도한 박영효, 서광범 등을 처벌하라는 상소를 올렸어요.

① (가) - (나) - (다)
② (가) - (다) - (나)
③ (나) - (가) - (다)
④ (나) - (다) - (가)
⑤ (다) - (나) - (가)

기출 태그 #최익현 #위정척사파 #지부복궐척화의소 #청토역복의제소 #청토오적소·을사의병

해설
(나) 지부복궐척화의소(1876): 일본이 강화도조약 체결을 요구하자 위정척사론의 대표적 인물이었던 최익현은 '도끼를 가지고 대궐 앞에 엎드려 화친에 반대하는 상소'라는 의미의 지부복궐척화의소를 올리며 반대했다. 이는 일본과 화의를 맺는 것은 서양과 화친을 맺는 것과 다름없다는 왜양일체론에 입각한 논리를 담고 있다.
(다) 청토역복의제소(1895): 박영효·서광범 등 개화파 인사가 일본에서 귀국한 뒤 김홍집 내각을 중심으로 제2차 갑오개혁과 을미개혁이 추진됐다. 을미사변이 발생하고 단발령이 시행되자 최익현은 상소를 올려 이들을 처벌할 것을 주장했다.
(가) 청토오적소, 을사의병(1905): 최익현은 을사늑약 무효, 조약 체결을 주도한 오적(이완용, 박제순 등) 처단을 요구하는 청토오적소를 올렸다. 이후 유생 임병찬 등과 태인에서 을사늑약에 반대하는 항일의병을 주도하다 체포됐으며, 쓰시마섬에 유배돼 그곳에서 순국했다.

09 (가) 인물의 활동으로 옳은 것은? [3점]

도시샤대학에 있는 이 시비는 민족문학가인 (가) 을/를 기리기 위해 세워졌습니다. 비석에는 '죽는 날까지 하늘을 우러러'로 시작되는 그의 작품인 서시가 새겨져 있습니다. 북간도 출신인 그는 일본유학 중 치안유지법 위반 혐의로 체포돼 옥중에서 순국했습니다.

① 조선상고사를 저술했다.
② 소설 상록수를 신문에 연재했다.
③ 저항시 광야, 절정 등을 발표했다.
④ 영화 아리랑의 제작과 감독을 맡았다.
⑤ 별 헤는 밤, 참회록 등의 시를 남겼다.

10 (가) 정부의 통일 노력으로 옳은 것은? [2점]

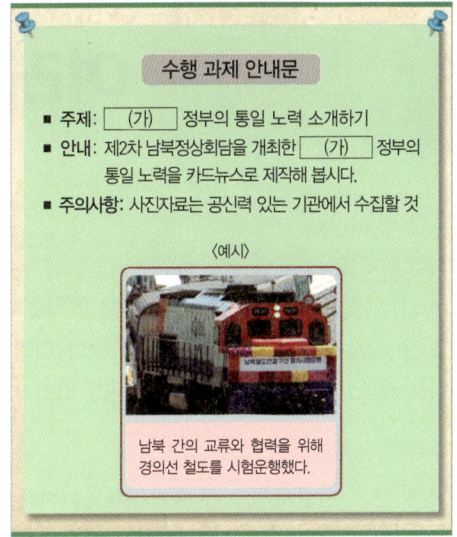

수행 과제 안내문

■ 주제: (가) 정부의 통일 노력 소개하기
■ 안내: 제2차 남북정상회담을 개최한 (가) 정부의 통일 노력을 카드뉴스로 제작해 봅시다.
■ 주의사항: 사진자료는 공신력 있는 기관에서 수집할 것

〈예시〉

남북 간의 교류와 협력을 위해 경의선 철도를 시험운행했다.

① 남북기본합의서를 채택했다.
② 남북한이 유엔에 동시 가입했다.
③ 10·4 남북공동선언을 발표했다.
④ 남북조절위원회를 운영하기로 합의했다.
⑤ 남북이산가족 고향방문단의 교환방문을 최초로 성사했다.

이직에 관한 여러가지 질문들

직장을 처음 구하는 사람도 많지만, 일정기간 경력을 쌓은 후 새로운 직장에 도전하는 사람도 많습니다. 특히 이직을 하게 되면 면접에서 이와 관련된 질문을 받게 됩니다. 물론 자신의 의지나 선호에 따라 직장을 옮기는 것은 당연한 일이고, 또 마땅히 존중받을 수 있어야 합니다. 다만 면접위원들은 이직에 대한 지원자의 답변을 통해 건전한 직업인으로서의 가치관과 생각을 판단하고자 합니다. 따라서 이직과 관련된 질문을 받는 경우 이를 어필할 수 있어야 합니다.

최근 많은 신입사원 채용에서 경력을 이미 가진 지원자의 비율이 상당 부분을 차지하고 있습니다. 따라서 지원자의 자기소개서를 먼저 파악하고 지원자에게 질문하는 면접위원의 입장에서는 이직에 대한 질문들이 자연스럽게 나올 수밖에 없습니다.

실제로 경력 및 이직경험의 유무가 채용에서 직접적인 평가의 기준이 되지는 않습니다. 다만 면접위원이 이직의 사유나 배경에 대해 질문하는 이유는 지원자의 건전한 직업의식과 조직적응력, 나아가 직장 동료와의 대인관계능력 등에 관해 알고 싶기 때문입니다. 따라서 경력 및 이직경험의 유무는 면접에서 긍정적으로 작용할 수 있음과 동시에 치명적으로도 작용할 수 있음을 염두에 두어야 합니다. 특히 현재 재직 중이거나 이전 직장에서의 퇴사 이후 공백기간이 긴 경우에는 더욱 신중하게 답변해야 합니다.

이러한 유의점을 고려해 이직을 네 가지 관점으로 나누어 살펴보고자 합니다. 먼저 이직은 동일 업무에 대한 이동일 수도 있지만, 대부분 유사하거나 새로운 업무에 대한 도전을 의미합니다. 따라서 '새로운 직무로의 이동을 위한 이직'은 가장 흔하고 기본적인 질문의 유형입니다. 특히 이전 직장에서 수행한 직무와 다른 직무에 지원하기도 하는데, 신입사원 모집의 경우 별도의 경력상 제안이 없어 새로운 직무에 지원하는 사람이 많기 때문입니다. 따라서 이와 관련한 질문이 제시된다면 새로운 직무에 대한 지원자 자신의 꾸준한 관심과 가치를 드러내야 합니다. 또 이전 직무와 현재 지원직무의 연계성을 언급하며 설득력을 높여야 합니다.

Q. 귀하에게 있어 비교적 새로운 분야인 ○○직무에 지원한 이유는 무엇입니까?

지원자A

저는 예전부터 ○○직무에서 일하고 싶었습니다. 전공과 관심 분야의 일치도가 높았기 때문입니다. 그래서 현재의 직무를 수행하면서도 마음에 내심 ○○직무에서 일하는 것을 꿈꿔 왔고, 꾸준히 이직의 기회를 탐색하고 있었습니다. 마침 귀사의 채용공고를 접하고, 과감하게 도전하게 됐습니다.

지원자A의 답변은 가장 흔하게 답변할 수 있는 유형이지만, 한 가지 아쉬운 점은 있습니다. 바로 원래 수행하던 직무와 현재 지원하는 직무 간 연계성이 불확실하다는 것입니다. 이 경우 직무 변경의 이유나 배경이 구체적으로 드러나지 않게 됩니다. 직장이나 직무의 이동은 단순히 개인의 호불호 문제만은 아니기 때문입니다.

> **지원자B**
>
> 현재의 직무도 저에게 많은 가치와 보람을 느끼게 하지만 평소 ○○직무에서 일하고 싶었습니다. 저는 현재의 직무가 ○○직무를 수행하기 위한 하나의 과정이라 생각하고 있습니다. 넓은 의미에서 본다면 현재의 직무도 고객과의 소통 등의 측면에서 지원 직무와 많은 유사점이 있으리라 생각합니다. 따라서 저는 비록 이전과는 다른 ○○직무에 도전했지만, 누구보다 잘 해낼 자신이 있습니다.

반면 지원자B는 원래 직무와 지원직무와의 연계성을 드러내고 있습니다. 특히 '소통'과 같은 구체적인 키워드를 제시한 것은 적절한 답변방식입니다. 대부분의 면접위원은 이직에 관한 질문을 통해 지원자의 직업 가치관을 타진하려고 합니다. 따라서 질문의 의도에 부합하는 답변을 하는 것이 필요합니다.

다음은 '지난 직장'이라는 구체적인 전제를 둔 질문입니다. 직무에 대한 지향점이나 가치관을 묻는 첫 번째 질문과 달리 이번 질문은 지난 직장에서 어떤 문제나 갈등이 있었는지를 알아내기 위한 질문입니다. 이직의 사유는 사람이나 그 시기마다 다를 수 있지만, 면접위원의 입장에서 공감할 수 있도록 답변하는 것이 중요합니다. 대다수의 회사경영자나 관리자들은 '이직' 그 자체에 대해 신중하고 보수적인 관점을 갖고 있습니다. 따라서 이직 그 자체를 무조건 지지하는 입장은 아니라고 전제해야 합니다.

Q. 이전 직장에서 귀하가 퇴사를 고려한 계기를 말해 주십시오.

위 질문에 답변할 때 주의할 것은 지난 직장과 관련한 불만이나 문제점을 적나라하게 표현하는 것은 자제해야 한다는 것입니다. 또 직장에 대한 불만 때문이 아니라 현재 지원한 회사의 직무가 가치적으로 더 우선순위에 있기 때문에 이직한다는 것을 어필해야 합니다.

> **지원자C**
>
> 이전 직장의 경우, 직원들의 발전가능성을 제때 키워주지 못하는 한계가 있어서 이직을 고려하게 됐습니다. 저는 맡은 일을 열심히 하여 성장하고 싶었지만, 제 꿈과 비전을 실행하기에는 여러 한계가 있었습니다. 그래서 저의 성장을 도울 귀사의 ○○직무에 도전하게 됐습니다. 회사는 저를 성장시키고, 저는 회사의 발전을 이룩하는 '상생의 관계'를 만들 수 있을 것이라고 확신합니다.

지원자C의 답변에서 아쉬운 점이 있다면 재직한 회사에 대한 불만의 감정이 느껴진다는 것입니다. 물론 체계가 잘 갖추어지지 않은 회사나 인간관계의 충돌은 직장 내에서 언제든 있을 수 있습니다. 다만 답변을 듣는 입장에서는 이직 사유를 애사심 결여나 수동적인 대인관계 등으로 오해할 수 있습니다.

> **지원자D**
>
> 물론 이전 직장도 무척 좋았고 저에게 많은 도움이 됐습니다. 그래서 지난 몇 년 동안 누구보다 열심히 직무를 수행했으며, 주위 동료분과 많은 성취를 이뤄냈습니다. 저는 이러한 순간과 성과를 모두 귀중하게 여기고 있습니다. 다만, 귀사의 ○○직무는 그 이전부터 염두에 두고 꿈꿔 왔던 직무였습니다. 따라서 수많은 고민 끝에 이전 직장에서의 성취와 역량을 밑바탕으로 하여 새롭게 귀사의 ○○직무에 지원하게 됐습니다.

반면 지원자D의 답변은 지난 직장에서의 높은 적응력과 화합을 전제로 오해의 소지를 줄였습니다. 이직에 대한 강한 의욕을 드러내고, 고민 끝에 이직을 결정했다고 언급한 점도 좋습니다. 아울러 이전 직장에서의 경험과 능력을 지원회사에 기여하는 데 활용하겠다고 한 것도 가점의 대상이 될 수 있습니다.

다음은 최근 직장을 그만둔 이후 공백기를 어떻게 의미 있게 보냈는지에 대한 질문입니다. 이때 공백기가 다소 길어도 위축되지 말고 적극적으로 해명하고, 동일한 이유로 공백기가 생겼더라도 그 답변에 설득력이 있어야 합니다.

Q. 귀하는 이전 직장을 그만둔 이후에 공백기를 어떻게 보내셨습니까?

위 질문에 대한 답변은 다음과 같이 하는 것이 좋습니다. 먼저 공백기 자체에 대한 설명은 지양하고, 공백기를 얼마나 보람있게 보냈는지를 설명해야 합니다. 다음은 이러한 공백기 동안 해 온 여러 활동이 현재 지원하는 직무에 밑바탕이 될 수 있다는 것을 설득력 있게 어필해야 합니다.

지원자E

이전 직장을 그만둔 이후 현재까지 줄곧 구직활동을 해왔습니다. 필기시험 공부를 하는 한편 면접 스터디에 참여했습니다. 또 채용정보를 얻기 위해 구인구직센터를 방문했고, 그곳에서 진행하는 취업과 관련된 활동도 했습니다. 그리고 견문과 지식을 넓히고자 분기별로 한 번씩 여행을 다니기도 했습니다.

지원자E의 답변은 전반적으로 무난한 답변으로 공백기에 해 온 활동을 솔직하게 답변하고 있습니다. 다만 아쉬운 점은 이러한 활동 내용을 평면적으로 열거하고 있으며, 단순히 취업 그 자체만을 위한 활동들이라 업무에 적용하기는 힘들다는 한계가 느껴진다는 것입니다. 또 마지막에 '분기별로 여행을 다닌다'라고 했는데, 이는 여행에서 얻을 수 있는 것이 무엇인지 명확하게 제시하지 않아 단순히 휴양 목적의 여행이라는 오해가 생길 수 있는 대목입니다.

지원자F

이전 직장을 그만둔 이후 새로운 직장을 구하기 위한 다양한 노력을 했습니다. 저는 ○○직무에서 일하고 싶었기 때문에 매일 관련 기사를 스크랩했고, ○○자격증을 취득하기 위해 학원을 다니며 준비했습니다. 또한 본 직무의 특성상 소통이나 대화능력이 많이 필요하므로, 다양한 모임과 스터디를 통해 말하기 연습이나 설득의 연습을 꾸준히 해왔습니다. 비록 지난 공백기가 의도하지 않은 시간이었지만, 더 나은 성장을 위해 누구보다 알차게 보내려고 노력했습니다.

지원자F의 답변은 공백기를 상대적으로 더 계획적으로 보냈다는 인상을 줍니다. 단순히 취업하기 위한 과정이 아니라 취업한 이후에 직장인으로서 가져야 할 기본적인 자질을 꾸준히 연마했다는 것이 드러나 있어 좋은 답변입니다. 아울러 지원직무에서 중요한 '소통능력'이나 '대화능력'을 언급함으로써 공백기의 활동이 지원직무와 연관성을 가지고 있다는 것을 은근히 드러내고 있습니다.

많은 면접위원은 지원자들의 답변을 통해 지원자들이 비자발적인 공백기에 실망하거나 좌절하지 않고 능동적인 태도로 어떻게 극복했는지 알고 싶어 합니다. 물론 의도하지 않은 공백기는 얼마든지 발생할 수 있습니다. 하지만 이러한 공백기를 자기발전에 적극적으로 활용하는 사람은 많지 않습니다. 따라서 이를 염두에 두고 답변을 구성한다면 면접위원에게 좋은 인상을 줄 수 있을 것입니다.

마지막으로 이직에 필요한 기간 또는 이직이 가능한 시점에 대한 질문입니다. 이러한 질문은 대부분 지원자의 답변에 담긴 진실성이나 성의를 알기 위한 것입니다. 겉보기에는 단답으로 답변이 가능한 질문인 것 같지만 사실 이직에 필요한 기간과 더불어 그 과정에 대해 설명이 필요한, 매우 정성을 들여 답변해야 하는 질문의 유형입니다. 또 해당 기간에 대한 타협이나 조율이 가능하다는 점을 표현하는 것을 권장합니다.

Q. 현재 재직 중인데, 만약 합격하게 된다면 이직을 하는데 얼마나 많은 시간이 필요합니까?

지원자G

현재 다니고 있는 직장의 퇴직 절차를 밟으려면 적어도 15일이 필요합니다.

지원자H

현재 재직 중인 곳에서 퇴직 절차를 밟기 위해 어느 정도의 시간이 필요한지 정확히는 모르겠습니다. 정확히 알아본 뒤 답변을 드리겠습니다.

이직에 필요한 기간을 묻는 질문에서 특히 지원자H와 같은 답변은 면접위원에게 성의가 없는 답변이라는 인상을 줄 수 있습니다. 물론 상황에 따라 이직에 소요되는 기간이 어느 정도인지 정확히 모를 수도 있습니다. 그러나 '모른다'는 단답형 답변보다는 상식적인 수준에서라도 이직의 절차나 과정을 답변하는 것이 성의 있는 답변처럼 보일 것입니다.

지원자I

제가 생각하기에는 최종합격 통보 이후 최소 15일의 기간이 필요할 것으로 판단됩니다. 현재 맡은 일에 대한 인수인계도 필요하고, 내부에 보고를 드린 뒤 결재하기 위한 시간도 필요합니다. 다만 이보다 더 빠른 기간을 원하신다면, 기간에 대한 조율은 가능합니다.

반면 지원자I는 지원자G와 '15일'이라는 동일한 기간을 제시했지만 답변이 더 성의가 있고 진지하다는 느낌을 줍니다. 또 이직에 필요한 기간의 조율이 가능하다고 언급한 점도 좋습니다. 물론 흔하게 나올 수 있는 질문의 유형은 아니지만 이러한 질문이 나오는 것은 지원자에게 깊은 관심이 있다는 것을 의미하므로 신중하게 답변하는 것이 필요합니다.

지금까지 이직과 관련한 몇 가지 질문을 살펴봤습니다. 앞서 언급한 것처럼 신입사원 간 경쟁이라 하더라도 이미 여러 경력을 가진 직장인들이 지원하는 경우도 많습니다. 따라서 면접에서 이전 직장과 관련된 내용(인턴 포함)이나 직장을 그만둔 이유 등을 묻는 것은 당연할 것입니다. 이직과 관련된 면접위원의 질문에 잘 대응하면 장점으로 작용할 수 있지만, 잘 대응하지 못하면 이전 직장의 경험이 치명적인 단점으로 작용할 수도 있습니다. 그러므로 이직 시 면접에서 나올 수 있는 질문에 대한 답변을 미리 고민해보고 준비하시길 바랍니다.

필자 소개

안성수. 경영학 박사(Ph.D.)
리더십/인사컨설팅 및 채용 관련 콘텐츠 개발
NCS 채용컨설팅/NCS 퍼실리테이터/전문평가위원
공무원/공공기관 외부면접위원
인사/채용 관련 자유기고가
저서 〈NCS와 창의적 사고기법〉, 〈NCS직무가이드〉 外

이슈&시사상식 - 직무분석

상생을 통해 원가혁신을 이뤄내는 관리자
구매(Buyer)

구매 직무 소개

구매란?
품질(Quality), 비용(Cost), 납기(Delivery)를 토대로 하는 적절한 구매 활동

```
         Q
         품질

Seller   C   Buyer
영업 부서 비용 구매 부서

         D
         납기
```

구매 부서별 종류(기업별 상이)

부서	주요 업무
전략구매 · 구매기획	• 구매지표 관리 • 협력사 관리 • 경영계획 수립 및 관리 • 각 분류단위별 실적 집계 및 분석 • 구매팀 전략 수립
개발구매	• 업체, 부품 소싱(Sourcing) 및 계약 체결 • 가격 협상 • 신규모델 적용 계획 • 부품 요소 판매 예측(Forecast)
조달구매	• 부품 납기 및 외자의 경우 통관 절차 • 재고와 생산계획을 바탕으로 실질적인 업체 P/O 발주 • 재고 관리

1. 구매 직무에 대한 이해

구매는 SCM(Supply Chain Management, 공급망 관리)의 전체적인 프로세스 중에서도 가장 큰 축을 차지하는 중요한 직무다. 대개 기업은 영업에서 매출을 올리고 공급의 주요 부서들인 개발 · 구매 · 생산 · 물류 등에서 불필요한 비용을 최소화해 '매출－비용＝수익'의 공식을 기반으로 수익을 창출한다.

이 중 구매 부서는 원가절감을 통한 비용절감에서 상당히 중요한 역할을 한다. 하지만 구매의 경우 원가절감을 위해 무작정 협력사에 단가를 깎아달라고만 요청할 수는 없다는 문제가 있다. 협력사와의 '상생' 역시 구매 업무에서 중요한 역할 중 하나이기 때문이다. 협력사에 무리한 단가조정을 요청해 협력사가 도산하거나 경영이 악화하면 장기적으로는 공급을 받는 기업 역시 생산에 큰 차질을 빚을 수 있다. 따라서 현명한 구매 담당자라면 원가절감과 상생이라는 두 마리 토끼를 모두 잡아 '원가혁신' 구조를 만들어야 한다.

구매 직무의 대내외 역할

- 회사의 수익과 직결된 전략적 구매자(Strategic Buyer) : 글로벌 구매정보 수집 → 트렌드 파악 → 효율적 구매 의사결정
- 협력회사 및 유관부서의 다리가 되는 커뮤니케이터
  - 사내 커뮤니케이션 창구 : 마케팅, 개발, 제조, 해외 생산법인 등
  - 대외 커뮤니케이션 창구 : 생산업체, 에이전트, 스톡(Stock) 업체 등

구매자의 입장에서는 객관적으로 제품을 검토하고 가장 최적의 입장을 선택하는 것이 중요하다. 이러한 구매 직무의 키포인트는 '품질(Quality)', '가성비(Cost)', '배송(Delivery)'이다. 여러 기업의 제품 중 품질과 가성비, 납기준수일 등을 고려해 업체를 선정하고 계약하는 것이 현명한 구매 업무의 첫걸음이라 할 수 있다.

효과적인 구매 업무 다섯 가지 핵심포인트
- 얼마나 싸게
- 얼마나 빨리
- 얼마나 좋은 품질력을 갖고 있는 업체로부터
- 어떻게 공급받고
- 어떻게 관리하는가

기업마다 구매·자재팀 부서에 대해 세부업무별로 부르는 부서의 명칭은 조금씩 차이가 있다. 본문에서는 다음과 같이 구분하고자 한다.

구매 조직의 구분
❶ 전략구매(기획)
- 각 파트별 실적 집계 및 실적 산출을 통한 계획 및 전략 수립·조정
- 현 거래업체 및 잠재업체의 주요 점검사항(체크 포인트)을 설정하고 그에 따른 우수 협력사 선정 및 육성
- 연간계획 및 매월 분기별 수정계획 수립을 통해 팀 목표달성을 위한 단기·중장기 구매전략 작성

❷ 개발구매
- 분기, 반기 혹은 연간 계약 체결(가격협상 및 납기 조율)
- 신모델 라인업에 맞춰 각 협력사 배정 및 개발과 업체 간 프로젝트 조기 참여를 통한 절감 추진
- 각 부품별 절감 목표에 따른 원가절감 활동
- 납기 문제, 품질 문제, 대금 지급 등 전반적인 협력사 관련 이슈 처리

❸ 조달구매
- 영업 부서를 통해 양산 중인 모델 판매계획을 바탕으로 생산일정에 맞도록 자재 납기 관리

- 현 재고를 바탕으로 재고의 과부족 처리
- 재고금액 감축과 납기일 준수를 최우선 업무 진행

2. 구매의 주요 업무에 대한 이해

주요 업무
- 시장조사 : 환율, 원부자재 가격 변동 등 트렌드 조사 및 분석
- 업체 발굴 : TCO(Total Cost of Ownership) 관점에서 QCD(Quality, Cost, Delivery)를 만족하는 협력사 검토
- 협상 및 계약 : 가격 협상 및 납기 조율
- 자재관리 : 시스템상 재고 및 실제 창고 재고의 일치화, 재고 수량조사
- 협력사 관리 및 협력사 기술·품질 지원 : SRM (Supplier Relationship Management) 시스템 구축 및 운영
- 원가혁신 활동 : 통합구매, 구매방식 다양화(멀티, 소울, 싱글), 탄력적 구매시기(예량구매 등)

다음은 구매 직무의 주요 업무 중 중요한 내용을 중심으로 살펴보고자 한다.

❶ TCO 관점에서 QCD 만족
과거 구매 업무에서는 부품이나 원재료 단가에만 집중했지만 최근에는 모든 제반 비용을 고려하는 추세다. 즉, TCO(Total Cost of Ownership)란 총 소유비용으로 부품 원가 외에 추가적으로 발생하는 운송비, 재고유지비, 구매관리비, R&D 및 생산 리드 타임, 긴급 발주비용, 제품 손실비용, 서비스 비용 등

발생이 예상되는 모든 비용을 고려하는 것을 말한다. 또 QCD는 앞에서 이야기한 '품질(Quality)', '가성비(Cost)', '배송(Delivery)'을 묶어서 표현한 것이다. 따라서 'TCO 관점에서 QCD를 만족시킨다'라는 말의 의미는 제품 및 서비스와 관련해 발생할 수 있는 모든 비용을 고려하면서 제품의 품질과 가성비, 배송 영역을 모두 만족시켜야 한다는 말이다.

❷ 시스템상 재고와 실 창고 재고 일치화

자기소개서에서 입사 후 포부와 같은 항목에 활용할 수 있는 주요 포인트다. 시스템과 관리 프로세스가 잘 갖추어져 있다고 볼 수 있는 대기업에서도 실제 창고에 있는 품목별 자재 수량과 시스템상의 수량이 일치하지 않는 경우가 종종 발생하는데, 이러한 괴리는 생산에 차질을 빚는 등 큰 문제가 된다. 생산에서는 시스템을 보고 생산계획을 수립하므로 실제 조립현장에서 해당 자재가 부족하게 되면 생산이 전면 중지되기 때문이다. 따라서 모든 기업은 재고조사를 통해 시스템상 재고와 실 창고의 재고에 차이가 없는지 정기적으로 점검하고 있다.

❸ 협력사 기술·품질 지원 – SRM 시스템 연계

앞서 언급한 '원가절감+상생'이라는 두 마리 토끼를 잡을 수 있는 매우 좋은 방법이 원가혁신 활동이다. 이는 TCO 관점에서 QCD를 잘 맞추며 장기적인 상생관계에 있는 우수 협력사들의 생산성 향상을 위한 지원을 의미한다.

예를 들어 회사는 자사가 보유한 발전된 개발기술과 생산기술, 품질시스템 등을 교육해 전파하고, 때로는 전문가들을 협력사에 파견 보내 그들의 생산성 향상을 도모할 수 있다. 또 사내 SCM(공급망 관리) 시스템을 더 확대시켜 협력사와 시스템을 통해 정보를 주고받을 수 있도록 SRM(Supplier Relationship Management) 시스템을 구축 및 연동하는 경우도 있다. 이처럼 우수 협력사와 전체적인 공급사슬(Supply Chain)을 공유하고 이를 함께 관리해 회사와 협력사 모두에게 이득이 될 수 있는 방향을 찾아야 한다.

❹ 다양한 원가혁신 활동

협력사 지원을 통한 원가혁신 활동 외에도 구매 부서의 자체적인 활동을 통해 충분히 원가절감 외의 원가혁신 구조를 만들 수도 있다.

부서	주요 업무
통합구매	회사 내 여러 사업부가 있을 경우 동일 자재 품목에 대해 각 사업부별로 각각 개별구매를 하기보다는 한 업체를 통해 일괄 통합구매를 하는 것이 비용이나 시간 측면에서 손실을 줄일 수 있다.
구매방식의 다양화	멀티소싱 : 수량, 긴급발주 여부 등 여러 상황을 고려해 업체 간 경쟁을 붙이거나 수량을 나눠서 리스크(Risk)를 줄이는 방법이다. 싱글소싱 : 한 기업에 일괄적으로 제품을 몰아줘서 생산성을 높이는 방법이다. 소울소싱 : 부득이하게 특정 업체로부터만 제품을 구매하는 경우를 말한다. 제품의 품질이 우수하거나 시장에서 독과점을 하는 경우 발생할 수 있다. 이러한 상황이 장기화되면 회사의 입장에서 비용이나 물량 대응에 어려움이 있을 수 있어 해당 부품의 내재화를 통해 자체 부품 개발 및 생산을 도모하기도 한다.
예량구매	• 부품 납기 및 외자의 경우 통관 절차 • 재고와 생산계획을 바탕으로 실질적인 업체 P/O 발주 • 재고 관리

구매 업무 프로세스
- 구매 요청 : 자체 또는 개발, 생산 등 요청
- 적합한 공급사 물색 : 기존 업체 및 신규 업체 발굴
- 비교·분석을 통한 최적의 공급사 선정 : 단가, 품질, 납기, 신뢰도 등
- 원가에 대한 이해력

- 가격 및 제반조건 협상(Negotiation, 네고) : 당사 및 협력사의 손익 고려
- 계약 체결
- 주문 · 발주 : 시스템화 추진 및 활용 · 납품
- 검수 · 검사 : 품질 부서와 협업
- 인수 · 대금결제

3. 필요 역량과 자질 및 사전 준비항목

'TCO 관점에서 QCD를 만족시키는 우수 협력사를 발굴하고, 회사에 돈을 벌어 줄 수 있는 구매인'으로 성장하기 위해서는 다음의 역량 및 자질을 갖춰야 한다.

필요 역량과 자질
- 협상 및 설득능력
- 피벗테이블, 함수 등 능숙한 엑셀 데이터 분석 및 가공능력
- 협업능력
- 글로벌소싱(Global Sourcing) 기능 강화를 위한 외국어능력
- 윤리성

구매 직무는 기본적으로 원가를 낮추고 마진을 확보하는 것이 목적이기 때문에 회계 지식과 경영학적 마인드가 필요하며, 상대방을 단순히 설득하는 것을 넘어 상생을 위한 '기브&테이크'가 중요하게 작용한다. 아울러 기업을 대표하는 자부심과 책임감을 갖고 협력사와 협상할 수 있어야 하며, 사내 관련 부서와 협업을 할 때도 명확하고 구체적인 근거를 제시해 설득할 수 있어야 한다. 이때 윤리의식을 바탕으로 공정하고 정직하게 구매조건 협상을 진행하는 것도 중요하다. 또한 대부분의 자료가 수치화된 데이터이기 때문에 이러한 데이터를 제대로 분석하여 객관화하고 이를 바탕으로 논리적인 접근이 가능해야 한다.

따라서 인사담당자나 면접위원이 선호하는 구매 직무 지원자의 핵심 키워드를 정리하면 다음과 같다.

구매 직무 지원자 핵심 키워드
- TCO(Total Cost of Ownership)
- QCD(Quality, Cost, Delivery) 이해를 위한 능력
- SCM(Supply Chain Management)
- 원가절감, 원가혁신
- 상생
- 파트너십
- BOM(Bill of Material, 원자재 명세서)
- 엑셀 활용
- 데이터 분석 및 가공능력
- 협상 · 설득
- 윤리성, 도덕성

마지막으로 구매 직무에 지원하기 전 다음의 사전 준비항목도 꼼꼼하게 숙지해 두면 좋다.

사전 준비항목
- 지원 기업의 해당 원 · 부자재에 대한 글로벌 현황, 가격 추이 등 사전 파악
- 엑셀 피벗테이블, 함수 등 데이터 분석 및 활용능력 (컴퓨터활용능력 자격증 등)
- 원가에 대한 기초개념 학습
- 구매자재관리사(KPM) 공부
- 입사 3년차 이후 CPSM(국제공인구매관리사 자격증) 도전

구글도 모르는 직무분석집

취업준비 왕초보부터 오버스펙 광탈자까지! 취업 성공 사례로 알아보는 인문상경계 및 이공계 직무에 대한 모든 것을 총망라했다.

저자 류정석
CDC취업캠퍼스 대표로서 15년간 대기업 인사팀 외 다양한 부서에서 근무한 경험을 바탕으로 직무 중심의 취업 전략을 제공한다.

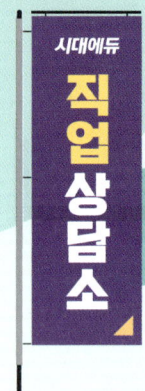

관세사에 대한 이모저모!

Q1 관세사란?

관세사라는 직업을 공무원으로 착각하는 분들도 있는데, 관세사는 고객사로부터 관세 및 무역 전반에 대한 업무를 위임받아 대행하는 일을 수행하는 직업입니다. 그래서 쉽게 말씀드리면 '관세무역 분야에서 최선봉에 있는 자격증'이라고 생각해주시면 됩니다. 일반적으로는 수출입 신고나 관세심사 조사 대리 업무를 하고 있습니다.

Q2 자격 취득 후 진로는 어떻게 되나요?

관세사 진로는 크게 5가지 정도로 구분되는데요. 그중 가장 많은 것이 관세법인 같은 사무소에서 관세 컨설팅이나 고객사의 수출입 신고에 대한 업무를 담당하는 겁니다. 그 다음으로는 회계법인이나 법무법인에 속해서 관세사로 일을 하는 경우도 있고요. 또 합격 후 바로 개업을 하거나 경력을 쌓은 뒤 사무소나 법인을 차리기도 합니다.

그리고 사기업의 SCM(공급망 관리)팀이나 물류팀, 또는 한국무역협회 등에서 일하는 관세사들도 있어요. 마지막으로 관세직 공무원으로 일할 수도 있는데, 관세사 자격을 소지한 경우 가산점이 부가되기 때문에 공무원을 진로로 설정하는 분들도 많아요. 현재 9급과 7급에 각 5점씩 부가되는 것으로 알고 있습니다.

Q3 관련 전공자라면 시험이나 취업에 더 유리한가요?

전공자의 경우 아무래도 시험을 준비하는 데 있어서 시험 준비기간이 짧아지거나 비전공자들보다 고득점을 받아서 합격할 수는 있습니다. 하지만 관련 전공자가 아니더라도 충분히 준비하면 취득할 수 있는 자격이기 때문에 전공에 대해 크게 부담을 가질 필요는 없어요. 나중에 취직을 한 뒤에도 전공으로 인한 불이익은 없기 때문에 다양한 분야의 전공자들이 도전해봐도 괜찮을 것 같습니다.

전공보다는 업무 특성상 통관이나 조사, 심사, 컨설팅 등에서 사람을 자주 만나게 되는데, 이런 것에 거부감이나 어려움이 없으면 좋고요. 여기에 꼼꼼한 성격을 가진 사람이라면 충분히 그 능력을 인정받을 수 있을 거라고 생각합니다.

Q4 시험공부 비법을 알려주실 수 있나요?

우선 1차 시험의 관세법개론과 무역영어의 경우 2차 시험에서도 출제되는 과목이기 때문에 고득점을 목표로 하고, 내국소비세법과 회계학은 과락을 피하는 것을 목표로 공부하는 것을 추천합니다. 특히 회계학은 과락률이 높아서 가장 먼저 공부하는 방법이 도움이 될 것 같아요. 또 객관식으로 출제되다 보니 오답풀이가 정말 중요한데요. 잘 틀리는 유형이나 자주 하는 실수를 보완한다면 시험 전 스스로에게 확신을 가질 수 있을 겁니다.

2차 시험의 경우에는 서술형으로 출제되기 때문에 작문과 함께 내용을 깊이 있게 이해한 후 법령을 정확하게 쓰는 것을 연습해야 해요. 법전을 들고 가는 시험이 아니라서 법을 다 외워야 하는데, 특히 관세율표 및 상품학은 무조건 암기가 필요한 과목이라 법의 취지나 입법 배경, 조항 간 관계를 유기적으로 이해하며 공부하는 것이 도움이 됩니다.

구분	과목(문항수)	출제형태	시험시간
1차	• 1교시 : 관세법개론, 무역영어 • 2교시 : 내국소비세법, 회계학	2과목씩 80분	100점 만점 기준 전 과목 평균 60점 이상, 과목당 40점 이상
2차	• 관세법, 관세율표 및 상품학, 관세평가, 무역실무	과목당 80분	

관세사 최다희

- 자격: 32기 관세사
- 경력: 천지관세법인 관세사
- 현: 'S' 관세법인 관세사
- 현: 시대에듀 관세사 교수

시대에듀 유튜브 채널 토크레인
인터뷰 영상 보러가기

03:47 / 10:00

관세사 시험 대비 시리즈

최신 출제경향을 반영한 기출복원문제와 최근 개정법령을 꼼꼼하게 반영하여 수험생들이 보다 효율적으로 학습할 수 있도록 한 도서다. 특히 과목별 구성으로 학습의 집중도를 높였으며, 해설을 상세하게 수록해 방대한 이론 가운데서도 핵심내용을 다시 한번 복습하는 효과를 누릴 수 있도록 했다.

상식 더하기 +

생활정보 톡톡!	154
초보자를 위한 말랑한 경제	156
유쾌한 우리말·우리글 상식	158
세상을 바꾼 세기의 발명	160
지금, 바로 이 기술	162
잊혀진 영웅들	164
발칙한 상상, 재밌는 상식	166
문화가 산책	170
3분 고전	172
독자참여마당	174

WHY?

비만약 위고비 열풍
오남용 주의하세요!

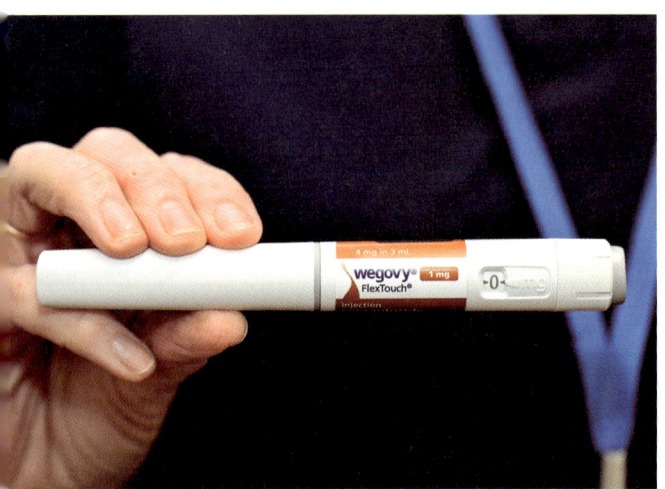

BMI지수 일정 이상의 비만인에게 처방 가능해

최근 국내에 출시된 비만치료제 '위고비'에 대한 관심이 뜨거운데요. 사실 위고비는 원래 당뇨 치료를 위해 만들었던 주사제입니다. 그런데 개발과정에서 체중감량에 효과가 있다는 사실이 확인되면서 비만치료제로 허가받았는데요. 적게 먹어도 포만감을 느끼게 해 식욕을 떨어뜨리게 하죠.

위고비는 의사 처방이 필요한 주사제 형태의 전문의약품입니다. 김정하 중앙대병원 가정의학과 교수는 "몸무게(kg)를 키(m)의 제곱으로 나눈 값인 체질량지수(BMI)가 30을 넘는 경우에 위고비 처방이 가능하다"면서 "고혈압이나 당뇨, 고지혈증, 수면 무호흡증이 있거나 기존의 협심증이나 심근경색 같은 심혈관 질환을 가진 경우에는 BMI가 27 이상이면 사용할 수 있다"고 말했습니다. 그런데 이 위고비를 다

이어트 목적으로 처방받는 사람도 크게 늘어 문제가 되고 있죠.

비대면 처방도 가능해 오남용·부작용 우려 커

위고비는 주로 환자상태를 직접 확인하지 않는 비대면 진료를 통해 처방이 이뤄지고 있습니다. 또 온라인 다이어트 커뮤니티나 SNS에는 비만이 아니어도 위고비를 처방해주는 병원 리스트가 돌고 있다고 하는데요. 단순미용 목적의 처방이 의심되는 경우에도 약사가 거부할 수 없어 약국에선 별다른 제약 없이 판매가 이뤄지고 있습니다.

이 때문에 정상체중인 사람이 위고비를 사용해 생기는 각종 부작용에 대한 우려도 커지고 있습니다. 김 교수는 "우리나라에서 위고비 사용이 처음이라서 여러 가지 이상반응이 나타날 수 있는데, 부작용으로 복부 불편감이 가장 흔하게 나타난다"면서 "당뇨환자가 위고비를 사용하면 당뇨병성 망막병증이 악화할 가능성이 있기 때문에 사용 전에 안과 검진을 받아야 한다"고 설명했습니다.

비대면 처방 플랫폼 모니터링 강화해야

위고비가 국내에 출시된 후 품귀현상을 빚으면서 유사성분을 가진 기존 비만치료제의 비대면 처방이 급증하기도 했는데요. 이 때문에 비대면 진료 처방 항목에서 비만치료제를 제외하고, 비대면 진료·처방 플랫폼에 대한 모니터링을 강화해 오남용을 막아야 한다는 목소리가 나오고 있죠. 김 교수는 "비만을 관리하려는 개별적인 욕구가 높기 때문에 위고비가 아닌 다른 비만약의 오남용 사례도 매우 많다"면서 "위고비 사용여부와 관계없이 체중관리를 위해 가급적이면 식사, 운동 같은 생활습관이 교정될 수 있도록 장기적으로 꾸준히 노력하는 것이 필요하다"고 조언했습니다.

다이어트약 대신 시간제한 식사법으로 빼보세요!

위고비가 열풍을 일으키고 있지만, 정상체중의 사람들이 투약했을 경우 울렁거림이나 설사, 위장질환 등의 부작용을 일으킬 수 있다는 연구결과가 나오면서 약에 의존하지 않는 다이어트법도 주목받고 있습니다. 정상체중의 사람에겐 굳이 위고비가 필요하지 않다는 것인데요.

살을 빼는 방법에는 여러 가지가 있지만, 특히 식이요법이 중요합니다. 그중 학계에서는 '시간제한 식사법'을 활발히 연구하고 있습니다. 이는 간헐적 단식의 일종으로 하루 중 일정시간(8~12시간) 동안 음식물의 섭취를 제한하는 것이죠. 가령 저녁식사를 7시에 했다면 다음날 오전 7시까지 물을 제외한 어떤 음식도 먹지 않는 것입니다.

지난 9월 미국 솔트연구소의 '사치다난다 판다' 교수는 108명을 대상으로 한 임상실험을 통해 시간제한 식사법을 한 참가자들이 체중, BMI, 복부지방, 혈당 등 각종 지표가 유의미하게 개선됐다는 연구결과를 얻었습니다. 판다 교수는 또 "체중감량은 칼로리를 제한하는 것보다 하루 중 먹는 시간을 제한하는 것이 더욱 효과적"이라고 강조했는데요. 아울러 시간제한 식사법이 "만성질환·감염병 질환자의 회복력을 높일 수 있다"고도 말했습니다.

헌 옷 기부하고 세액공제까지!
일석이조 기부법

연말정산을 한 번이라도 해봤다면 기부금 역시 세액공제의 대상이 된다는 사실을 알고 계실 텐데요. 대다수의 경우 편리성과 지속성 등의 이유로 특정 단체에 기부금을 전달하는 방식을 선택하는 경우가 많습니다. 그런데 비영리단체에 헌 옷을 기부하는 방법으로도 세액공제를 받을 수 있다는 것, 알고 계셨나요? 이번 호에서는 헌 옷 기부를 통해 옷장정리와 세액공제가 모두 가능한 일석이조(一石二鳥) 기부법에 대해 알아보겠습니다.

계절이 바뀔 때마다 옷장을 정리하다 보면 온갖 물품이 빽빽하게 들어찬 광경에 한숨이 나오곤 하는데요. 유행이 지나거나 사이즈가 맞지 않는다는 이유로 잘 입지 않게 된 옷들이 대부분이죠. 하지만 아직 버리기는 아까워 옷장 구석에 처박아 두는 옷들이 누구에게나 있을 겁니다. 그런데 이렇게 버리지 못하는 헌 옷을 기부하고 연말정산 때 세액공제를 받을 수 있다는 사실을 알고 있는 사람들은 그리 많지 않은 것 같습니다. '아름다운가게', '굿윌스토어', '옷캔' 등 공익단체로 지정된 비영리단체에 헌 옷을 비롯해 책이나 물품 등을 기부하면 가격을 책정해 일정 비율만큼 세액공제를 받을 수 있다고 하는데요. 누군가에겐 필요가 없어진 물품이 다른 누군가에게는 저렴하게 구매할 수 있는 중고상품이 되고, 또 이런 방법으로 기부와 세액공제가 모두 가능하다면 하지 않을 이유는 없겠죠.

헌 옷 기부, 어떻게 하면 되나요?

헌 옷을 기부하기 전 먼저 해당 물품이 오염되지는 않았는지, 상품으로 판매가 가능한 것들인지 반드시 확인해야 하는데요. 사용하지 않는 생활용품이나 책 등도 기증이 가능하지만 단체마다 취급하는 물품과 수량 기준이 조금씩 다르기 때문에 기부하고자 하는 단체의 홈페이지나 전화로 미리 확인해보는 것이 좋습니다.

또 방문과 택배 중 어떤 방식으로 기부할 것인지 선택해야 합니다. 만약 매장이 멀고 전달하려는 물품이 많다면 택배나 방문수거 신청을 선택하는 것이 좋고, 그렇지 않다면 직접 매장을 방문해서 담당자에게 전달하는 방법이 효율적일 수 있습니다.

구분	아름다운 가게	굿윌스토어	옷캔
사업 목적	자원순환, 나눔사업 지속	자원순환, 장애인·취약계층 일자리 창출, 지역경제 활성화	자원순환, 나눔사업 지속, 관련 프로젝트 연구·개발
가능 품목	의류, 패션잡화, 가전, 도서, 생활·주방잡화 등		의류, 패션잡화
불가 품목	• 손상 또는 오염된 물품 • 사용한 침구 및 속옷 • 대형 가구, 설치가 필요한 전자제품		
기부물품 활용 방법	재판매, 업사이클링	재판매	국내외 소외계층 지원, 업사이클링
기부방법	방문수거, 택배, 매장방문, 현금	방문수거, 택배, 매장방문	택배
판매 수익금 사용	국내외 소외이웃 지원, 환경보호	장애근로인 급여 지급	–

무엇보다 세액공제를 받기 위해선 기부금 영수증을 꼭 신청해야 하는데요. 해당 단체에서 기증한 물품의 수량과 상태를 확인한 뒤 가격을 책정해 기부금으로 인정해주면 나중에 연말정산을 할 때 그 금액의 일정비율만큼 세액공제를 받을 수 있습니다. 단체마다 다르지만 보통 7~10일 정도면 기부금 영수증을 받을 수 있으며, 전자영수증으로 자동발행되어 국세청 홈택스에서도 확인할 수 있다고 합니다.

헌 옷 기부, 세액공제 분류는?
6가지 연말정산 세액공제 항목 중 일반기부금(종교단체 외)에 해당
→ 항목별 세액공제 한도 및 공제율 상이

일반기부금(종교단체 외) 세액공제

❶ 세액공제 대상금액 한도 : 근로소득금액의 30%

❷ 공제율 : 기부금 1,000만원 이하 15%, 1,000만원 초과 30% 공제

기부금 영수증 발행 시 주의사항

❶ 성명, 주민등록번호(사업자 번호), 주소 등 정확한 정보 입력 필수
→ 영수증 발행 후 수정 불가

❷ 기부금 산정 후 자동발급되어 참여단체 홈페이지 또는 국세청 홈택스에서 영수증 조회 및 출력 가능
→ 당해연도 연말정산 시 자동반영

❸ 본인 외 발급 불가. 다만 기본공제대상자(직계존속, 형제자매)의 경우 명의 변경 없이 세액공제 가능

※ 자세한 내용은 각 단체 누리집 상세페이지 참고

이슈&시사상식
우리말 우리글

'무궁화 꽃이 피었습니다' 놀이의 유래

'무궁화 꽃이 피었습니다'
술래가 눈을 감고 있는 사이에
조금씩 술래 가까이 다가가서
술래를 손바닥으로 치고 도망가는 놀이

– 한국민속예술사전

2021년 선풍적인 인기를 끌었던 넷플릭스 오리지널 드라마 '오징어 게임'이 12월 26일 시즌2 공개를 앞두고 있다. 시즌1은 한국 드라마 최초로 전 세계 넷플릭스 드라마 부문 1위를 기록하며 그 인기를 입증했는데, 당시 '오징어 게임'에 등장한 우리나라의 놀이문화를 비롯해 한국 사회 전반에 대한 세계인의 관심이 쏠린 바 있다. 특히 작품에 등장한 다양한 놀이가 주목을 받았다.

'무궁화 꽃이 피었습니다'의 유래는?

작품에 나온 여러 놀이 가운데에서도 가장 처음으로 등장했던 '무궁화 꽃이 피었습니다'는 유사한 형태의 놀이가 세계 곳곳에 존재하고 있어 외국인들에게도 그리 낯설

지 않은 놀이였다. 일각에서는 이 놀이가 일제강점기 때 일본의 '다루마상가 고론다(達磨さんが転んだ, 달마 씨가 넘어졌습니다)' 놀이가 전래된 것이라 주장하기도 하지만, 실제로 이 놀이의 원조는 남미라는 설이 가장 유력하다. 아르헨티나에서 'Un, dos, tres, cigarrillo cuarenta y tres(하나, 둘, 셋, 담배 마흔셋)'이라 부르던 놀이가 스페인으로 넘어가 'Un, dos, tres, el escondite inglés(하나, 둘, 셋, 영국 은신처)'가 되고, 프랑스에서는 'Un, deux trois, soleil(하나, 둘, 셋, 태양)', 독일에서는 'Eins, Zwei, Drei, Ochs am Berg(하나, 둘, 셋, 산 위의 황소)'가 됐다. 반면 영국에는 이와 전혀 다르게 'Grandma's footsteps(할머니의 발걸음)'으로, 북미에는 'Red Light, Green Light(빨간불, 파란불)'로 전파됐다.

그러다 근대에 접어들면서 아시아까지 전해져 홍콩과 대만, 중국 본토에서 '하나, 둘, 셋' 하면서 노는 놀이가 됐고, 일본에도 이러한 과정에서 유입된 놀이로 추정된다. 우리나라 역시 옛 문헌에 기록이 남아있지 않은 것으로 볼 때 역사가 오래되지 않은 것으로 추측하고 있다. 무궁화 보급운동을 펼친 독립운동가 남궁억 선생이 무궁화를 널리 알리기 위해 이 놀이를 전파했다는 일부 주장도 있으나 이는 사실이 아닐 가능성이 크다는 견해가 지배적이다.

민족의 상징, 무궁화

한편 예로부터 우리나라에서는 무궁화가 많이 자랐고, 고대에도 무궁화를 신성하게 여겨 신단 주위에 많이 심었다고 전해진다. 중국에서는 무궁화를 목근화(木槿花) 또는 근화(槿花)라 하고, 일본도 근화라고 부르는데, 우리나라에서는 해방 이후 '피고 지고 또 피어 무궁화'라는 말이 있을 정도로 끈질긴 민족혼의 상징으로서 귀하게 여겨지고 있다.

무궁화가 우리나라의 상징으로 여겨진 것은 기록으로도 확인할 수 있다. 중국의 여러 고대 기록에 따르면 '고조선에 목근화(무궁화)가 많다'라고 되어 있으며, 신라 최치원이 당나라에 보낸 문서에 신라를 '근화향(槿花鄕, 무궁화의 나라)'이라 칭하기도 했다. 조선시대에도 여러 시조 등에서 우리나라를 '근원(槿源, 무궁화의 땅)'이라 노래 불렀고, 장원급제자에게 씌워준 어사화를 장식한 꽃도 무궁화였다. 대한제국 문관대례복에도 무궁화 모양이 새겨져 있다.

한편 1927년 '신간회(新幹會)'의 자매단체로 발족한 여성 자조단체 '근우회(槿友會)'가 1931년에 해산당한 것이나 현재의 덕성여중·고 및 덕성여대의 전신인 근화여학교가 일제의 탄압을 받은 것도 그 상징이 무궁화라는 이유가 컸다. 일제는 무궁화가 우리 민족의 상징으로 여겨지던 것을 두고 볼 수 없었던 것이다. 결국 남궁억 선생 등이 무궁화를 보전하기 위해 저항하기도 했지만 '무궁화 재배금지' 정책으로 일제 말에는 무궁화를 한반도에서 찾아보기 힘들 정도로 철저히 말살당했다.

한때 무궁화의 국화 자격을 두고 논란이 일기도 했다. 무궁화의 전국적인 보편성이 부족하고 무궁화가 친미 또는 친일의 잔재라는 주장이 제기된 것이다. 그러나 이러한 주장들은 이내 근거가 부족하거나 일부는 사실이 아닌 것으로 밝혀지면서 해프닝으로 일단락됐다.

알아두면 쓸데 있는 유쾌한 상식사전 -우리말·우리글편-

내가 알고 있는 상식은 과연 진짜일까?
단순한 호기심에서 출발할 수 있는 많은 의문들을 수많은 책과 연구 자료를 바탕으로 파헤친다!

저자 조홍석
아폴로 11호가 달에 도착하던 해에 태어났다.
유쾌한 지식 큐레이터로서 '한국의 빌 브라이슨'이라 불리길 원하고 있다.

이슈&시사상식
세기의 발명

귀차니즘으로 탄생해
모략으로 이용되다

한 손으로 먹기도 좋고, 좋아하는 것들만 먹기에도 좋다. 탄수화물은 물론이고 단백질, 무기질 등 다양한 영양소까지 채울 수 있어 간식으로도 좋고, 한 끼 식사여도 부족하지 않다. 샌드위치다.

인류는 이런 음식을 오래전부터 먹어왔다. 기원전 2000년 소아시아의 히타이트제국 병사들은 전쟁할 때 사이에 고기를 넣은 빵을 배급받았고, 고대로마 사람들은 점심과 저녁 사이에 빵 사이에 다양한 재료를 넣어 먹었으며, 기원전 1세기 유대인들은 누룩을 넣지 않은 빵에 양고기와 허브를 얹어 먹었다.

하지만 '샌드위치'를 먹었다는 기록은 없다. 샌드위치의 어원을 찾아가다 보면 그런 형태가 아주 오랜 역사를 가졌다는 것과 달리 의외로 18세기에서 멈추게 된다. 1762년 '로마제국의 흥망사'로 알려진 역사학자 에드워드 기번이 잡지에 기고한 글이다.

샌드위치 가문의 저택(영국 켄트주)

**두 명의 멋진 귀족이
샌드위치를 먹고 있다.**

동시대 여행작가였던 피에르 장 그로슬리는 자신의 책 '런던 여행'에 이런 내용을 담았다.

**카드게임을 하며 빵에 고기를 끼워 먹는 것을 보고
옆 사람이 말했다.
"샌드위치 백작과 같은 음식을 주시오."**

샌드위치 백작이라는 사람이 빵 사이에 고기를 끼워 먹었다는 것이다. 참고로 여기에서 '샌드위치'는 엄밀히 말하자면 사람의 이름이 아니다. 샌드위치는 오늘날 잉글랜드 남쪽 켄트주에 있는 인구 5,000명의 작은 도시다. 18세기에도 이 지명은 그대로였는데, 당시에는 몬테규라는 백작가문의 영지였다. 보통 귀족작위가 영지의 지명을 따른다는 것을 생각하면 앞서 피에르 장 그로슬리가 자신의 책에 쓴 '샌드위치 백작'은 샌드위치 지역을 영지로 소유한 백작을 가리키는 말이 된다. 그리고 그 당시 샌드위치 영지의 백작 이름은 존 몬테규(John Montagu, 1718~1792)였다.

존 몬테규는 명문 해군제독 집안 출신으로 옥스퍼드 대학교를 나온 인물이며 세 차례나 해군성 장관을 지낸 정치인이자 군인이었다. 하와이가 한때 '샌드위치 섬'으로 불렸는데, 바로 1778년 그곳을 탐험한 쿡 선장이 당시 탐험을 지원한 몬테규 장관의 공을

'샌드위치 백작' 존 몬테규

기억하기 위해 샌드위치로 부른 것이었을 정도로 정치인으로서나 군인으로서나 명망이 높았다. 그러다 보니 추종자도 많았지만, 정적도 많았다.

하지만 군사력을 동원할 수 있을 정도의 강력한 권력과 부와 명예까지 안은 그에게 고민은 정작 정적이 아니었다. 잦은 업무로 인해 항상 시간에 쫓기는 상황에서 귀족의 전통적인 식사가 지나치게 번거롭다는 것이었다. 또한 여행과 독서를 좋아해서 휴가 때는 가족과 여행을 다니며 책만 읽을 정도였는데, 이때도 전통적인 식사는 여행 중 이동과 독서에 내내 방해만 됐다.

그에게는 여행 중에 이동하면서도, 또 일하면서도 먹을 수 있는 간편한 음식이 필요했다. 그래서 고안해낸 것이 빵 사이에 고기와 각종 채소를 끼워 먹는 방법이었다. 물론 처음부터 고기 넣은 그 빵을 샌드위치라고 부른 것은 아니었다. 그가 먹는 것을 본 남성 귀족들이 파티나 모임에 간단한 요깃거리로 즐기

게 되면서 '샌드위치'로 불리게 됐다. '샌드위치 영지의 백작이 먹는 음식'라는 의미였다.

하지만 정작 샌드위치를 유명하게 한 건 소문이었다. 몬테규가 식사도 마다할 정도로 도박에 빠졌고, 이를 안타깝게 여긴 그의 하인이 샌드위치를 만들었다는 악의적인 소문이었다. 그리고 소문의 중심에는 토리당(보수당)이 있었다. 몬테규는 유능했지만, 한때 판단실수로 영국함대의 몰락과 위기를 자초해서 정치권과 시민들에게 강력한 비판을 받은 일이 있었다. 이런 때에 영국 의회를 양분하고 있던 토리당이 앞장서서 휘그당(현재의 자유당) 소속의 몬테규를 중상모략하고 나섰다. 즉, 몬테큐를 모략함으로써 그가 속한 휘그당이 국민에게 더 밉보이도록 심리전술을 쓴 것이다. 이렇게 해서 탄생한 것이 "샌드위치는 도박중독자가 만든 음식"이라는 오명이었다.

18세기 귀족사회 남성들의 저녁모임

최근 잠수함을 모티브로 하는 미국 샌드위치 가맹점이 인기를 끌면서 햄버거 판매장을 젖히고 세계에서 매장 수가 가장 많은 패스트푸드점이 됐다. 햄버거처럼 매뉴얼대로 만들어진 규격품이 아니라 빵의 선택에서부터 재료를 내 마음대로 넣고 뺄 수 있다는 점이 인기의 요인이라고 전문가들을 말한다. 샌드위치 백작이 그랬던 것처럼!

이슈&시사상식
지금, 이 기술

한국판 스페이스X 탄생?
재사용발사체 개발 시동

일론 머스크의 우주기업 스페이스X가 지난 10월 13일(현지시간) 화성탐사 우주선 '스타십'을 시험 발사한 후 1단 로켓만 발사대로 고스란히 착륙시키는 데 성공했다. 스페이스X는 그동안 팰컨9 로켓을 쏘아 올리고 지상으로 귀환한 발사체를 재사용해 발사비용을 대폭 아껴왔다. 이제는 여기서 진일보해 외딴 곳에 착륙한 발사체를 도로 발사대로 가져올 필요 없이 바로 재사용할 수 있는 길을 연 것이다. 이러한 발사체 회수 기술의 발전은 발사 서비스를 여러 번 대량으로 공급할 수 있게 된다는 점에서 매우 고무적이다.

"엔지니어링 역사에 기록될 날이다" 10월 13일(현지시간) 미국 텍사스주 보카치카의 스페이스X 발사시설에서 날아오른 발사체가 다시 내려앉자 이를 지켜보던 전문가들은 이렇게 소감을 밝혔다. 역추진으로 차츰차츰 발사대로 접근한 '스타십'의 1단 로켓 '슈퍼헤비'는 구경하던 인파의 탄성 속에 발사대 '메카질라'의 기계팔에 무사히 안겼다. 그야말로 SF영화에서나 나올법한 광경이 실제로 재현된 것이다.

스페이스X는 지난 2011년 로켓 재사용 프로그램을 발표한 후 2015년에 1단 로켓과 페어링 장치를 착륙시켜 회수하는 데 성공했다. 대기권까지 날아오른 로켓에 약간의 연료를 남겨 낙하하게 한 후, 로켓 상단부에 달린 작은 날개(그리드 핀)를 펼쳐 진입 각도를 잡는다. 그리고 성층권쯤 진입하게 될 때 연료를 점화해 역추진한다. 이렇게 자유낙하 하던 로켓의 속도를 서서히 줄이고 수직을 유지할 수 있도록 점화를 조절하는 것이다.

다만 이전까지의 발사체들은 육지가 아닌 바다 위에 마련된 바지선 착륙장에 내려앉았다. 대개 우주선에서 떨어져 나온 발사체들이 해상에 추락하기 때문이다. 착륙하는 발사체를 육지로 유도하려면 그만큼 많은 연료를 남겨야 하고 그렇게 되면 발사체 위에 실어 쏘아 올리는 화물이나 탐사장비의 양을 줄여야 해 효율이 떨어진다. 또 해상에 뜬 바지선은 착륙위치를 비교적 유동적으로 조정할 수 있지만, 육지는 그렇지 못하다. 그런 의미에서 이번 발사대 회수 성공은 고도로 집약된 기술력을 통해 이전의 다양한 한계를 극복한 큼직한 한 걸음으로 평가할 수 있다.

발사대로 되돌아와 수직착륙 하는 스페이스X의 발사체

재사용을 통한 혁신적인 비용감축

스페이스X는 세계 최초로 재사용 발사체 기술을 터득해 우주산업 기술의 새 지평을 열었다. 이들이 재사용 기술에 매달린 이유는 뭐니뭐니해도 비용을 줄이기 위해서다. 당장 스페이스X는 2024월 10월까지 1단 로켓을 최대 17회까지 재사용하는 기록을 써내고 있다. 핵심 추진기술이 집약된 이 1단 로켓은 전체 발사비용의 60~70%를 차지하는 것으로 알려졌다.

발사체와 위성 등을 연결하는 페어링 가격도 개당 80~90억원을 호가하는데, 로켓이야 두말할 것도 없다. 우리 우주항공청 관계자는 발사체 회수 기술 개발의 필요성을 강조하며 "페어링, 로켓 1단 엔진만 무사히 회수해도 전체 발사비용의 70~80%를 아낄 수 있다"고 짚었다. 여기에 발사대에 도로 착륙시켜 회수비용까지 절감한다면? 우주로 가는 로켓을 현재 우리가 타고 다니는 비행기나 열차처럼 노후화될 때까지 이용할 수 있는 것이다. 이미 일론 머스크 스페이스X CEO는 "1단 발사체를 회수한 뒤 30분 내로 로켓에 장착·주유한 후 재발사하는 것이 목표"라고 언론에 밝힌 바 있다. 화물운송이든 우주관광이든 혹은 우주탐사든 다양한 서비스가 대량으로 공급될 가능성을 열게 되는 것이다.

우주항공청의 재사용발사체 개발 도전

우리나라는 2022년 누리호의 두 번째 시험발사를 성공적으로 마치면서 우주강국으로 가는 신호탄을 터뜨렸지만 여전히 갈 길은 멀다. 그래도 아직 초기 수준에 머물러 있긴 하지만, 국내기업 또한 재사용발사체 연구개발을 이미 진행하고 있다. 특히 발사체 재사용 기술의 기초에는 '재점화' 단계가 있는데, 한 번 꺼진 로켓의 불을 다시 붙이는 것이 일단 첫 번째 관건인 것이다. 앞서 2021년 '한국항공우주연구원'은 9톤급 액체엔진의 이러한 재점화 실험에 성공한 바 있다. 아울러 우주 스타트업 '이노스페이스'는 2026년을 목표로 1단 발사체 재사용을 위한 연구개발을 진행 중이며, 스페이스X처럼 메탄 기반 로켓을 개발하고 있는 '페리지에어로스페이스'도 2023년 11월 재사용 기술의 핵심인 '수직 이착륙 시험'을 성공했다. 그러나 구축된 기술을 더 발전시키고 상용화하려면 치밀한 후속연구와 정부의 적극적인 투자가 필요하다.

지난 10월 29일 우주항공청은 2025년 1월에 사업을 공고해 재사용발사체 기술개발을 본격적으로 추진하겠다고 밝혔다. 공모로 먼저 4개 후보 기업군을 추린 뒤 R&D 경쟁을 통해 최종 1개 기업을 선정하고, 선정된 기업에 3년여 간 400억원을 지원해 '한국판 스페이스X'로 육성한다는 계획이다. 정부가 개발계획과 지원책을 내놓기는 했지만, 개발과정에서 겪을 수많은 시행착오를 고려하면 훨씬 더 많은 지원이 필요할 것으로 보인다. 일례로 재점화 기술의 경우 한국형발사체 고도화사업의 일부로 290억원의 예산이 편성됐지만 상용화 수준에 도달하려면 약 2,000억원의 R&D 비용이 필요하다고 전문가들은 지적한다.

이슈&시사상식
잊혀진 영웅들

나의 영혼은 지하에서라도 싸우리
장진홍 의사

경북 구미시 진미동 동락공원에 가면 두루마기를 입은 누군가의 역동적인 동상이 있다. 하지만 시민들은 잘 모른다. 금오산 어귀의 박희광 선생 동상을 박정희라고 여기는 것처럼 시민들은 무심히 공원을 오갈 뿐이다. 이러니 국내에서는 독립운동이 없었다는 망언마저 나온다. 국내 폭탄거사를 주도했던 장진홍 의사를 기억하지 못한 탓이다.

1927년 10월 18일 오전 11시 50분경 식민지 중앙은행을 담당했던 조선은행이 대구에 설립한 대구지점. 요란한 폭음을 내면서 폭탄 3개가 잇달아 폭발했다. 현장에 있던 은행원, 경찰관 등 5명이 파편에 맞아 중상을 입었고 은행 창문 70여 개가 전파했다. 유리파편이 산산이 흩어져 멀리에 있는 대구역까지 날아가고 은행 주위의 전선이 모두 끊어질 정도의 가공할 만한 위력이었다. 대낮에 난데없는 화약냄새 속에 찢어지는 듯한 비명과 신음이 철거된 대구읍성 자리에 세워진 중앙로 일대를 온통 뒤흔들었다. 요란한 폭음과 자욱한 폭연에 놀라 달려온 인파로 은행 주위는 심한 혼란에 빠졌고, 당황한 일제경찰들은 전 시내에 비상근무령을 내리고 범인체포에 혈안이 됐다.

1920년대 조선은행 대구지점

폭탄을 은행 내부로 가져온 30대 사내는 은행에서 150m쯤 떨어진 곳에 있던 덕흥여관의 사환이었다. 그 자리에서 체포된 사내는 일경의 심문에 '여관에 묵은 손님의 심부름을 했을 뿐'이라고 답했다. 전날 자신을 상점의 점원으로 소개한 손님이 상자 4개를 벌꿀상자라며 조선은행, 도청, 식산은행의 순서대로 급히 배달해달라 했다는 것이었다. 그러나 곧바로 여관을 급습한 일경들이 발견한 것은 폭탄 포장에 사용한 풀 1개, 삼으로 만든 끈 1단이 보란 듯이 너부러져 있는 빈방이었다.

결국 일경은 수사본부를 대구에 두고 전국적으로 비상 경계망을 폈다. 현장에서 확보한 자료를 검색하는 동시에 여관에 남겨 놓고 간 물품 및 폭탄 제조와 그 포장에 사용된 것으로 보이는 물건 등을 근거로 하여 경북의 경찰, 헌병, 관공서 직원 등을 총동원, 과거에 조금이라도 의심이 있던 사람들을 모두 수색·검거하도록 했지만, 단서조차 발견할 수가 없었다. 이렇게 되자 일경은 엉뚱한 8명을 검거해 잔악한 고문으로 자백을 받아 진범으로 꾸미고 공판에까지 부치는 꼼수를 부렸다.

이날 일경을 보란 듯이 비웃은 이는 일본이 대한제국의 군대를 해제한 후 황실 경호 명목으로 남겨 놓

장진홍 의사
(1895.6.6~1930.7.31)

은 조선보병대 출신 독립지사 장진홍 의사다. 장진홍 의사는 경상북도 칠곡에서 태어났고, 청년들에게 항일의식을 심어 주는 애국계몽운동에 일생을 바친 장지필 선생이 교편을 잡고 있던 인명학교에서 배움을 가졌다. 졸업 후에는 조선보병대에 입교해 군사지식과 학문을 익혀 상등병까지 승진하는 성취도 보였다. 그러나 일제 치하에서 군대에 복무한다는 것을 용납할 수 없어 2년 만에 제대하고 비밀 항일결사단체인 광복단(光復團)에 가입, 본격적으로 독립운동에 투신했다.

의병 출신 독립운동가와 계몽운동가, 영남지역의 유림 등 여러 계층의 인물들로 구성된 광복단은 '비밀, 폭동, 암살, 명령'을 4대강령으로 해 무력 항일투쟁을 벌인 비밀결사조직이었다. 그러나 일제의 감시로 국내에서의 활동이 어렵게 되자 장 의사는 1918년 만주 봉천(현 심양)으로 건너갔고, 조선광복단과 접촉해 연해주 하바롭스크로 건너가 한인 청장년 80여 명을 규합, 군사훈련을 했다. 하지만 러시아혁명으로 내전이 심화되고 일본군의 시베리아 출병으로 활동이 곤란하게 돼 다시 국내로 돌아와야 했다.

그런데 돌아온 고국에서 그를 맞이한 것은 3·1만세운동에 대한 일제의 비인간적이고 악랄한 시위진압이었다. 이에 격분한 장 의사는 집안 재산을 다 털어 서적 행상으로 가장한 다음 전국 각지를 돌아다니면서 일제가 자행한 학살, 방화, 고문 등의 사실을 자세히 조사했고, 미국 군함에 근무하고 있던 경북 출신 하사관 김상철에게 전달하며 영문 번역과 세계 각국에의 배포를 요청했다. 이후 매약상(약장수) 신분으로 각지를 돌며 때를 기다리던 중 광복단 동지의 소개로 일본인 폭탄 전문가를 만나 사제폭탄 제조법을 배웠다. 이후 장 의사는 조선은행 대구지점을 시작으로 제2, 제3의 거사를 연달아 준비했다. 하지만 일제의 수사망이 좁혀오는 바람에 실행하지 못한 채 일본으로 몸을 피했고, 대신 일제의 중의원 및 경시청 투탄을 계획했다. 그리고 마지막으로 오사카에 사는 동생을 보기 위해 들렀다가 조선인 밀정의 밀고로 체포됐다.

장진홍 의사의 사형판결 '동아일보' 기사 (1930.2.18)

대구에 압송된 의사는 혹독한 고문 속에서도 동지들에 대해 함구한 채 일경과 조선인 경관들을 호통치는 등 기개를 꺾지 않았고, 재판에서 사형언도를 받자 "대한독립만세"를 고창해 불굴의 독립의지를 과시했다. 그리고 사형을 일제에 의한 치욕스러운 죽음이라 여기고 1930년 7월 옥중에서 자결 순국했다. 그의 나이 서른다섯 살이었다.

**"내 육체는 네놈들의 손에 죽는다 하더라도
나의 영혼은 한국의 독립과 일본 제국주의 타도를 위해
지하에 가서라도 싸우겠다."**

대한민국정부는 그의 공훈을 기려 1962년 건국훈장 독립장을 추서했다.

이슈&시사상식
재밌는 상식

기계보다 먼저
기계보다 정확한

카를 브륩로프의 '폼페이 최후의 날'(1828)

서기 79년 8월 24일 이탈리아반도 남부의 폼페이는 불의 신 불카누스를 기념하는 축제로 온 도시가 들썩이고 있었다. 화려한 문화를 자랑하던 로마시대 최대 휴양도시답게 대규모의 광장, 건물, 극장, 상가, 그리고 당시의 최고의 설비를 자랑하던 스타비안 목욕탕에까지 사람들로 북적북적했다. 그러나 고

폭발하는 베수비오 화산

화산재에 묻혀 화석이 돼버린 폼페이 시민들

막을 뚫을 듯한 비명이 도시로 다 퍼져나가기도 전에 적막에 휩싸였다. 들리는 것은 도시를 내려다보고 있는 산의 정상에서 간헐적으로 토해내는 섬뜩한 포효뿐이었다. 그러나 그 소리를 들을 수 있는 사람도, 동물도 더는 없었다. 도시는 이미 그 모두의 무덤이 된 뒤였던 탓이다.

죽음의 도시가 되기 직전 흥청이는 분위기에 흔들거리던 사람들이 들은 것은 땅이 쪼개지고 터지는 듯한 굉음이었고, 본 것은 그 정체를 파악하기도 전에 집어삼킬 듯 덮쳐 오는 짙은 잿빛의 구름덩이와 몸과 기도를 태우는 뜨거운 열기였다. 베수비오 화산의 폭발 소리였고, 수백억톤(t)에 달하는 뜨거운 화산쇄설류, 즉 화산재의 쓰나미였다.

발칙한 상상, 재밌는 상식 **167**

그날 도시를 덮친 화산재는 3m 높이로 쌓였다. 그야말로 폼페이는 2,000명이 넘는 사람들의 무덤이 됐다. 지금도 폼페이 곳곳에서는 당시의 공포를 고스란히 안고 있는 사람들의 화석이 발견된다. 급작스러웠던 화산폭발이었고, 폭발 15분 만에 도시가 초토화된 것을 감안했을 때 화산재와 뜨거운 가스와 돌조각이 섞인 화쇄류의 하강속도가 시속 160km가 넘을 것으로 추정된다. 폭발을 인지하고 피할 수 있는 시간이 물리적으로 없었다는 것이다. 그래서 사람이 많이 살았던 만큼 함께 도시를 공유하던 마차나 승마를 위한 말이나 개나 소 등 키우던 가축의 사체도 곳곳에서 빈번하게 발견된다.

한편 베슈비오산은 정상의 높이가 1,281m로 결코 작지 않은 산이다. 산 높이과 면적을 보더라도 적지 않은 야생동물들이 생활하고 있어야 했다. 그러나 도시에서와 달리 산에서는 생명체의 흔적이 상대적으로 많지 않다. 이에 학자들은 화산폭발이 있기 전 이동했을 가능성이 크다고 추정한다.

지진이나 화산폭발이 있기 전 동물들에게서 이상한 행동변화가 나타난다는 증거는 현대에도 있다. 2008년 봄이었다. 중국 쓰촨성에 있는 쓰촨대학 국가지정 연구실 소속 생체리듬 연구팀은 8마리 쥐를 38일 동안 관찰하는 실험을 진행하고 있었다. 그런데 초반 18일 동안 별다른 변화 없이 동일한 행동을 반복하던 쥐들이 19일째 날인 5월 11일 갑자기 이상한 증세를 보이기 시작했다. 8마리 중 6마리의 쳇바퀴 돌리는 속도가 평상시 25% 수준으로 급감했고, 생체리듬 정확도도 20%로 곤두박질할 것이다.

이보다 앞선 9일에는 수십만마리의 두꺼비들이 도로를 뒤덮고 이동하는 진기한 현상도 있었다. 그리고 실험 시작 20일째였던 12일 14시 28분 쓰촨시

쓰촨대지진 사흘 전 대규모로 이동하는 두꺼비 떼(2008)

쓰촨대지진으로 무너진 도시 전경

인근 원촨에서 리히터(Richter) 규모 8.0의 강진이 발생했다. 부상자 40만여 명에 실종자를 포함한 사망자가 8만명에 달했고, 무너진 가옥으로 이재민만 500만명 발생했다. 이때 사람들은 최첨단의 장비들을 가지고도 언제, 어디서, 어느 정도 규모의 지진이 발생할지 예측할 수 없었다. 반면 기원전 373년 그리스 헬리스에서는 지진 전에 쥐, 뱀, 족제비, 지네가 먼저 도시를 탈출했다. 1969년 중국 톈진에서는 지진이 있기 전 동물원 판다 한 마리가 미친 듯이 날뛰고 호수에 있던 백조들이 육지로 기어올랐다.

육지의 네 발 짐승뿐만이 아니다. 1976년 중국 탕산에서는 지진 발생 직전 수만마리의 잠자리와 새들이 200~300m 너비로 줄지어 서쪽으로 날아갔다. 2005년 규모 7.6의 강진으로 7만 5,000여 명의 사망자가 발생한 파키스탄에서는 지진탐지기가 전조증상을 알아채기도 전에 까마귀를 비롯한 새들이 갑자기 날카로운 울음소리를 내면서 둥지를 떠났으며, 2011년 페루 산간지역에서는 5일 동안 동물들이 모

두 사라진 것처럼 한 마리도 안 보이더니 규모 7.0 지진이 발생했다. 같은 해 일본 후쿠시마 원전사고의 원인이 된 동일본대지진 때도 실험실 쥐들이 이상행동을 보였으며, 우리나라 지진기록상 최대로 기록된 2016년 경주 지진 때는 지진 발생 10일 전 숭어 떼가 일렬로 움직이는 게 목격됐다.

동물들의 이상행동은 소란, 울음, 이동 등 다양한 형태로 나타나며, 포유류·조류·어류 등 종을 가리지 않는다. 관련 논문도 200여 건이 넘는다. 그리고 대부분 '동물이 사람보다 예민하다'는 것에 의견의 일치를 보인다. 코끼리는 발바닥의 지방층이 두꺼움에도 매우 예민해서 작은 진동으로도 동료의 위치를 정확하게 파악하며, 철새는 뇌에 자기장을 감지하는 부분이 있어 방향을 잃지 않는다. 독수리는 4km 밖의 먹이를 찾을 정도로 뛰어난 후각을 자랑하고, 개구리 등의 양서류는 피부나 혀로 공기 중의 습도를 감지해낸다. 개미 또한 사람보다 500~1,000배나 예민한 후각과 진동감지 능력을 지닌 더듬이 덕분에 여름철 태풍이나 홍수가 오기 전 안전한 곳으로 집을 옮긴다. 저기압이 접근할 때 까마귀가 시끄럽게 울고 고양이가 소란을 피우는 것도 같은 맥락이다.

동물들의 예민한 감각은 후각, 시각, 촉각에 그치지 않는다. 2011년 페루대지진이 있기 전 한 연구팀이 야생동물의 이동을 촬영하고 있었는데, 지진 일주일 전부터 지표면에 양이온, 자유전자 층이 생성된 것을 인공위성 데이터로 확인했고 이후 대규모 야생동물들이 능선 위쪽에서 아래쪽 계곡으로 이동을 했다고 전했다. 즉, 땅속 지각의 물리적 충돌로 양이온, 자유전자가 급증한 것을 동물들이 알아차렸다는 것이다. 또한 지진 전 발생한 전자기파 변화와 양이온 교란이 민감한 신경을 가진 동물들을 자극해 세로토닌이라는 호르몬 분비를 촉진했다고 분석했다. 세로토닌이 많이 분비되면 극도로 흥분을 하거나 헛것이 보이는 증상이 나타나는데, 이 때문에 이상행동을 보이고 본능적으로 자극이 덜한 곳으로 이동한다는 것이다.

최첨단 기계를 가지고 있지만, 언제 어디서 얼마만큼의 지진이나 화산폭발이 있을지 정확하게 예측하기는 아직도 어렵다고 한다. 반면 수천년, 아니 수만년 전부터 동물들은 기계장비 하나 없이 제 생명을 구해내는 데 어려움이 없다. 그리고 보면 지나친 자극에 길들여져 진짜 감각을 닫고 사는 건 사람뿐이지 싶다.

크리스토퍼 실베리센의 '연대기 헬베티아'(1576)에 실린 1365년 스위스 바젤대지진

영화와 책으로 보는 따끈따끈한
문화가 소식

대학살의 신

2009년 토니상 최대 수상작인 연극 〈대학살의 신〉이 다시금 국내 관객을 찾는다. 과격한 제목과는 달리 어른들의 우스꽝스럽고 유치한 싸움을 담고 있는 코미디 작품이다. 두 소년의 싸움을 계기로 아이들의 행동에 대해 의논하기 위해 양쪽 부모가 만나게 되는데, 처음에는 교양 있고 고상한 태도로 대화를 나누던 그들은 감정이 상하며 점차 유치한 설전을 벌이게 된다. 급기야는 감정이 폭발해 욕설을 내뱉고 몸싸움까지 벌이는 촌극을 보여준다. 치열하고 격렬한 말 공방을 통해 어른들의 허위의식과 위선을 꼬집는 블랙코미디라고 할 수 있다.

장소 예술의전당 자유소극장
주요 출연진 김상경, 이희준 등
날짜 2024.12.03~2025.01.05

호두까기인형

유니버설발레단이 2024년을 보내는 발레공연 〈호두까기인형〉의 막을 연다. 거장 표트르 차이콥스키의 음악으로 채워지는 이 작품은 크리스마스 파티를 배경으로 벌어지는 아기자기하고 환상적인 사건을 담고 있다. 호두까기인형과 병정들, 생쥐 왕과 요정들까지 다채롭고 재기발랄한 캐릭터들이 러시아, 스페인, 중국 등 세계 각국의 춤을 따뜻한 이야기와 함께 선보일 예정이다. 이번 공연은 11월 15일 대구를 시작으로 대전과 성남, 군포 등 국내 각지에서 열리게 되며, 12월 19일 서울 세종문화회관 대극장 공연을 끝으로 막을 내리게 된다.

장소 세종문화회관 대극장
주요 출연진 유니버설발레단
날짜 2024.12.19~2024.12.30

두아 리파 내한공연

영국 출신의 떠오르는 팝스타 '두아 리파'가 7년여 만에 두 번째 단독 내한공연을 연다. 이번 내한공연은 그녀의 아시아 투어 마지막을 장식할 무대로 꾸며진다. 모델로 데뷔한 두아 리파는 2015년 싱글을 발표하며 가수 활동을 시작했고, 두 번째 싱글앨범부터 유럽 각국에서 주목을 받으며 팝계 신성으로 떠올랐다. 독특한 음악 스타일과 매력적인 중저음 보이스로 대중을 사로잡은 그녀는 미국 빌보드와 영국 브릿 어워드에서 훌륭한 성적을 거두며 현 팝계를 대표하는 아이콘으로 자리 잡았다. 2023년에는 영화 〈바비〉에 출연하며 배우로도 얼굴을 알렸다.

장소 고척스카이돔   **날짜** 2024.12.04~2024.12.05

어느 심리학자와 사기꾼의 대화

〈마음 설계의 힘〉을 출간한 임철웅 심리대화 전문가의 새 책이 나왔다. 새로 펴낸 〈어느 심리학자와 사기꾼의 대화〉는 상대방의 현혹 등 나쁜 의도를 간파하고, 한편으론 좋은 의도로서 타인의 마음을 꿰뚫는 방법을 설명하는 책이다. 이 책에서 저자는 인간의 심리를 꿰뚫어 보는 기술을 긍정적인 방향으로 활용하는 4개 분야의 전문가인 상담가, 프로파일러, 콜드리더, 최면가의 심리대화 기술을 파헤친다. 위 전문가들의 실제 심리대화 사례가 다양하게 담겨 있고, 일상에서 응용 가능한 대화의 예시도 수록되어 독자들이 자신이 처한 상황에 대입해 적용해볼 수 있다.

저자 임철웅   **출판사** 트로이목마

넥서스

전세계적인 베스트셀러 〈사피엔스〉, 〈호모 데우스〉를 저술한 석학 '유발 하라리'의 신작이 출간됐다. 이번 저서는 인공지능(AI)을 주제로 하고 있으며, AI 탄생 이전과 이후의 정보 네트워크 양상은 어떻게 변화했는지 짚어내고, 이러한 관점으로 인류역사의 흐름을 함께 재해석한다. 아울러 그는 AI가 주체성을 갖는 이른바 'AI혁명'에 주목하며, 인류가 그 앞에 놓인 자기 파괴적 미래에서 어떻게 생존과 번영의 길을 찾아야 할지 탐구해본다. 앞으로 AI와 함께 살아 나가야할 우리 인류를 위해 압도적인 통찰력을 보여주는 책이다.

저자 유발 하라리   **출판사** 김영사

박재희 교수의 마음을 다스리는 고전이야기

내 인생을 바꾸는 모멘텀

버럭쟁이는 천하를 얻을 수 없다

폭노위계(暴怒爲戒) - 〈명심보감(明心寶鑑)〉

병 중에 가장 큰 병이 화병(火病)라고 합니다. 가슴 속에서 불이 나고 화가 치미는 병으로 어떤 약으로도 치료가 되지 않습니다. 자신의 마음을 다스리는 방법밖에 없습니다. 그래서 예로부터 버럭 화를 내며 소리를 지르는 것은 예로부터 가장 경계해야 할 일로 여겨왔습니다. 인성교과서 '명심보감(明心寶鑑)'에는 특히 리더가 보이는 갑작스런 분노에 대해 다음과 같이 경계하고 있습니다.

> 當官者 必以暴怒爲戒
> 당관자 필이폭노위계
> 若先暴怒 只能自害
> 약선폭로 지능자해
>
> 관직에 있는 자는
> 반드시 갑작스런 분노를 경계해야 한다.
> 만약 먼저 갑작스런 분노를 표출한다면
> 이것은 다만 자신에게 손해가 될 뿐이다.

그러면서 '만약 아랫사람의 일처리에 마땅치 못한 것이 있다면[事有不可] 마땅히 자세히 일을 살펴서 대처해야 한다[當詳處之]. 그러면 어떤 일이든 사리에 적중하지 않음이 없을 것이다[必無不中]'라고 했습니다.

사람이기에 기쁘고 분노하고 슬퍼하고 즐거운 감정이 있을 수 있습니다. 다만 그것이 때를 잃고 명분을 잃었을 때 중용의 원칙에서 벗어난다는 것입니다. 분노 역시 상대방에 의해서 생겨나는 것이라기보다는 내 안에서 일어나는 감정에 가깝습니다. 하지만 일단 폭발하면 나쁠 아니라 타인에게도 회복하는 데 많은 시간이 걸릴 수밖에 없는 큰 상처를 입히게 됩니다.

**분노가 지나쳐 갑자기 나온 말에
찔리면 평생 아픕니다.**

暴	怒	爲	戒
사나울 폭	성낼 노	될 위	경계 계

이야기로 읽는 고사성어

출전 / 《장자(莊子)》〈칙양(則陽)〉편

학택지사(涸澤之蛇)

중국 전국(戰國)시대 때의 일입니다. 제(齊)나라 군주 간공(簡公)의 총애를 받아 재상의 자리에까지 오른 전성자(田成子)가 군주 간공(簡公)을 살해하고 나라를 잠시 찬탈한 일이 있었습니다. 그런데 그에게는 치이자피(鴟夷子皮)라는 심복이 있었습니다.

한 번은 제나라로부터 도망쳐야 했을 때 치이자피가 전성자를 호위했는데, 국경 근처의 망이라는 마을 입구에 도착했을 때였습니다. 치이자피가 말했습니다.

"주군은 학택의 뱀[涸澤之蛇]을 모르십니까?"

"그게 무슨 말인가?"

"어느 여름날 가뭄이 극심한 탓에 연못의 물이 말라버렸습니다. 연못에 사는 물뱀들도 다른 곳으로 옮겨 갈 수밖에 없었습니다. 그러자 작은 뱀이 큰 뱀에게 말했습니다.

'당신이 앞장서고 내가 뒤를 따라가면 사람들이 우리를 보통 뱀으로 알고 해코지를 하거나 죽일 수도 있습니다. 그러니 나를 당신 등에 업고 가십시오. 그러면 사람들은 조그만 나를 당신처럼 큰 뱀이 떠받드는 것으로 보고 나를 신성한 뱀이라고 생각하고 아무런 해도 끼치지 않을 뿐만 아니라 오히려 떠받들 것입니다.'

큰 뱀은 이 제안을 받아들였습니다. 그러고는 작은 뱀을 등에 업고 사람들이 다니는 큰길로 당당하게 이동했습니다. 그러자 사람들의 반응은 작은 뱀이 말한 대로였습니다. 신기하게 쳐다볼 뿐 해코지를 하지 않았고, 심지어 고개를 숙이고 인사까지 했습니다. 결국 뱀들은 물이 가득한 새 연못까지 안전하게 도착할 수 있었습니다.

지금 당신은 훌륭해 보이시고 저는 추하게 보입니다. 여기서 당신을 저의 윗사람으로 모신다면 작은 나라의 임금 정도로 보일 것입니다만, 만일 당신을 저의 시종으로 삼는다면 큰 나라의 정승으로 보일 것입니다. 그러니 당신이 저의 시종인 듯 위장하는 게 좋을 것 같습니다."

전성자는 치이자피의 제안대로 그를 수행하는 시종으로 행동하며 여관으로 갔습니다. 그러자 여관의 주인이 그들을 큰 나라의 귀인이라 생각했고, 대접을 한다며 술과 고기까지 바쳤습니다.

학택지사(涸澤之蛇)는 물이 말라버린 연못의 뱀이라는 말로 '내가 높다는 것을 과시하기 위해 주변 사람을 무시하면 나 역시 남에게 존경받을 수 없다'는 의미로 사용됩니다. 즉, 내가 높아지려면 아랫사람부터 높여야 한다는 충고입니다. 리더보다 뛰어난 직원은 흔치 않습니다. 경험에서 그렇고, 경력에서 그렇습니다. 하지만 리더라고 해서 으스대서는 존경을 받을 수 없고 조직을 이끌어갈 수도 없습니다. 무릇 스스로 빛낼 때보다 스스로를 낮출 때 존경도 위신도 따라오는 법입니다.

그러나 현실에서 그런 리더를 찾기란 쉽지 않습니다. 2018년 연말 사법부 수장들이 나서서 법질서를 파괴하고는 모두 아랫사람들에게 책임을 전가했던 그 비겁한 모습이 아직도 뇌리에 생생한데, 2024년 연말은 법과 원칙을 부르짖던 이들이 쏟아내는 '나는 몰랐다', '아랫사람이 혼자 저지른 일이다'라는 비겁한 발뺌이 모든 뉴스를 장악하고 있습니다. 청렴해야 할 공무원 신분의 검찰은 특수활동비를 편의점과 마트, 술집에서 사사로이 사용하고, 국민을 섬긴다는 정치인은 공천을 위해 힘을 가진 자에게 뇌물을 바치고 무릎을 꿇었다고 합니다. 그러고선 이제 '모르쇠', 더 나아가 '아랫사람 탓'만 합니다. 그런 사람들이 우리 사회를 이끌어가는 위치에 있었다는 게 부끄러울 뿐입니다.

涸	澤	之	蛇
마를 학	연못 택	갈 지	뱀 사

완전 재미있는 낱말퀴즈

가로

1. 육십갑자에 따라 2025년을 이르는 용어
2. 인간의 이성 및 감성적 능력을 포함하는 문화적 영향력
4. 역사적·사회적 입장을 반영한 사상과 의식의 체계
6. 상품의 판매 및 재고 관리의 자료로 쓰이는 검고 흰 줄무늬
7. 자신에게 도움이 되는지를 따져 헤아리는 것

세로

1. 고구려의 재상으로 진대법을 도입한 것으로 알려진 인물
3. 프로팀 간 전력 향상을 목적으로 소속선수를 이적시키거나 교환하는 일
5. 예수 그리스도의 인격과 교훈을 중심으로 하는 종교
6. 사물이나 현상의 근본을 이루는 것
7. 탑처럼 높게 만든 구조물
8. 상식으로는 이해할 수 없는 기이한 일

참여방법: 문제를 보고 가로세로 낱말퀴즈를 풀어보세요. 낱말퀴즈의 빈칸을 채운 사진과 함께 <이슈&시사상식> 205호에 대한 감상평을 이메일(issue@sdedu.co.kr)로 보내주세요. 선물이 팡팡 쏟아집니다!
❖ 아래 당첨선물 중 받고 싶으신 도서와 이름, 주소, 전화번호를 함께 남겨주세요.

<이슈&시사상식> 204호 정답

	¹국	²경	일	
		외		
³나		⁶지	리	⁷산
⁴노	⁵파	심		업
	문			혁
			⁸운	명
⁹이	율	배	반	

당첨선물
정답을 맞힌 독자분들 중 가장 인상적인 감상평을 남기신 분께는 〈날마다 도시락 DAY〉, 〈가볍게 읽는 부동산 왕초보 상식〉, 〈냥꽃의 사계절원〉, 〈미국에서 기죽지 않는 쓸만한 영어 : 일상생활 필수 생존회화〉 등 푸짐한 선물을 드립니다!
❖ 참여하실 때는 반드시 희망 도서를 하나 골라 기입해주세요.

참여해주신 모든 분들께 감사드립니다.
당첨되신 분께는 개별적으로 연락드립니다.

취업 정보부터 교양지식까지!

 임*린 (서울 송파구)

〈이슈&시사상식〉은 취업 관련 정보와 사안별 뉴스가 자세하게 정리돼 있어 '시사 초보'는 물론 취준생들도 목적에 따라 다양하게 활용할 수 있는 책이다. 우선 사건 전반에 대한 흐름이 객관적인 시각에서 서술되어 있어 생소한 내용의 기사도 쉽게 이해할 수 있고, 시사이슈를 여러 방면으로 접근한 코너들도 있어 지루하지 않다. 또 국내외 뉴스를 심층적으로 다루고 있기 때문에 다양한 사안에 대한 자신의 생각을 깊이 있게 정리해볼 수 있어 좋다. 아울러 취업달력이나 상식 예상문제, 면접 기출문제 등도 함께 수록돼 있어 여러 독자층에 여러모로 유용할 것 같다.

시야를 넓혀주는 책

 이*견 (대구 달서구)

넘쳐흐르는 수많은 정보 속에서 나에게 필요한 정보를 찾아 이를 활용하는 능력은 현대사회에서 매우 중요하다. 그런 의미에서 이 책은 최근 가장 이슈가 된 주제들에 대해 논란이 된 배경과 분석, 향후 전망 등을 심도 있게 다루고 있어 활용하기 좋다. 특히 국내외 주요 이슈에 대한 사실을 단순히 나열한 것이 아닌, 새로운 트렌드나 변화의 흐름 등 사건에 대한 분석을 함께 제시해주어 각자의 기준이나 관점에 따라 중요도를 분류하고 이해할 수 있다. 이를 통해 세상을 바라보는 시야를 넓히고, 사회적 이슈에 대해 깊이 있게 이해할 수 있도록 도와주는 유용한 도서다.

지적 수준이 높아지는 느낌!

 이*아 (서울 강서구)

최근 핫한 시사상식을 일목요연하게 정리해놓은 〈이슈&시사상식〉은 취업을 준비하는 사람들에게 특화된 도서이지만, 평소 시사에 관해 관심이 있거나 알고 싶었던 사람들이 봐도 이해하기 쉽게 잘 정리된 도서다. 특히 지루하지 않게 최신 주요 이슈와 키워드, 상식 실전문제 등을 비롯해 그 외 상식 관련 코너들을 다양하게 배치해서 독자들의 흥미를 유발한다는 점이 좋았다. 뉴스를 통해서 얻는 정보들은 자칫 지루하고 재미없게 느껴질 수도 있는데 〈이슈&시사상식〉 덕분에 가벼운 마음으로 재미있게 시사이슈를 배울 수 있어 앞으로도 꾸준히 구독해보려고 한다.

필요에 따라 다양하게 활용!

 서*준 (경기 고양시)

〈이슈&시사상식〉은 기본적으로 다양한 시사 관련 상식을 제공하고 이를 통해 취업과 공무원 시험, 자격증 취득, 대학입시 등에 활용할 수 있도록 구성된 도서다. 여러 상식을 얻기 위해선 최신 이슈와 콘텐츠를 많이 알고 있어야 하는데, 그런 의미에서 이 책은 생각 이상으로 유용하다. 특히 시사상식 문제와 TV퀴즈왕 등의 코너에서 다양한 유형의 기출문제와 예상문제를 살펴볼 수 있어 좋았다. 개인적으론 미래 유망 자격증 코너가 도움이 많이 됐는데, 현재 준비 중인 자격증과 관련된 정보를 다시 한번 얻고 공부에 대한 자극을 받을 수 있었다.

독자 여러분 함께해요!

〈이슈&시사상식〉은 독자 여러분의 리뷰를 기다리고 있습니다. 분야·주제 모두 묻지도 따지지도 않습니다. 보내주신 리뷰 중 채택된 리뷰는 다음 호에 수록됩니다.

참여방법 ▶ 이메일 issue@sdedu.co.kr
당첨선물 ▶ 정답을 맞힌 독자분들 중 가장 인상적인 감상평을 남기신 분께는 〈날마다 도시락 DAY〉, 〈가볍게 읽는 부동산 왕초보 상식〉, 〈냥꽃의 사계정원〉, 〈미국에서 기죽지 않는 쓸만한 영어 : 일상생활 필수 생존회화〉 등 푸짐한 선물을 드립니다!

❖ 참여하실 때는 반드시 희망 도서를 하나 골라 기입해주세요.

나눔시대

함께 배우고 성장하는 배움터! ㈜시대고시기획 시대교육㈜ 입니다.
앞으로도 희망을 나누는 기업으로서 더 큰 나눔을 실천하겠습니다.
나눔은 행복입니다.

재외동포재단, 경인교육대학교
한국어능력시험 관련 **교재 기증**

장병 1인 1자격,
학점 취득 지원

전국 **야학 지원**
청소년, 어린이 **장학금 지원**

" **숨은 독자를 찾아라!** "
〈이슈&시사상식〉을 함께 나누세요.

대학 후배들이 하루의 대부분을 보내고 있을
동아리 사무실에 〈이슈&시사상식〉을 선물하고
싶다는 선배의 사연

마을 도서관에 시사잡지가 비치된다면 그동안
아이들과 주부들이 주로 찾던 도서관을
온 가족이 함께 이용하게 될 것으로
기대한다는 희망까지…

〈이슈&시사상식〉, 전국 도서관
및 **희망자 나눔 기증**

양서가 주는 감동은 나눌수록 더욱 커집니다. 저희 〈이슈&시사상식〉도 힘을 보태겠습니다.
기증 신청 및 추천 사연을 보내주세요. 사연 심사 후 희망 기증처로 선정된 곳에 1년간 〈이슈&시사상식〉을 무료로 보내드립니다.

* 보내주실 곳 : 이메일(issue@sdedu.co.kr)
* 희망 기증처 최종 선정은 2025 나눔시대 선정위원이 맡게 됩니다. 선정 여부는 개별적으로 알려드립니다.

시대에듀

나는 이렇게 합격했다

당신의 합격 스토리를 들려주세요
추첨을 통해 선물을 드립니다

베스트 리뷰
갤럭시탭 / 버즈 2

상/하반기 추천 리뷰
상품권 / 스벅커피

인터뷰 참여
백화점 상품권

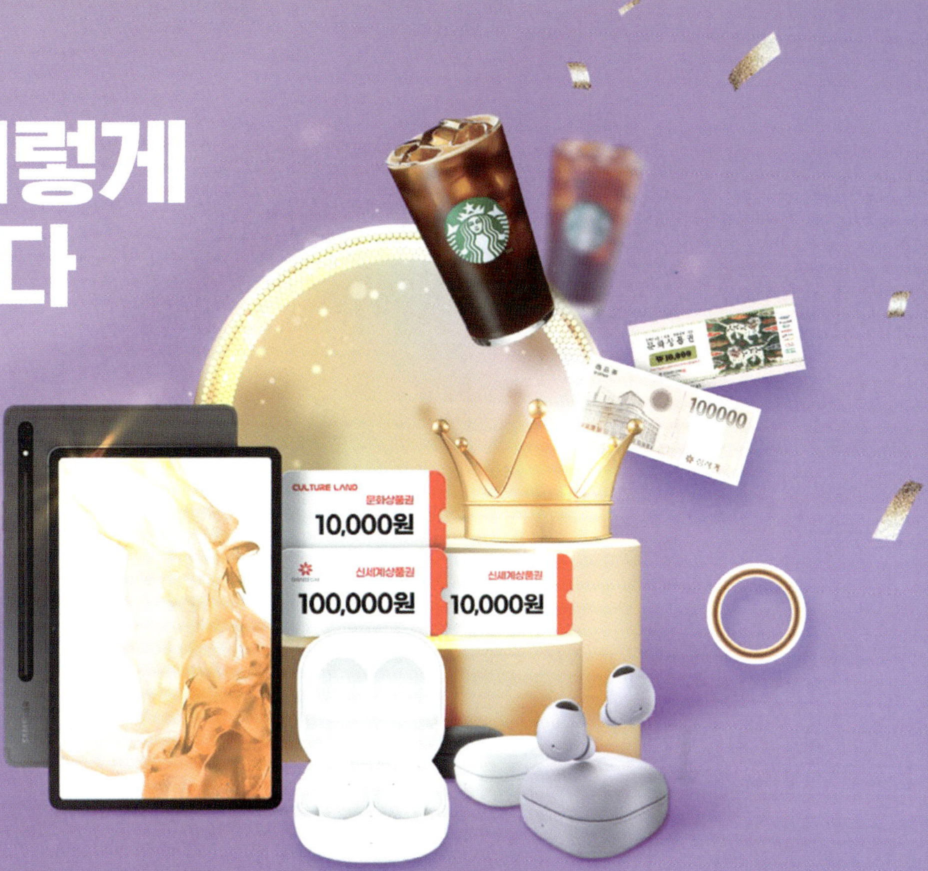

이벤트 참여방법

합격수기
시대에듀와 함께한 도서 or 강의 선택 ▶ 나만의 합격 노하우 정성껏 작성 ▶ 상반기/하반기 추첨을 통해 선물 증정

인터뷰

시대에듀와 함께한 강의 선택 ▶ 합격증명서 or 자격증 사본 첨부, 간단한 소개 작성 ▶ 인터뷰 완료 후 백화점 상품권 증정

이벤트 참여방법
다음 합격의 주인공은 바로 여러분입니다!

QR코드 스캔하고 ▷▷▷
이벤트 참여하여 푸짐한 경품받자!

합격의 공식

시대에듀

각종 자격증, 공무원, 취업, 학습, IT, 상식부터 외국어까지!

이 시대의 모든 "합격"을 책임지는 시대에듀!

"100만명 이상 수험생의 선택!"

독자의 선택으로 검증된 시대에듀의 명품 도서를 소개합니다.

"취득" 보장! 각종 '자격증' 취득 대비 도서

각 분야의 전문가들과 집필! 각종 기능사/기사/산업기사 및 국가자격/기술자격, 경제/금융/회계 분야 자격증 등 각종 자격증 '취득'을 보장하는 도서!

직업상담사 2급

사회조사분석사 2급

스포츠지도사 2급

사회복지사 1급

영양사

소방안전관리자 2급

화학분석기능사

전기기능사

드론 무인비행장치

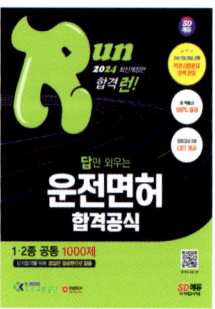
운전면허

유통관리사 2급

텔레마케팅관리사

"합격" 보장! 각종 '시험' 합격 대비 도서

각 분야의 1등 강사진과 집필! 공무원 시험부터 NCS 및 각종 기업체 취업 시험, 중졸/고졸 검정고시와 같은 학습 관련 시험 및 매경테스트, 그리고 IT 관련 시험 및 TOPIK, G-TELP, ITT 등의 어학 시험 등 각종 시험에서의 '합격'을 보장하는 도서!

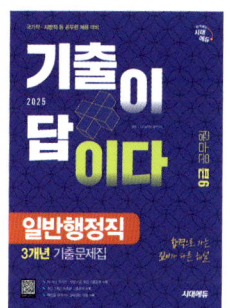
9급 공무원

경찰공무원

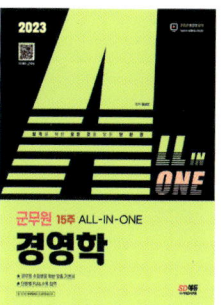
군무원

PSAT

지텔프(G-TELP)

NCS 기출문제

SOC 공기업

대기업·공기업 고졸채용

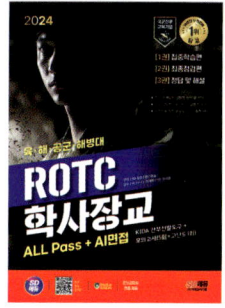
ROTC 학사장교

육군 부사관

한국사능력검정시험

영재성 검사

일본어 한자

토픽(TOPIK)

영어회화

엑셀